JN223513

横浜を拓いた男たち

破天荒力

松沢成文
Matsuzawa Shigefumi

有隣堂

横浜を拓いた男たち

破天荒力

目次

／埋め立てがつくった、京浜間鉄道のかたち／「高島学校」を設立、教育事業にも乗り出す／学校長就任を福澤諭吉に依頼する／ガス灯敷設をめぐるプロシア勢との商戦／横浜の町を照らしたガス灯の明かり／カミソリ陸奥が認めた高島町の〝不夜城〟／明治の曙、横浜の地に輝いた〝東天紅〟

半年の長旅、開港直後の横浜に着いた二人／ヘッバーン夫妻、海外での宣教を決意する／ニューヨークで花開いた中国での医療経験／横浜へ上陸、ジョセフ・ヒコと出会う／千客万来、成仏寺たちまち満員となる／「平文先生」成仏寺での診療をスタート／日本人無料の施療所を支えた真摯と誠実／ヘボン、懸命の治療で生麦事件の負傷者を救う／故あって、住みなれた成仏寺から居留地へ／「日本語と英語の橋渡しをする辞書を！」／ヘボンのもとに続々集まる「優秀な弟子たち」／和英辞書の編纂、かけがえない友の死／奇才・岸田吟香との名コンビ誕生／ヘボンの眼薬で、吟香おおいに稼ぐ／印刷のために上海へ、ついに念願の辞書完成！／日本の語学を変えた『和英語林集成』とヘボン式ローマ字／すさまじい執念で

第五章　生糸貿易で日本を先導──原三溪

文人画の大家と庄屋、それぞれの血筋を受けて／学びへの情熱に燃えた青春期、一六歳で家督を譲られる／東京専門学校へ入学、跡見学校の助教師を務める／新橋駅頭での運命的な出会い、原家へ婿入りする／善きも悪しきも亀善の腹ひとつ、原善三郎という男／近代的商社へ脱皮し、生糸直輸出の夢を実現／縦横無尽の活躍、国を巻き込み業界の破綻を回避／横浜市民の新聞を発行する／横浜興信銀行を設立し、金融パニックを阻止する／善三郎の遺した三之谷に、理想の庭園「三溪園」を築く／「独占する権利はない」と、自らの邸の庭を無料で公開／千利休と美意識を共にしていた、大茶人・原三溪／愛し、収集した古美術の数々は惜しみなく公開／岡倉天心と出会い、日本美術振興のために乗り出す／下村観山、横山大観……若手画家たちを支援する喜び／三溪と天心の絆──ノーベル賞詩人タゴールとの出会い／関東大震災、焼け野原となった横浜へ必死の帰還／「一週間後に生糸市場を再開」という奇跡を起こす／横浜市復興会会長として訴えた「三つの光明」／中央にも響く名声「三溪なら期待以上の成果を上げる」／博愛の精神に支えられた地道な社会・福祉活動／人のため、横浜のために寿命を捧げた三溪の生涯

第六章 九転十起の事業の鬼── 浅野総一郎 ……………… 225

日本のさらなる発展のため、野心を志に変える／「ほらふき野郎」「損一郎」と呼ばれた青年時代／横浜での再挑戦と、働き者同士の結婚／薪、炭から石炭へ、成功したエネルギービジネス／強盗、弟の死、火事──重なる不幸を乗り越えて／コークスとコールタールをめぐる、大物たちとの出会い／公衆便所にコールタール──廃物利用で社会に貢献／常識を覆し、官営セメント製造所の払い下げを受ける／目ざましい事業発展、日本の〝セメント王〟へ／横浜港築港工事に参加、圧倒的な存在感を見せつける／さまざまな事業家の顔／岩崎弥太郎と大喧嘩、花開く千石船の夢／石油業界へ参入するも、手痛い失敗に終わる／東洋汽船誕生、念願の外国航路へ乗り出す／鉄鋼会社に始まる渋沢・大倉との起業ラッシュ／総一郎いわく「ビールを飲むならサッポロ！」／世紀の大事業〝東京湾埋め立て〟に突き進む／画期的な〝京浜工業地帯〟を生んだ破天荒力／実践教育による「人づくり」浅野総合中学校の創設／「腕で飯を食う」生涯の指南役・渋沢栄一の教え／死後も続いた、安田善次郎との深い関係／一代で築き上げた浅野財閥を残して──

装幀・ブックデザイン／日高慶太＋庭月野 楓（monostore）
DTP／黒澤 円
図版作成／Office SASAI

序章　こうして横浜は誕生した

日本を代表する国際港湾都市・横浜の黎明を描きたい

横浜……それは、私が幼少期のころから憧れの地だった。

私の実家は川崎市北部の生田（いくた）というところにあり、幼少のころまで乳牛を二十頭ほど飼う酪農業を営んでいた。月に一度、横浜にあった牛乳会社に集金に行くことになっていたようで、祖父は毎月、幼い私を連れていってくれた。

そんな折には必ず山下公園のベンチに座り、時には当時できたばかりの横浜マリンタワーに上り、海を見せてくれた。それが私の横浜港との出合いである。

生田の里山育ちの私にとって、横浜港の海は青くて広くて大きかった。そのころはまだ、今よりも埋め立て地は少なく、横浜ベイブリッジもなかったので、小さな私に横浜港のインナーハーバーは、とても広く大きく感じられた。

この地平線の向こうには、さらにもっと大きな海原が広がっているのだろう。この海はどこまで続いているのだろうか。その先には日本とは違う国があるのだろうか。幼いながら、そんなことに思いを巡らせていたのを今でも微（かす）かに憶（おぼ）えている。

それから四〇年の歳月が流れ、私は思いがけなくも知事として、この横浜港を眼下に見る神奈川県庁で仕事をすることになった。そこは、まさにアメリカ海軍のマシュー・カルブレイス・ペリー提督が日米和親条約締結のために上陸した場所のすぐ隣である。

その後は、知事の仕事を通じて海上保安庁や水上警察署を視察したり、横浜開港資料館や神奈川県立歴史博物館を見学したり、さまざまな史跡を訪ねるなかで、この横浜という港町の特異な歴史と文化の虜(とりこ)になっていった。

島国である日本には数え切れないほどの港町が存在するが、横浜ほど日本の近代化と文明開化において大きな役割を果たした街はない。国際港湾都市と呼ばれて久しいが、横浜ほど短い歴史のなかで、激動をくぐり抜け、独自の文化と伝統を創り上げ、近代化をリードしてきた街はないと断言できる。日本が世界に誇る港町、文化都市といっても過言ではない。

この限りない魅力をもつ横浜という街が、どのように創られたのか。そこには、どんな人々の活躍と貢献があったのか。私は神奈川で活動する政治家として、大きな関心を抱かずにはいられなかった。

幕末の横浜開港から、明治、大正にかけて、この横浜という街の草創期の礎(いしずえ)を築いた人々は数限りなく存在する。そこには、フロンティア・スピリッツや起業家精神をもって大胆に事業に挑戦し、驚異的な行動力で街づくりに貢献した男たちのドラマがあった。そうした男たちにスポットを当て、その破天荒な生きざまを伝えたい。それが本書の目的である。

わずか一六〇年のなかに凝縮された激動の歩み

日本が世界に誇る国際港湾都市であり、他の港町とは異なる独自の文化を創り上げてきた横浜という街は、どんな歴史をたどってきたのか。開港一六〇年を迎える横浜の歩みを簡単に振り返ってみよう。

現在の横浜市域において、開港以前の最大の人口密集地は東海道の神奈川宿で、人口は五千人ほどであった。この神奈川宿の東南約四キロあたりに戸数百ほどの半農半漁の寒村である横浜村があった。砂洲が横に長く広がっていたので「横浜」と呼ばれていたともいわれる。

嘉永七（一八五四）年、この横浜村でアメリカ海軍ペリー提督と江戸幕府によって日米和親条約が締結され、日本は江戸時代を通じ二〇〇年余りの鎖国体制を解き、開国に踏み切った。その四年後の日米修好通商条約の締結によって、神奈川（横浜）、箱館、長崎、新潟、兵庫（神戸）の五港の開港が決まり、横浜は「神奈川」として西洋諸国に向けて開港したのである。開港日は安政六（一八五九）年六月二日（西暦七月一日）である。

この時、幕府は人の往来の激しい神奈川宿を避け、あえて東海道筋からはずれた横浜村を開港場として選んだ。ここに横浜は、わずか数カ月の突貫工事によって、国際港としての第一歩を踏み出す。

こうして新しく生まれた横浜は、まさに開国日本の象徴的な存在となった。その魅力に惹かれ国内外から多くの人々が集まり、貿易のみならず新たな産業が次々と生み出され、質の高い独特の文化が創られていく。海を越えて、ヒト、モノ、カネ、情報が集まり、それらが融合して、文明開化の先進地として日本をリードしていく役割を担っていった。

開港以来、横浜は日本の貿易の中心地として急成長を続け、明治二二（一八八九）年には市制を施行し「横浜市」が誕生した。日清戦争に前後して大桟橋（現在の大さん橋埠頭の前身）と防波堤が整備され、さらに税関構内施設として埠頭（新港埠頭）が建造され、国際港湾の姿が整って貿易港としての機能を充実させていく。日露戦争後の明治四二（一九〇九）年には開港五〇年祭が税関埠頭で開催され、このころから大都市としての基盤整備や工業都市化が課題となっていく。海岸線の埋め立てが始まり、倉庫や工場が建設されていくのもこの時期である。

その後、第一次世界大戦に伴う大戦景気に沸いた横浜であったが、大正一二（一九二三）年九月に関東大震災に襲われ、街は広範囲にわたって壊滅的な状態となり、二万人余の人命が奪われた。甚大な被害を受けたにもかかわらず市民の立ち直りは力強く、昭和四（一九二九）年に震災復興事業を見事に達成し、さらに「大横浜」建設を進めていった。昭和一〇（一九三五）年には、山下公園において「復興記念横浜大博覧会」が開催され、これを契機に街の重工業化と工業貿易港化がいよいよ進展していく。

しかし、日中戦争から太平洋戦争へと戦局が悪化するなか、昭和二〇（一九四五）年五月二九日の横浜大空襲で市の中心部は焼き尽くされてしまう。敗戦後の横浜は、日本占領の軍事拠点とされて、市民は米軍による長期の土地・建物の接収に苦しんだが、経済復興の願いを込めて、昭和二九（一九五四）年に「開国一〇〇年祭」、昭和三三（一九五八）年には「開港一〇〇年祭」が催され、市を挙げて大きな節目を祝った。

続く高度経済成長期には、大規模な臨海埋め立て事業が展開され、進出した大企業が重化学工業の発展を主導し、横浜から川崎に連なる京浜工業地帯は、文字どおり日本の経済発展の牽引役を務めたのである。さらに、首都東京のベッドタウン化という要因も加わって急増した人口は、ついに三百万人を超えた。

こうした経済発展や人口増加に伴う公害や都市問題は市民と市政を悩ませたが、バランスのとれた都市再整備を図り、横浜は近代都市として発展を続けていく。港には「横浜ベイブリッジ」が開通し、巨大なコンテナヤードが整備された。加えて、横浜市営地下鉄が順次敷設され、新横浜駅周辺には「横浜国際総合競技場」や「横浜アリーナ」も建設されて多くの人々を集めるスポーツ・文化の拠点になっている。街の新たな要となる「みなとみらい地区」では、平成元（一九八九）年に市制一〇〇周年と開港一三〇周年を記念して「横浜博覧会」が開催され、国内外から多くの観光客を集めた。

現在の横浜は、日本の基礎自治体として最大の三百七十万人を超える人口を抱え、日本有数の近代都市として発展を続けている。その中心となる横浜港は、神戸港、名古屋港などと並んで日本トップクラスの貿易港、そして工業港として君臨。周辺には、みなとみらい、元町、中華街、三溪園など名所旧跡が数多く、世界中から大型客船が来航する観光港としても、その名を世界にとどろかせている。まさに、日本を代表する国際港湾都市として独特の文化を創造するユニークで魅力にあふれた街といえるだろう。

以上が、横浜という街が生まれ育ってきた歴史の概略である。わずか一六〇年の短い歴史ではあるが、日本の近現代の激動の歴史を象徴しながら、東京や大阪など他の大都市と異なる独自の文化を育んできたのである。

街づくりから娯楽・教育まで、すべては横浜に始まる

この横浜が開港されて西洋との交流が始まるなかで、劇的な変化が起こった。開港場の中心である外国人居留地にやってきた西洋人たちによってもたらされた技術や文化が、日本中から集まってきた人々と融合し、協働したことで、さまざまな「横浜事始め」が発生したのである。ここで代表的なものを紹介しよう。

まず街づくり、都市基盤整備である。

開港直前の安政五（一八五八）年に「東西波止場」（通称「イギリス波止場」と「税関波止場」）が築造され、開港直後には通称「フランス波止場」（こちらを「東波止場」と呼ぶことも）が完成し、港湾整備が整えられていく（これらの呼称に関しては諸説あり）。

幕府のお雇い外国人技師の英国人リチャード・ブラントンによって、灯台、近代下水道、そして砕石舗装された近代道路が日本で初めて整備された。街路照明としては、ガス灯、石油灯が初めて灯り、明治中ごろからは早くも電灯化していく。近代水道としては、明治六（一八七三）年に多摩川を水源とする「横浜上水」が引かれるが、水質が悪く、のちにより近代的な「横浜創設水道」が英国人技師ヘンリー・スペンサー・パーマーの指導により明治二〇（一八八七）年に完成する。

日本最初の鉄橋は長崎の「くろがねばし」だが、二番目が横浜開港場に向かう横浜道に架かる「吉田橋」である。そして、日本の西洋式公園第一号としては明治三（一八七〇）年に居留外国人専用の公園として「山手公園」が開園し、日本人も使用できるパブリック・ガーデンとしては明治九（一八七六）年に「横浜公園」が造園され、都市公園が日本に初めて生まれている。余談になるが、外国人居留地の火災に対

応するため、日本初のポンプ車を備えた「居留地消防隊」が組織されたのは文久四（一八六四）年とのことである。

さて次に、日本で初めての新しい交通手段や通信手段も横浜で続々と開始されている。

まず、慶応三（一八六七）年に、東京（江戸）と横浜の間で「京浜間蒸気船」が就航し、東海道を歩く以外の新たな交通手段が生まれた。続いて明治二（一八六九）年、居留地の本町通りから神奈川に直通する整備された馬車道が開かれ、その後「京浜間乗合馬車」が開通した。同じころに、人力車と自転車も登場し、人々は多様な移動手段をもつことになる。

極めつきは、鉄道の敷設（ふせつ）である。駐日英国公使ハリー・パークスの提言やイギリス人建築技師エドモンド・モレルの指導により、明治四（一八七一）年には早くも横浜―神奈川間で試運転が行われ、翌年に横浜―新橋間で営業が開始された。日本初の鉄道の誕生である。これによって、東京―横浜間が約一時間で結ばれ、日帰りが可能となり、交通の利便性が飛躍的に向上した。

一方で通信手段は、明治二（一八六九）年に日本最初の官用通信が実用化され、同年中には京浜間の架設も終わり、公衆電報を受け付けている。電話の開通は明治一〇（一八七七）年、工部省が横浜の「バビエル商会」から購入し、電信線を利用して通話実験に成功した。京浜間の公衆電話の取り扱いは、明治二三（一八九〇）年に始まった。

日本における新聞の第一号は、元治元（一八六四）年、アメリカ領事館の通訳として横浜で働いていたジョセフ・ヒコ（浜田彦蔵）が、海外の新聞を翻訳し、これを岸田吟香（ぎんこう）らがひらがな交じりのやさしい日本語に直し、「海外新聞」（創刊時の紙名は「新聞誌」だった）として発刊したものである。

続いて洋食文化について見てみよう。

日本で最初に生まれたホテルは、万延元（一八六〇）年にオランダ帆船の元船長C・J・フフナーゲルが創業した「横浜ホテル」である。現在では県庁近くのレストラン「かをり」のある場所にあった。「ロイヤル・ブリティッシュ・ホテル」「アングロ・サクソン・ホテル」がこれに続いた。異国情緒あふれる西洋ホテルは、横浜開港場のシンボルであったことだろう。ホテルに続いては日本初のレストランやカフェも生まれている。

外国人の数が増えてくると、西洋の食材である食肉、牛乳、パン、西洋野菜が開港場やその周辺地域で生産されるようになる。明治三（一八七〇）年には、山手の天沼に、ノルウェー出身のアメリカ人技師ウィリアム・コープランドによって「スプリング・バレー・ブルワリー」が創業され、日本で初めて産業としての大衆向けビール製造が始まった。このビールが後に「ジャパン・ブルワリー」を経て「キリンビール」に発展していく。

ちなみに、日本初のアイスクリームも、カレーライスやハヤシライスも、すべて横浜が発祥ともいわれる。

娯楽やスポーツも、その多くは横浜からスタートしている。

日本初の劇場は、元治元（一八六四）年、外国人居留地にできた「アンフィシアター」（のちにロイヤル・オリンピック・シアター）。明治三（一八七〇）年には「ゲーテ座」が開場し、西洋文化が花開いていく。

西洋人のスポーツ・レクリエーションの場としてのクラブが次々に結成され、競馬、ボート、ヨット、射撃、スケート、テニス、野球、ラグビーなどが輸入された。これらは次第に日本人の間でも広まり、親善交流試合なども行われ、近代スポーツ発祥の地・横浜としても発展していく。

娯楽・スポーツ関連としては、海水浴も横浜で始まっている。慶応元（一八六五）年、T・S・スミスがフランス波止場の沖合に海水浴ボードを設置し、水泳大会を開いた。これが横浜で最初の海水浴場である。その後、山下・本牧・磯子・富岡などに海水浴場が設けられ、地域住民にも広まっていった。

こうした外国人との出会いと交流のなかで、横浜では新しい職業や産業も次々に生まれていくことになる。

写真店、洋服店（テーラーとドレス・メイカー）、クリーニング店、理容店、洋楽器製造、石鹸製造、マッチ製造、塗装業、時計店、貿易商社などなど、西洋の技術や文化に関わる職業や産業が次々と誕生した。

さらに、西洋医学の導入に伴って、外国人医師により「神奈川ホスピタル」「横浜ホスピタル」が創設され、明治四（一八七一）年には、早矢仕有的（はやしゆうてき）ら日本人医師による公共的な総合病院である「神奈川県立十全医院」（横浜中病院、横浜共立病院を経て明治七年に改称）が日本で初めて開業している。

教育の分野でも、宣教師による布教や教育が横浜で花開く。

のちに詳述するが、アメリカ人宣教医師ジェームス・カーティス・ヘボン（ヘッバーン）やメアリー・エディー・キダー、ジェームス・ハミルトン・バラが開いた「ヘボン塾」や「バラ学校」は、日本初の英語塾として、その後活躍する国際人材を育てた。まさに横浜は日本の英語教育発祥の地なのである。

そして、こうした熱意と信念をもった宣教師たちによる、キリスト教の精神に基づいた布教や教育が横浜で花開いていく。英語教育、女子教育、養護教育などの特色ある近代教育が、「フェリス女学院」や「明治学院」など数多くのミッション・スクールの発展につながっていった。

このように、横浜は開港後間もないうちからビジネスチャンスがあふれる魅力的で躍動的な街として、無限の可能性を秘めていたのである。

だからこそ、日本中、そして世界中からチャレンジ・スピリットをもった人々が、夢を抱き、野心をもって横浜に集まってきたのだ。


チャンスを求め、横浜にやってきた野心家たち

そのなかで、最初に海を渡ってきたのは外交官とお雇い外国人技術者たちである。

一番乗りは初代駐日アメリカ総領事（のちの公使）タウンゼント・ハリス。安政三（一八五六）年、オランダ語に通じた通訳ヘンリー・ヒュースケンを連れて下田に到着し、その後は江戸に上り、徳川幕府と日米修好通商条約を締結し、神奈川（横浜）をはじめ五港の開港が決まった。

ハリスは、横浜開港問題や貿易交渉でリーダーとして幕府と渡り合ったが、片腕であった通訳のヒュースケンを攘夷（じょうい）浪士による暗殺で失い、そして自身も体調を崩し、横浜開港後ほどなくして南北戦争下のアメリカに帰国してしまう。

その後、幕府との外交交渉の主導権を握るのが、安政六（一八五九）年に来日した初代駐日イギリス総領事（のちの公使）のラザフォード・オールコックである。同時期に着任したフランス総領事ギュスターヴ・デュシェーヌ・ド・ベルクールら他の外交官と共同して、対日外交を展開していった。

このオールコックと後任のハリー・パークスの通訳を務めたアーネスト・サトウという人物の存在も

忘れてはならない。サトウは外国人居留地の英国公使館に勤務し、早くも『英和口語辞典』の編集を始めている。

横浜開港が世界に広まると、多くの技術者たちもやってきた。幕府や明治政府から雇われた者もいれば民間人もいた。日本に開国を迫り、横浜を開港させたのはアメリカだが、街づくりや公共施設整備に貢献したのはイギリスだった。先述した、鉄道のモレル、公園・道路のブラントン、近代水道のパーマーは、いずれもイギリス人である。

次に、開港場に集まったのは、一攫千金（いっかくせんきん）を夢見てやってきた日本人、そして外国人の貿易商人たちだった。

開港場では輸出貿易に従事した日本人商人は「売込商」、輸入貿易に従事した商人は「引取商」と呼ばれた。開港直後の横浜には多くの売込商や引取商が全国から集まり、競って貿易に進出した。

しかし、明治時代に入ると主要な貿易品ごとに少数の売込商と引取商が商品を独占するようになり、それぞれの貿易品の流通ルートを完全に掌握するようになっていく。

幕末から明治初期にかけて活躍した代表的な売込商としては、生糸を扱った中居屋重兵衛・原善三郎・茂木惣兵衛、石炭を扱った渡辺福三郎、茶を扱った大谷嘉兵衛らが有名である。

一方、引取商では織物を扱った杉村甚三郎・木村利右衛門、砂糖を扱った安部幸兵衛・増田増蔵、綿糸を扱った平沼専蔵らが力をもった。

引取商には江戸商人の系譜を引く者が多く、横浜の輸入貿易は江戸時代からの伝統に支えられて発展した側面もある。それに比べ、売込商には貿易品の生産地を出身地とする者が多数を占め、地縁・血縁を利用して貿易品を集荷していた。

外国商館の側では、開港当初、イギリスの「ジャーディン・マセソン商会」や「デント商会」、アメリカの「ウォルシュ・ホール商会」などの大きな資本力と貿易品の輸送手段をもつ商館が優位であった。ところが、銀行、定期航路、電信などのインフラ整備が進むにつれて、中小の商館も貿易に進出し、競争が生まれて横浜の貿易はさらに発展していく。

そのなかには、中国人貿易商人の来住もあり、それが横浜中華街の原型となって、今や日本一の中華街が形成された。

こうして、日本の売込商・引取商たちと外国商館との多様な取引が始まり、横浜の貿易は、明治日本の産業発展を導いていくことになる。

この国際貿易港・横浜の草創期に、自ら事業を興し活躍した人々は星の数ほどいただろう。

そのなかから、本書では横浜の奇跡的な発展を導いた七人の破天荒な男たちを取り上げてみたい。それはすなわち――

・横浜開港の立役者であるペリー提督とハリス総領事
・偉大なる政商であり易聖であった高島嘉右衛門
・初めて和英辞典をつくり上げた宣教医師ヘボン博士
・貿易の発展が国を富ますと横浜を応援した福澤諭吉
・生糸貿易で日本を先導し震災復興に貢献した原三溪（富太郎）
・九転十起の男として知られる大実業家・浅野総一郎

という七人の偉人である。

彼ら七人は、幕末、明治、大正という時代のなか、活躍した時期は重なりつつも少しずつ異なっている。しかし、さまざまなタテ糸とヨコ糸によりどこかでつながってもいる。おのおのが国際力、起業力、社会貢献力を発揮して、横浜の産業と文化を築き上げた志の高い尊敬すべき偉人たちである。私は彼らのもつ力を「横浜力」と呼んでいる。

ちなみに、本書のサブタイトルに用いた「破天荒力」は私が考えた造語である。破天荒の語意を辞書で引くと、「今までに人がなし得なかったことを初めて行うこと」「前人未踏の境地を切り開くこと」などと解説されている。そうした事を成す驚異的な実行力を「破天荒力」と定義したものである。

それでは、七人の偉人たちの破天荒な生きざまの物語を始めよう。

第一章 横浜開港の立役者

ペリー提督とハリス総領事

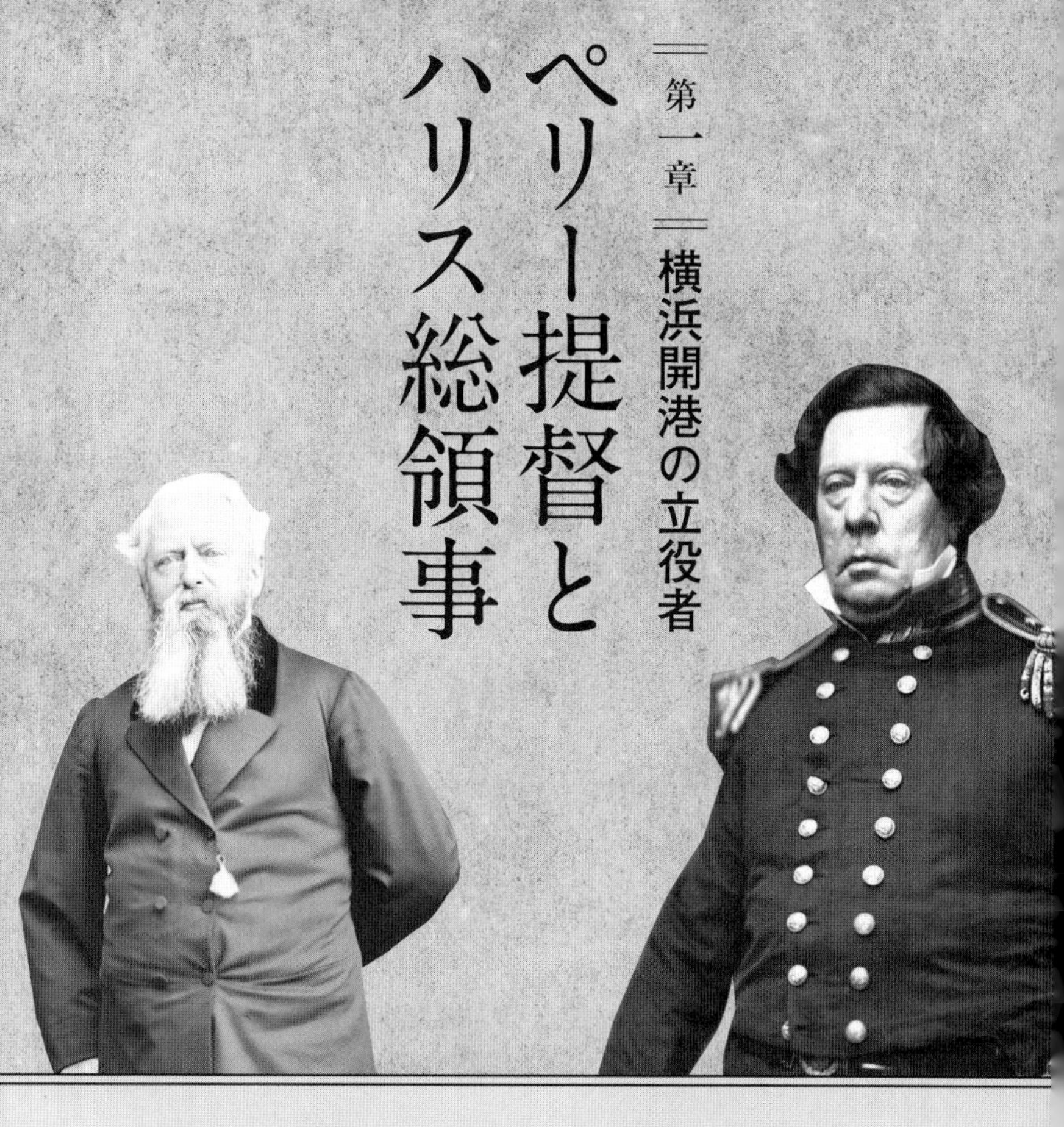

嘉永7年来航時のペリー艦隊旗艦ポーハタン号、のちに「日米修好通商条約」調印もこの艦上で行われた（横浜開港資料館所蔵）

泰平の眠りを覚ますペリー艦隊、浦賀沖に現る！

ペリー提督とハリス総領事。この二人のアメリカ人の名前は、すべての歴史教科書に載っているので、日本人なら誰でもご存じだろう。彼らの冒険心とチャレンジ精神、そして外交交渉力がなければ、横浜は歴史の舞台に登場することはなかった。しかし残念ながら、その史実を正当に評価する向きは意外なほど少ない。そこで、本書の始まりは二人が江戸幕府を相手に試みた外交交渉を中心に振り返ってみたいと思う。

一八五二年一一月二四日、アメリカ東インド艦隊司令長官のマシュー・カルブレイス・ペリー（当時五八歳）は、側輪駆動蒸気軍艦ミシシッピ号に搭乗し、アメリカ東海岸中央部の軍港であるノーフォークを出航し、日本遠征に向かった。この時、同行する予定だったスクリュー駆動蒸気軍艦プリンストンⅡ号はボイラーの不備が見つかり、修理の必要があったため、ミシシッピ号単艦での出航となった。東インド艦隊は途中、マカオや上海、沖縄を経由しながら、順次合流し、小笠原諸島を探索したのち、日本本土へと向かう。

嘉永六（一八五三）年六月三日（西暦七月八日）早朝、偶然にも伊豆半島の南端に近い下田港の沖合を四隻の軍艦が北東に向かって航行するのを、漁に出ていた漁船主の與八（よはち）と乗組員の久次郎、吉平の三人の漁師が発見する。艦隊は、旗艦サスケハナ号が帆走スループ船のサラトガ号を、ミシシッピ号が同じくプリマス号を曳航（えいこう）し、もうもうと黒煙を吹き上げて八ノットから九ノットの高速で走っていく。その姿を目のあたりにした三人の漁師は、「黒船が火事を起こしている！」と仰天して下田港にとって帰り、役所へと駆け込んだ。

相模湾に入った四隻の黒船は、正午ごろには相模岬（三浦半島）の南端である御崎（三崎）沖を航行しながらボートを海上におろし、水深を測りながら浦賀湾口へと近づいていく。浦賀と地続きの鴨居村沖に投錨（とうびょう）を終え、停泊したのは午後五時ごろだった。

ペリーは、なぜ日本にやってきたのか？

まず、一九世紀に入ってアメリカの捕鯨船の北太平洋での活動が活発になってきた。アメリカでは都市経済の発達で、照明用のランプ油や器械類に使う潤滑油の需要が増え、原料となるマッコウクジラの皮下脂肪から採れる脂が非常に高値で取引されるようになる。それにつれて、捕鯨船の太平洋での活動範囲も拡大。一八四六年には七万人が捕鯨産業に従事し、補給基地となったハワイには最盛期には七百隻もの捕鯨船が集結したとの記録もある。

このころから、日本漁船が暴風などで難破・漂流しているのをアメリカの捕鯨船や商船が救出するという事件も急増する。そして、漂流民を日本に帰すとの口実で、帆船の薪水（しんすい）や食糧などの補給基地としての役割が日本にも求められるようになっていく。

これ以前からすでに、イギリスがインド、セイロン（現スリランカ）、シンガポール、香港、中国と商圏を拡大するなかで、世界は一八三〇年代から蒸気船による本格的な遠距離航海が始まり、帆船に代わる蒸気船交易の時代を迎えていたのである。

日本の開国は必要不可欠――来航を決めた米海洋戦略

そんななか、アメリカは一八四四年に清（しん）国と米清修好通商条約の「望厦（ぼうか）条約」を結び、極東貿易への足場を構築。一八四六年から一八四八年のメキシコとの戦争（米墨(べいぼく)戦争）で割譲されたカリフォルニアの沿岸をはじめ西海岸では、中国相手の貿易が始まっていた。さらに、太平洋貿易への東部海運業者の投資と政府の援助が拡大して、海洋貿易事業に拍車がかかっていたのである。

当時のアメリカが見据えていたのは安定した太平洋航路の開拓であり、その過程で目をつけたのが、アメリカ西海岸と中国大陸約一万キロの間にある「日本」だった。中国との貿易路を確保するには、適当な石炭補給基地の確保が必要不可欠な条件である。そのためにも、鎖国状態にある日本を外に開かせる必要があると、海洋国家アメリカの政府も海事関係者も強く意識するようになった。

つまり、捕鯨で難破した船や船員のための寄港地と、中国市場へ向かう蒸気船のための石炭供給地確保が、太平洋の覇権を握ろうとするアメリカにとって不可欠の条件だったのだ。これらの経緯から、アメリカは日本に開国を強く要求する必要があったのである。

そうした時代背景のなか、一八四九年に東インド艦隊プレブル号の艦長であるジェームス・グリンが長崎に立ち寄り、長崎奉行所で取り調べを受けていたアメリカの捕鯨船員を無事引き取ってニューヨーク港へ凱旋し、市民から熱狂的な歓迎を受ける。それが、一八五〇年にアメリカ大統領になったミラード・フィルモアが日本へ使節団を送る決心をした直接のきっかけといわれている。

これらの状況を踏まえ、アメリカの上院と下院は日本使節団派遣を決定し、フィルモア大統領はペリーを特使として派遣することを決めたのだった。

日本の情報を徹底して収集・分析、ペリー周到に準備す

ペリーは日本遠征に際して、じつに周到な準備を行っている。日本近海に捕鯨漁に出かけた船長や、軍艦で長崎を訪問した経験のある艦長らから話を聞き、日本について書かれた書籍なども徹底的に収集し作戦を練った。

なかでもペリーが重宝したのは、一八二〇年代に長崎のオランダ商館で活動したフィリップ・フランツ・フォン・シーボルトが著した『ニッポン＝日本に関する記録集』だった。ほかにも、文化八（一八一一）年に千島（ちしま）で捕縛されたロシア軍人ワシーリー・ゴローニンの書いた『回想録』や、ドイツ人博物学者エンゲルベルト・ケンペルの『日本誌』、シャルルボワ神父が書いた『日本史』なども研究し、それらの収集には約三万ドルを投じたという。

その結果、ペリーが日本および日本人について結論づけた点は以下のとおりである。

「とにかく日本人はもったいぶった、優越的な態度をとる民族なので、他国民も尊厳を保つ法を知っており、日本人を勇者とは認めていないことを存分に知らしめてやる必要がある」

「艦隊にはなるべく多くの隻数をそろえることは、食糧や石炭の運搬もあるが、日本人に恐怖心を起こさせるために必要なのだ」

「交渉にあたっては断固たる態度で臨み、日本人にわが国の偉大さをことあるごとに見せつけ、今までの寛容が臆病と誤解されないようにすること」

「大統領の親書が受理されない場合は、軍を率いて江戸に上陸し、親書を直接手渡すしかない」

各種の手紙や当時の公文書に記された主旨から想像するに、ペリーは日本人に対して「ガツンと頭か

ら押さえつけるような態度で交渉に臨んだほうが、いうことを聞く」と考えていたらしい。

実際、ペリーについては、これまでしばしば次のようなネガティブな歴史評価がなされてきた。

「恫喝(どうかつ)外交によって、強引に日本を開国に追いやった男」

「一方的にアメリカの要求を押しつける傲慢な男」

「砲艦外交という手段で日本の社会を乱した、理性のかけらもない男」

と、こんな具合だろう。しかし、本当にそうなのだろうか？ 明治から昭和にかけての日本のジャーナリストであり、思想家・歴史家でもある徳富蘇峰(そほう)は、その著書で次のようにペリーを評している。


――実に善謀の人であり、善為の人であった。日本に向かって戦争を仕掛けるとか、もしくは日本を侵略するとか、併呑(へいどん)するとかという野心はなく、ただ日本と和親を修め、交通を開き、貿易を為(な)し、カリフォルニアと中国の中途に安全なる港湾を得ることが目的であった。

強引な恫喝外交・砲艦外交を実行したというイメージが先行しているが、これも先人たる日本人の対応が間違っていることを看破したうえでの戦略、戦術だったといえないだろうか。いずれにせよ、ペリーは従来思われてきたイメージより、はるかに思慮深い戦略家であった。

〝海軍の申し子〟にして〝蒸気船海軍の父〟ペリー

マシュー・カルブレイス・ペリーは一七九四年、アメリカ海軍が本格創設されたまさにその年に生まれている。海軍一家の三男坊であり、一八〇九年一月一六日に一四歳と九カ月で海軍に志願、その人格は戦闘も含めた海軍での実務を通してかたちづくられていったようだ。

「一つひとつの体験を非常に律儀に積み重ね、細かく行動を分析して、それをすべて自分の血となり、肉としていく、強烈な粘着体質の努力型の人物である。一度体験したことはきちんと自分のなかで整理をし、検証し、次の機会に活かすやり方を生涯貫き通していったのが、ペリーという男である」

これは、海洋歴史家である小島敦夫のペリー評（主旨）である。

ペリーは艦船同士がぶつかり合い、白兵戦となるような激しい戦闘でも、常に指揮官として先頭に立って戦っている。つけられたニックネームは「オールド・ブリュイン」すなわち〝熊親父〟。船上で部下を監督・指揮をする際に大音声で率い、励ます、その勇猛ぶりからついたという。

ペリーが海軍の指揮官として、その理念にしていたのは――

一、正当な命令に対しては、不満や文句をいわず、快活に、無条件で従うこと。

二、同じような服従を部下にも求めること。

三、任務でも、オフの時でも、職位が何であろうが関係なく、自己の感情を抑えて、率直で、相手には敬意をもって接すること。

四、勤務している艦隊からはできるだけ離れず、陰日向のない勤勉な態度で任務を遂行すること。

そして、実際の勤務を通じては――蒸気船の海軍への導入、海軍の士官クラスの教育改革、太平洋探検隊創設の提言、灯台などの施設の改善など、多岐にわたるテーマに取り組んでいる。なかでも蒸気船の導入には最も熱心で、のちには〝蒸気船海軍の父〟とまで呼ばれたほどだ。これは、今なお海軍関係者の間では語りぐさになっている。日本遠征の総責任者として白羽の矢が立てられたのも、このような実務経験を買われてのことに違いあるまい。ペリーこそは、発展著しいアメリカ海軍と海洋国家アメリカの申し子であったといっても過言ではない。

難航のすえ、久里浜で行われた日米初の会談

嘉永六（一八五三）年六月三日にペリー艦隊が浦賀に到着した際、日本側と最初に応対したのはオランダ語通訳のアントン・ポートマンだった。次に、フランクリン・ブキャナン艦長が、浦賀奉行所与力の中島三郎助とポートマンの二人をサスケハナ号の艦長室に招き入れ、ペリーの副官のジョン・コンティと話し合いがもたれた。ペリーは顔を見せず、中島はオランダ語を通じて来航目的や艦船名、将官名、乗組員数などをたずねたが、コンティ副官は「軍艦は答える必要がない！」と回答を拒否した。

翌六月四日、今度は与力・香山栄左衛門が「ガバナー（奉行）」と称して、ブキャナン艦長とコンティ副官に会い、アメリカ側の目的がフィルモア大統領の親書（国書）を渡すことにあると把握した。

これに対し、香山は「国書は浦賀で受け取るわけにはいかない。たとえ、受け取ることになったとしても、長崎で受け取ることになる。さらに、国書を受け取るかどうか江戸に報告をして指示を仰ぐ必要があるので、四日の猶予が欲しい」と訴えたが、コンティ副官は、長崎に回ることを断固拒否。「江戸まで蒸気船なら数時間の距離であるから、三日後までは待つ」と回答した。

回答期限の六月七日、香山栄左衛門は通詞（つうじ）（通訳）の堀達之助、同じく通詞の立石得十郎を同道してサスケハナ号に出向き、ブキャナン艦長とヘンリー・アダムス艦隊参謀長と会談をもった。ブキャナン

とアダムスは、アメリカ大統領の国書を日本の最高位の役人に渡したいと記されたペリーの書簡を見せた。

香山が「国書は受け取るが、回答は長崎で渡す」と答えると、ブキャナン艦長は「この地以外で回答を受け取るつもりはない」と長崎行きを拒絶。香山が重ねて「高官は会談をすることを許されてはいない。ただ、国書を受け取るだけだ」と述べると、ブキャナン艦長は「我々が必要としていることは、国書を渡すことである」と答えている。

この日の会談は午後いっぱいまでかかった。香山が、国書受け取りの場所を「浦賀に近い久里浜で」と伝え、サスケハナ号を離れたのは、午後七時ごろだった。

国書を授与し、翌年の再来日を通告する

二日後の六月九日、天候は晴れ。国書授与の日である。会見所は急遽建設されたもので、建物の周囲は幕で囲まれていた。

香山栄左衛門や中島三郎助らが旗艦サスケハナ号まで迎えに赴くと、ペリーは三百人の士官、兵士、海兵隊員を従えて久里浜に上陸。軍楽隊のリードで会見所へ入っていった。日本側で対応したのは、浦賀奉行の戸田伊豆守氏栄（いずのかみうじよし）と井戸岩見守（いわみのかみ）弘道、そしてオランダ通詞の堀達之助、中島三郎助、香山栄左衛門であった。会見は、香山の進行でオランダ語を通じて行われた。

アメリカ側が、大統領の国書の原本と付随する書簡を日本側のテーブルに置くと、日本側は国書の受領書代わりの書簡をアメリカ側に渡す。その書簡には、こう記されていた。

「本来なら長崎で受け取るべき大統領の国書だが、あえて法を曲げて久里浜の地で受け取ることにしたのは、ペリー提督の立場を重んじてのものである。国書提出が終わったら、ただちにこの場を立ち去ること」

ペリーは書簡を受け取ると、「二、三日中には日本を去るつもりだ」と伝え、席を立ったが、その間、二人の浦賀奉行はひと言も発することはなかった。国書授与式はわずか、二〇〜三〇分で終了している。

ペリーが四隻の黒船を率いて日本を去ったのは、六月一二日午前九時ごろであった。浦賀周辺には、ペリー艦隊が退去する姿をひと目見ようと人々が大挙して押し寄せ、海上は小舟でびっしりおおわれたと三浦郡大田和村（現横須賀市）の農民・浅羽仁三郎（にさぶろう）の『浜浅葉日記』や後述する『ペリー艦隊日本遠征記』には記されている。

わずか一〇日間の日本滞在であった。日本を去るにあたり、ペリーは「大統領国書の返事をもらうために、来年の四月か五月に再びこの地を訪れる」と念を押すことを忘れなかった。

翌一八五四年一月、ペリーは香港を出発して再び日本へ向かう。旗艦サスケハナ号を先頭にして、側輪駆動蒸気軍艦ポーハタン号とミシシッピ号がそれぞれ、帆走武装補給艦のサウザンプトン号とレキシントン号を曳航しての出航だ。帆走軍艦マセドニアン号と帆走軍艦バンダリア号、サプライ号は船足が遅いため先行。上海からは、プリマス号とサラトガ号が出航し、両艦は沖縄で合流することになった。まさしく大艦隊を編成しての、第二次日本遠征である。

前年の取り決めで一年の猶予を与えるべきところ、あえて半年で再来航した背景には、将軍・徳川家慶が先の来航直後に没した国政の隙に乗じるねらいがあったともいわれる。そうであれば、これはペリーのすぐれた外交手腕を物語る状況証拠のひとつといえるだろう。

沖縄に寄港したのち、東インド艦隊が日本に錨（いかり）を下ろしたのは、横須賀湾の奥の小柴沖である。ペリーはこの停泊地を「アメリカン・アンカレッジ（投錨地）」と名付けた。

嘉永七（一八五四）年の一月一一日、小柴沖にまずサウザンプトン号が現れ、続いて旗艦サスケハナ号をはじめ、ミシシッピ号、ポーハタン号（到着後に旗艦となる）、マセドニアン号、バンダリア号、レキシントン号の六隻が到着した。さらに遅れて、サラトガ号、サプライ号が到着し、ここに計九隻という大規模な黒船艦隊が集結したのである。

「横浜」が日本外交史に初めて登場した日

ペリーの再来日にあたり、幕府が交渉役の全権を与えたのは儒学者の林大学頭燿（だいがくのかみあきら）（復斎）と、江戸北町奉行の井戸対馬守覚弘（つしまのかみさとひろ）である。また、この間には二年前にアメリカから帰国し、土佐藩の藩校に勤めていたジョン万次郎（中浜万次郎）を「旗本格」として登用し、アメリカの事情を聴取している。

当時の幕府には英語をまともに話せる人材が皆無だったため、ジョン万次郎をペリーとの交渉の通詞にするという案も出たようだが、幕閣内の勢力争いの影響もあってこれは実現しなかった。ただ、万次郎自身は幕府に対して陰ながらアドバイスを行うなど、日米和親条約の締結に力を尽くしたという。

前述の大艦隊の来航を受け、浦賀奉行所は一月一六日に新任の支配組頭・黒川嘉兵衛を派遣し、アダムス艦隊参謀長と折衝を開始した。この日は、体調を崩していたペリーの病気見舞いも兼ねた挨拶のみで終わった。

一月二〇日午前中に、林大学頭や井戸覚弘、目付の鵜飼民部少輔、儒者の松崎満太郎、戸田氏栄を加えた五人が、浦賀奉行所の役宅でペリーとの対応を協議した。

翌日、再び黒川が旗艦を訪れてアダムス艦隊参謀長と交渉。黒川が「艦隊が江戸に行くことは、わが国の法律にそむくことになる。当方の応接役が浦賀まで出向くことにした。応接所は浦賀の館浦に建てた」と伝えるが、アダムスは「応接は江戸で行う」と繰り返して、黒川の申し出を拒絶する。

そこで林大学頭は、老中首座・阿部伊勢守正弘の考えを確認し、応接所を神奈川宿から南へ約四キロの「横浜」に決定する。当時の横浜村は戸数わずか九十戸余りの、ナマコ漁で知られた半農半漁の小さな村。幕府にしてみれば、東海道という幹線道路からはずれているので混雑の心配はない。一方のペリーにとっても横浜は江戸に近いし、水深も深く、艦隊の停泊に適している。両者にとって、納得できる条件を備えた場所だった。

こうして「横浜」は、いきなり世界史の表舞台に登場することになった。

幕府は前年に利用した久里浜の会見所を横浜村に移築し、その周辺に控えの間や調理場をこしらえた。一月三〇日に着工した新しい応接所は二月八日に完成し、ペリーはこれを「トリーティ・ハウス」すなわち「条約館」と名付けている。場所は、横浜村のはずれにある水神社と田辺嘉平治という農家の脇。これはまさに、現在の神奈川県庁あたりであった。

このように、のちの国際都市・横浜は江戸幕府とペリーそれぞれの思惑の果てに、その産声を上げたのである。

「ペリー提督横浜上陸の図」（ハイネ原画による石版画、横浜開港資料館所蔵）

日米和親条約締結へ――横浜の地で始まった交渉

前年のアメリカ前大統領フィルモア（当時の大統領はフランクリン・ピアースになっていた）の親書に対する日本側の返答を明らかにする日米の会談は、二月一〇日に始まった。ペリーは総勢五百名（日本側の記録では四百四十六名）を引き連れて、会見所に入っていく。

この時の様子は、ペリーの随行画家ウィリアム・ハイネによって見事に描かれている。ちなみにペリーの二度の日本遠征については、『日本遠征画集』（一八五五年刊）や『日本遠征石版画集』（一八五六年刊）として、そして『ペリー艦隊日本遠征記』などの挿絵として残されており、当時の横浜や日本の様子を垣間(かいま)見ることができ、非常に興味深い。

さて、日米最初の公式の顔合わせは、十五畳と二十一畳からなる大広間「饗応(きょうおう)の間」で行われた。緋毛氈(ひもうせん)らしき布で覆った長椅子を左右に二つ並べ、その間に長いテーブル机。上座に向かって右側が日本の応接役、左側にペリーらが座った。

会談は冒頭、航海中に死亡したミシシッピ号の乗員の墓をどこにするかが話し合われ、墓所を横浜村の増徳院にすることを決めた。ちなみに、この遺体はのちに山手に移され、これが横浜外国人墓地の起源となる。

そして、いよいよ本題に入る。

アメリカ側の要望のうち、薪水食糧と石炭の供給、漂流民や難破船の救助は双方とも納得をしたが、通商についてては意見が分かれた。

「交易はなぜ承知されないのか。交易（通商）とは有無を通じ、おおいに利益のあることである。最近はどの国も交易を行い、交易によって国が富強になっている。貴国でも交易は国益にかなうものである」

ペリーのこの質問に対し、林大学頭は次のように答えた。

「日本国は自国の産物で十分賄えており、外国の品物は必要としていない。したがって、交易はしない。貴官は先に、人命尊重と難破船の救助を申された。それが実現すれば、貴官の目的は達成されるはずではないか。そもそも交易と人命尊重、難破船の救助とは関係がない」

この回答にペリーはいったん別室に引き下がり、戻ってくると次のように答えている。

「もっともなことである。今回の来航の最大の目的は、人命尊重と難破船の救助である。交易は国益にかなうが、人命とは確かに関係がない。交易の件はあえて主張しない」

こうして、交易（通商）については日本側の当初の目論見のとおり、突っぱねることができた。続いて議題は、避難港をどこにするか、開港時期はいつにするか、避難港におけるアメリカ人のさまざまな権利についてどう決めるか、といった具体的事項に移っていく。

ペリーはこの日、自分たちで作成した漢文とオランダ語の条約草案を日本側に提出。帰り際には、参考になればと漢文で書かれた清国との交易を定めた条約書（前出の望厦条約）も手渡した。日本側はアメリカ側の草案を検討したが、それには回答をせず、独自の草案を作成して、翌一一日にペリーに提出する。

緊張のなか続けられる交渉、ついに条約締結

この時の日本側の草案は、（一）石炭、薪水、食糧の供給と、（二）難破船と漂流民の救助は了承するが、（三）避難港の開港は五年間の猶予が欲しい、それまでは長崎をあてる、というものだ。

これに対してペリーは二月一三日、（一）と（二）は了承したが、（三）の避難港の場所と開港時期についてはきっぱりと拒否をし、この場で決めてほしいと強い調子で書いた書簡を手渡す。

二月一七日、日本側があらためて作り直した条約草案（漢文）をペリーに送ったが、内容は一一日に提出したものとほとんど変わってはいなかった。

そこで二月一九日、二回目の会談が開かれる。ペリー側は二百人で上陸してきた。この日の会談の主要テーマは避難港の場所と開港時期についてである。しかし、結論は出ず、二月二六日の三回目の会談に持ち越しとなる。二六日の会談で日本側は、避難港を下田港と箱館（函館）港の二カ所に決めたことを伝えて、ペリーもこれを了承した。二月二七日から三月二日までは条約案文の細かい詰めを双方で何度か行い、ようやく調整がついた。

日本が初めて体験した本格的な外交交渉は、このように緊張感に満ちた駆け引きのなかで展開された

のである。

鎖国政策に終止符を打ち、開国へ向かってまっしぐらに進む第一歩を踏み出す運命の嘉永七（一八五四）年三月三日、「日米和親条約」（通称「神奈川条約」）が調印された。「日米和親条約」は十二条からなっており、主な条文の内容（現代語訳）は次のとおりである。

第一条　日米両国・両国民の間には人・場所の例外なく、今後永久に和親が結ばれる。

第二条　下田（即時）と箱館（一年後）を開港する（条約港の設定）。この二港において薪水、食糧、石炭、その他の必要な物資の供給を受けることができる。物品の値段は日本役人が決め、その支払いは金貨または銀貨で行う。

第三条　米国船舶が座礁または難破した場合、乗組員は下田または箱館に移送され、身柄の受け取りの米国人に引き渡される。避難者の所有する物品はすべて返還され、救助と扶養の際に生じた出費の弁済の必要は無い（日本船が米国で遭難した場合も同じ）。

第九条　米国に片務的最恵国（さいけいこく）待遇を与える。

下田港の即時開港と箱館（函館）港の一年後の開港が明記され、アメリカを最恵国待遇に位置付けることが盛り込まれたのは、アメリカ側にとっては評価できるものであっただろう。さらに、下田にアメリカの領事を一名置くことも日本側に認めさせている。

ペリーの交渉術は恫喝外交ともいわれるように、強引なところも確かにあったが、それと同時に柔軟で駆け引きにも長けた老練なものであった。立派な軍人であると同時に、優秀な外交官であったといっても過言ではない。

ペリーからのプレゼント、地域住民との親しい交流

厳しい条約締結交渉のさなかではあったが、二月一六日にはペリーが献上品としてもってきた土産物が、二十四隻の小舟に積まれて横浜に陸揚げされている。

その土産物のなかで最も大きなものは、四分の一スケールに縮小した蒸気機関車だった。二月一九日に、円形のレールが敷かれ、二三日に実際に走らせることになる。蒸気で動く機関車に日本人は圧倒され、好奇心をおおいにそそられた。なかには、蒸気機関車の屋根に乗って、楽しむ者まで現れた。こののち二〇年近くを経た明治五（一八七二）年、日本初の鉄道事業が東京の新橋と、ここ横浜の間で始まる（第二章参照）ことを思うとじつに感慨深いエピソードである。

もうひとつ、日本人をびっくりさせたのは電信機である。応接所から約一・六キロの電線を引いて、実験が始まった。英語やオランダ語、日本語での通信である。英語やオランダ語、日本語の文字をモールス信号で送信したところ、一瞬でその内容が伝わることに見学者は驚愕。このほか、望遠鏡や柱時計、ピストル、ライフル銃などの武器、香水、洋酒、缶詰、農機具、鍋、釜、毛織物、世界地図、軍艦の図、おもちゃなどの珍しい品々が披露された。

面白いのは、これに対する日本側の反応だ。ペリーたちが日本を去った後、毛織物は海岸で焼き捨て、洋酒は封も開けずに海に沈めてしまう。その理由がふるっており、毛織物は獣の毛で織ったものを身に

つけると自分自身が汚れるからといい、洋酒は麻薬が混ぜられているかもしれないからだという。嘘のような本当の話である。

三回目の会談が行われた二月二六日、日本側も答礼品を用意した。漆器や磁器、絹織物など大半は日本の美術工芸品である。ほかには艦隊員のために米二百俵と鶏三百羽が贈られた。ユニークなのは、米俵の運搬のために江戸から一流の力士を動員し、相撲も披露したことだ。日本にも、こんな力のある大男がいるのだと精一杯の虚勢を張ったのかもしれない。

交渉も大詰めを迎えた二月二九日には、アメリカ側がかねてより用意していた大宴会を旗艦ポーハタン号上で開催し、応接掛など約七十名の日本人が招待された。宴会はおおいに盛り上がり、国際交流が深まったようだ。

庶民のなかには黒船を怖がる者も多くいたが、戦争がないとわかると、好奇心むき出しで艦隊に近づいて、タバコをねだったりする者もいた。さらに、横浜村の周辺では日米交渉が始まったころから、アメリカ兵が上陸して村をうろついて困るという報告が相次いでいる。艦隊生活の乗組員にとって上陸と散策は大きな楽しみである。対する村人たちも右のような報告がある一方、多くは怖がることなく、あっけらかんと人なつっこく乗組員と接していた。それを見た役人がこんなに外国人と親しくつきあってよいだろうかと、代官所に注進したという話も伝えられている。

じつは条約締結後の三月九日には、ペリー自身も部下十二名を率いて横浜村を散策し、名主の家で一服している。この時、村人たちがペリーを遠巻きにしながらついてきた。その様子をペリーは日記に書いている。

「日本人は驚くべき好奇心を示し、女たちは恐怖心も役人の指示も忘れて、逃げようとはしなかった。むしろ、役人よりも一段と親しく対話をしようとしていた」

さらに、若い娘たちを「立ち居振る舞いも活発で、美しく、品位があった」とも述べている。

三月一七日、横浜を離れたペリーは、艦隊を江戸近くに進めて日本をあわてさせた後、条約によって開港の決まった箱館（函館）と下田を検分するため江戸湾を後にした。その後は、下田で和親条約の細則を定めた全十三箇条の「下田条約」を締結して嘉永七（一八五四）年六月四日に帰国の途につく。

こうして、二度にわたるペリー艦隊の日本遠征は終わりを告げた。

帰国後のペリー、『遠征記』は一大ベストセラーに

条約の調印を無事に終えてニューヨークへ帰ったペリーだったが、東インド艦隊司令長官を退任したものの、退役は許されなかった。海軍はペリーを海軍整理委員会のメンバーに任命する。任務は、年齢の進んだ中級・下級の将校をレイオフ（一時解雇）するという仕事だ。要は〝首切り〟役である。ペリーにしてみれば、この仕事は意に染まなかったようだが、憎まれながらも責務をまっとうした。

アメリカ議会は、ペリーの功績に報いるために、報酬として二万ドル（現代の価値に直すと約五千万円）を償与している。また、ボストンの商人たちはお金を出し合って金メダルをつくり、ニューヨークの商工会議所は三百八十一点にのぼる豪華な銀製の食器セットを用意して、ペリーに贈呈した。このあたり、日本を開国して条約締結を実現したペリーの実績が、アメリカ国民にいかに高く評価されたかがうかがえる。

晩年のペリーは、『ペリー艦隊日本遠征記』に全精力を注いだ。執筆や編集などの実務を担当したのは、ニューヨークのカルベリー教会のフランシス・L・ホークス牧師である。ホークス牧師は歴史家でもあり、その助手にはロバート・トームズ博士がついた。トームズ博士は文学的素養の深い人だった。

『日本遠征記』は三巻からなり、第一巻が完成したのは一八五六年四月。そこには、航海の模様と寄港地の記録をはじめ、琉球王国や久里浜、浦賀、横浜での交渉の経緯、アメリカ政府と東インド艦隊で交わされた書簡などが収められており、『日本遠征記』全体の中核をなすものだ。第二巻は、日本近海の測量内容と動植物、第三巻は、太平洋海域の天体観測を記録している。アメリカ政府は、この『日本遠征記』の出版に四十万ドルを負担した。第一巻は爆発的に売れて、またたく間にベストセラーになり、〝探検記〟として非常に高い評価を得る。

『日本遠征記』を出版した後、ペリーは海軍工廠（こうしょう）の指揮をとったり、海軍改革にも参加している。しかし最晩年はアルコール使用障害や痛風、リウマチを患（わずら）い、一八五八年三月四日に風邪をこじらせ、ニューヨークにおいて六三歳でこの世を去った。〝蒸気船海軍の父〟と呼ばれたペリー提督は、こうしてその生涯を終えたのである。

〝後継者〟タウンゼント・ハリスの登場

ペリーの後継者として、日本を開国に導き、横浜を拓いたもう一人の立役者はタウンゼント・ハリスである。日米和親条約第十一条で、条約調印後一八カ月後にアメリカは日本国内に領事の駐在ができることになり、フランクリン・ピアース大統領は、初代駐日総領事としてハリスを任命した。

それでは、タウンゼント・ハリスとはどのような人物であったのだろうか。

一八〇四年一〇月三日、ニューヨークで生まれる。兄弟で陶器輸入業を営んでいたが、非常に勉強熱心で、なかでも語学の勉強には力を注ぎ、フランス語、イタリア語、スペイン語を習得している。その後、教育分野に目を向け、一八四六年にはニューヨーク市の教育局長に就任。さらに、翌一八四七年には高等教育機関「フリーアカデミー」(現ニューヨーク市立大学シティカレッジ)を創設し、貧困家庭の子女教育に力を注いだ。

一八四八年に教育局長を辞任すると、陶器輸入業の兄と仲違いして店の金を持ち出し、一八四九年五月にニューヨークから船でサンフランシスコへ渡る。そこで貿易船をチャーターして〝海上の行商人〟となり、上海や香港、ペナン、インド、ボルネオ、ニュージーランド、フィリピン、シャム(現タイ王国)など各地を回りながら商取引に勤しんだ。しかし、二年後の一八五一年になると商売がうまくいかず、船の権利を売って香港のヘンリー・ドリンカー船長の家で世話になる立場となる。

これと前後する一八五三年、ハリスは上海で日本へ向かう直前のペリー提督に会い、日本遠征への参加を直訴したが、「軍人ではない」という理由で断られている。

そこで、ハリスは国務長官へと手紙をしたため、香港か広東の領事に任命してほしいと申し込む。ところが、ニューヨークの友人の手紙を通じアメリカ国内で急速に日本への関心が高まっていることを伝え聞くと、一転して日本の総領事になるという野望を抱いたようだ。「開国したばかりの島国である駐日総領事になりたい者など、ほとんどいないだろう」と考えての進路変更だろうと思われる。

実際、当時のハリスは香港から、アメリカ国内の軍幹部や政治家に「大統領に対して自分を駐日総領事に推薦してほしい」という手紙を何通も送っている。その一方、自らもこの要職を射とめるため、ニューヨークに帰って個人的な運動をすべきだと決意。香港を離れ、ペナンにいた一八五四年八月二日には寧波（中国浙江省）領事任命の通知を受け取ったが、歯牙にもかけず、急ぎ帰国の途についている。

この時、アメリカ大統領ピアースは当初、歴史家のジョン・ロイメン・ブロッドロッドを駐日総領事にと考えていた。ところが、ペリーをはじめニューヨークや軍の有力者からハリスを推薦する声が強くなると考えを変え、一八五五年八月四日、ハリスを初代駐日総領事に任命する。ただし、この日付は仮の任命書のもので、正式な任命書は一八五六年六月三〇日付けとなっている。

ハリス、初代日本総領事として下田に着任する

駐日総領事となったハリスは、なおオランダ語が主流である日本の外国語事情を考えてか、アムステルダム出身のヘンリー・ヒュースケンを通訳に雇った。ピアース大統領からはシャムとの通商条約締結の命も受け、日本に向かっていよいよニューヨークを出立する。当時、世界一の汽船といわれたパシフィック号の船上の人となったのが、一八五五年一〇月一五日である。

日本の前に立ち寄ったシャムとの通商条約は手こずりながらもなんとか締結したが、ハリスは相手側の態度がよほど腹にすえかねたらしい。日記に「シャム人は不正直で卑劣で卑怯で、王族以下、嘘をつくのがルールで、避けられる限り真実を語らない。こんな国には二度と来たくない」とその憤慨ぶりを綴っている。

一八五六年五月三一日、ハリス一行は王室シャム蒸気艦隊に乗り込んで、シャム湾を後にする。その

後は香港に立ち寄り、当時のウィリアム・マーシー国務長官への報告書の執筆のほか、各方面の人々の訪問を受けながら、日本行きの最後の準備に取りかかる。食糧の補給や、料理人とその助手、裁縫夫、給仕頭（ボーイ長）といった身の回りの使用人も雇い入れた。船の修理も終え、石炭や大砲を積み込むと、日本へ向けて暴風雨のなかを出航した。八月一二日のことである。

八月二〇日に屋久島をすぎ、下田の港に錨を下ろしたのが、翌八月二一日（安政三年七月二一日）。この時、ハリスはあらためて責任の重圧を感じたらしく、その日の日記に次のように興奮さめやらぬ気持ちを記している。

——私は日本に駐在のため、文明国から送られた最初の公認領事となることだろう。これは自分の生活に一時代を画するとともに、日本にとっても新体制の夜明けとなろう。日本とその将来が記される歴史のうえに、願わくは、栄光の名を残すよう、わが身を処したいものである。

ハリスが日本滞在の住居（駐日領事館）として与えられたのは、下田のはずれの柿崎にある玉泉寺という古寺だった。乗ってきた米国艦船サン・ジャシント号から積み荷を降ろして寺に運び込んだのが、日本の暦で安政三（一八五六）年の八月五日。サン・ジャシント号はそれを見届けると、錨を上げて下田港から去っていった。この日からハリスには長い長い〝島流し〟の生活が始まることになる。

ハリスの下田港到着直後から、下田奉行所の役人の態度はその滞在を認めまいとする意図に満ちていたようだ。「下田は貧しい村であり、（前年の安政の大地震による）津波にもあって甚大な被害を受けて何もない街だから、早々にアメリカ本国に帰国したほうがいい」と進言したり、玉泉寺の門前に監視のための役人を常駐させ、ハリスやヒュースケンらの外出に尾行をつけるなど、あの手この手でハリスの追い出しに余念がなかったという。

役人たちがこのような態度を取った理由。それは日米和親条約が締結されて以降、日本国内に外国人との交際を反対する機運が高まり、通商条約の阻止を唱える有力な一派、いわゆる攘夷（じょうい）派が台頭していたからである。彼らの矛先が、駐日総領事としてやってきたハリスに向かったのは当然であった。

しかし、ハリスは武力の後ろ盾もないまま、奉行所（幕府）の役人たちとねばり強く、辛抱強く、持病の胃炎を悪化させながらも交渉を重ねていく。その結果、安政四（一八五七）年五月二六日、日米和親条約の補修協約である「日米協約」（日米追加条約、第二下田条約とも）を締結することに成功する。「日米協約」でハリスは、アメリカ市民の下田と箱館（函館）の居住権とアメリカ人への領事裁判権を獲得したほか、アメリカ人が持参した貨幣を同種の日本通貨と同重量で交換する権利（ただし六パーセントの改鋳（かいちゅう）費は払う）も手にした。まずまずの滑り出しである。

残るは、江戸に出向いて将軍に大統領の親書を手渡すこと、そして日米間の通商条約締結という大仕事であった。

江戸城へ登り、将軍へ大統領の親書を奉呈

幕府の役人は、日米協約が締結されたことで、ハリスは玉泉寺でおとなしく暮らすだろうと思ったらしいが、その思惑は見事に裏切られることになる。ホッとする間もなく、ハリスが交渉役の井上信濃（しなの）

守清直と中村出羽守時万を相手に「自分はアメリカ大統領の親書をもってきた使節なので、江戸に出向いて将軍に直接親書を手渡したい。それに伝えたい機密情報もある」と訴えたからである。

この申し出に対し、二人はこう返答した。

「それは我々が下田の地で受け取って、将軍に届けるので、ここ（下田）で親書を手渡してほしい」

しかし、ハリスはこれを拒否。この交渉は決裂した。

当時、ハリスは胃病が悪化し、吐血までするという状態だった。見かねたヒュースケンは、下田奉行に看護役の女性を頼んだが、奉行所では看護師の概念がわからずに愛人のことと思ったらしい。そこでやってきたのが、のちに「唐人お吉」として知られるようになった下田一の人気芸者・斎藤きちである。彼女は実在の人物で、ハリスの世話をしたが、病が小康を得たのち三カ月でお払い箱になっている。

さて、井上と中村は交渉の過程を幕閣に伝え、その指示を待った。時の老中首座は、堀田備中守正睦である。幕閣内にはハリスの将軍謁見大反対の強い声があったが、堀田は熟慮に熟慮を重ねたすえ、ハリスの将軍への謁見を認める方針を打ち出す。そのことをハリスに知らせるよう、井上信濃守と中村出羽守に伝えた。謁見日は、安政四（一八五七）一〇月二一日と決まった。

ハリスの江戸への出府に際しては、江戸から役人が入れ替わり立ち替わり玉泉寺にやってきて、将軍謁見の作法などを伝授し、下田の役人たちは江戸出府の際の行列をどんなかたちにするかハリスと相談した。その結果、手荷物や寝具、炊事道具の小荷駄方約四十人、それに加えて駕籠かき二十人、警衛十二人、旗持ち二人、馬丁二人、指揮・世話掛二人のアメリカ側の布陣に、日本側からの随行者を合わせると、全体で約二百五十人にものぼり、大名の参勤交代なみの規模となった。

そして一〇月七日、ハリス一行は下田を出発し、江戸に向かう。

ハリスは途中、馬に噛みつかれたり、蹴られたりして小指に怪我をしながらも一〇月一四日、江戸市中に入った。下田から七日間の旅路であった。安政四（一八五七）年一〇月二一日、将軍・徳川家定に謁見し、一八五五年九月一二日の署名があるピアース大統領の親書を手渡すことができた。

日米修好通商条約、過酷なマラソン交渉始まる

将軍に謁見後、ハリスは一〇月二六日、老中首座の堀田備中守正睦と会見する。その席で、日本の外交問題やその遂行する政策について、これまで下田で綴ってきたメモをもとに持論を述べる機会をもつことができた。ハリスは、堀田備中守にアメリカ合衆国の日本への友情や領土的な野心がないこと、カリフォルニアのゴールドラッシュなどについて述べた後、次のように訴えた。

「日本は国民の発明の才と勤勉の美徳を働かすだけで、遠からず強力偉大な国家となる。貿易の力によって発展したとき、日本の資源は、莫大な量の交換価値を生ずるであろう。（中略）私と折衝することによって、日本の体面はいささかも損ぜられるものではなく、各要項は慎重に討議し、検討し、徐々に開国の準備をすべきである」

さらに、満足な通商条約は次の三項目を基調とすることと指摘した。第一に、江戸における外交使節への居住地供与。第二に、幕府役人の介入しない貿易の自由。第三に、開港場の追加。これらは指摘というより要求口調で、開港することによって日本にもたらされる利益を説明した。そして、日本がこれまでどおり攘夷政策に固執した場合はどうなるかを問いかけ、強大な外国艦隊の実態に加えて、イギリ

「ハリス登城の図」中央がハリス、その後ろに通訳のヒュースケンが大統領の親書を捧げて続く（作者不詳、一般財団法人黒船館所蔵）

スの植民地支配の脅威、「アヘン戦争」に敗れた隣国・清の屈辱的な惨状についても熱心に伝えた。

ハリスの演説は約二時間にも及んだ。聞き終えた堀田備中守は「これは日本の対外関係という問題に深く触れたもので、幕府始まって以来の最重要問題だ」とハリスに対して答えている。

しかし、その日以降、幕府からは何の音沙汰もなく、交渉が再開されたのは西暦では年が明けた安政四年一二月二日（一八五八年一月一六日）である。この会議で、江戸の公使館の要求と自由貿易の権利は認められ、開港場の追加では「下田は閉鎖をして新たに開港場を開く」という取り決めがなされる。ハリスは要求がほぼ認められたことで、今後の交渉のための条約草案を日本側に手渡した。

条約草案の討議が始まったのは、一二月一一日からである。この日から何週間にもわたって交渉が続くことになるのだが、最も交渉が難航したのは、貿易港追加の件であった。日本側は下田港の代港を開くことに同意はしたが、それ以上は話をまったく進めようとはしない。ハリスの胸のうちには八つの代港案があり、そのうえで京都と江戸の開市を求めている。

その後、幾度となく交渉は進み、翌安政五（一八五八）年の一月に入ると条約の草案は多くの点で両者の一致を見た。後は条約の浄書と変更・訂正箇所の日本語訳を進めようという話になる。ここで幕府側から正月休みの申し出があり、再び正式に会談が開かれたのは、一月一〇日になってからである。この日の会談で、交渉はなんと十三度目を数えた。

この会議で、ハリスはいたく驚かされた。これまで幕府側が出していた反対意見や異議がすべて引っ込められ、難航していた開港場の問題もすっきり解決したのだ。具体的にはハリスが求めた八港ではなく、六港を開港することで落ち着いたのである。

一月一四日、条約はすべての細目まで決まり、日本側の接待役にも浄書が手渡されて、ハリスの仕事は終わった。後は無事、調印を済ませるだけだ。ところが、この日、ハリスの病勢がにわかに募り、急遽、下田に帰ることになる。一月下旬、下田に帰ったとたん、長旅とマラソン交渉の疲れがたたってハリスは重体に陥ってしまう。

天皇の勅許得られず、暗礁に乗り上げる条約交渉

幕府はハリスと交渉を進める一方で前年の末、外交問題を天皇に奏上するために、林大学頭らを京都に派遣していた。しかし、京都にやってきたものの、朝廷内は攘夷派が牛耳っており、話はまとまらない。林らは江戸に帰るに帰れず、いたずらに京都で時を過ごしていた。このままではまずいと、安政五

（一八五八）年一月に堀田備中守は、勘定奉行・川路聖謨（としあきら）および目付・岩瀬忠震（ただなり）とともに、時の孝明天皇から勅許を得るために京都へ向かって出発する。

堀田備中守は、皇室と関白・九条尚忠（ひさただ）と前関白（さきのかんぱく）・鷹司政通（たかつかさまさみち）にそれぞれ一万両、取り次ぎ役である武家伝奏（てんそう）の二人の公家にそれぞれ千両の寄進を表明したが、これが失敗だった。金で朝廷を籠絡（ろうらく）するものと受け止められ、天皇から勅許を得ることができなかったのだ。ただ、外国人嫌いの孝明天皇ではあったが、条約に真っ向から反対を表明したわけではなく、「諸大名の意見をよく聞いて、あらためて誓願せよ」という内意だった。首の皮一枚つながった状態で堀田備中守らは、四月、江戸に戻った。

一方、これと前後してハリスは条約調印のため、病状が回復しないまま、医師の反対を押し切って下田から江戸に再びやってきていた。早速に面会した堀田備中守は、ハリスに「京都では思わぬ反対にあったが、幕府も今度という今度は調印の腹を決めた。反対派を力ずくでたたきつぶす」ときっぱり表明したが、同時に「条約の調印に三カ月の猶予をもらえれば、流血の惨事は防ぐことができる」と、条約調印の猶予を求めた。

ハリスは一度はこれに反対したが、結局、安政五（一八五八）年七月二七日を、日米修好通商条約の調印日として、双方の合意を得た。

ただし、この際にハリスは「条約調印後三〇日以内は、どの国とも条約は結ばない」という条件をつけた。条約は七月二七日に調印するという幕府の約定書を手に、ハリスは下田へ帰った。そして当時のルイス・カス国務長官に約定書を送付し、手紙に「この文書こそ、条約の事実上の履行および批准（ひじゅん）と考えて間違いない」としたためた。

迫る英仏軍、難産のすえに日米修好通商条約ついに締結

　しかしながら、ここで事態はまたしても一転する。六月一三日、ミシシッピ号が下田港に入港し、続いて六月一五日にポーハタン号が下田港に入港した。ハリスは乗組員から、次のような報告を受ける。

「イギリス艦隊がインド兵の反乱を鎮圧し、英仏艦隊が清の軍隊を撃破した。清国政府は列強の要求を全面的にのんで、条約調印に至った。英仏艦隊は条約交渉のため日本途上にあり、ロシア艦隊も日本に向かっている」

　いわゆる「インド大反乱（セポイの反乱）」と清国における「アロー戦争（第二次アヘン戦争）」が列強側の勝利に終わり、アジアをめぐる事態はにわかに緊張の度合いを強めていた。これを聞いたハリスは堀田備中守に急報し、自らポーハタン号に乗船して神奈川の南の小柴沖に出向く。ハリスとしては、イギリスやフランス、ロシアによる日本侵略の可能性をたきつけ、これを防ぐためにも、一刻も早くアメリカとの条約締結をせよと迫る腹づもりだった。

　この急報が功を奏したのか、六月一八日の深夜、ハリスとの交渉の全権を大老・井伊直弼（なおすけ）から任された下田奉行の井上信濃守清直と目付・岩瀬忠震がポーハタン号へ乗り込んでくる。井伊は堀田備中守が上洛から戻った直後に大老へ就任していた。次期将軍職をめぐる勢力関係で堀田と対立する立場の井伊だったが、外交問題に関してはあくまで天皇の勅許を優先させる姿勢だった。しかし、幕閣の大勢はすでにアメリカとの条約締結へと走り出しており、井伊大老としてはなお勅許を得られるぎりぎりまで締結を延期できればという願いを、井上らに託したとされる。

　そうした井伊大老の意を酌（く）んでか、この時に及んでも井上信濃守と岩瀬忠震は条約の即時調印を迫る

ハリスに対して躊躇する姿勢を崩さなかった。

「（約定した）七月二七日以前に調印をすれば、ひと騒動もち上がるから、調印はできない」

その主張に対して、ハリスはすかさず釘をさす。

「ではご自由に。ただし、日米修好通商条約調印後、三〇日は他国と条約を交わすことはできない」

英仏艦隊やロシア艦隊は間近まできている。これ以上の引き延ばしはできないと悟った二人は、ハリスに懇願する。

「英仏がアメリカとの条約を承認するという保証書を書いてほしい」

ハリスはそれを断ったが、「英仏は条約を承認するだろう。何か事が起こったら、その時は援助する」という手紙を渡すと、二人は安堵した。

会談は、六月一九日の明け方まで続いた。そして同日、正午をすぎたころ、二人は再びポーハタン号へ赴き、ついに「日米修好通商条約十四カ条、貿易章程七則」は無事に調印の運びとなったのである。

条約で開港場に定められていたのは「神奈川」だった

安政五（一八五八）年六月一九日に結ばれた、日米修好通商条約の通商に関する主な条文（現代語訳）は以下のとおりである。

第三条

下田・箱館に加え、以下の港を開港・開市する。

神奈川：一八五九年七月四日
ただし、神奈川開港六カ月後に下田は閉鎖する
長崎：同右
新潟：一八六〇年一月一日。新潟の開港が難しい場合は近くの他の港を開く
兵庫：一八六三年一月一日
江戸：一八六二年一月一日開市
大坂：一八六三年元日開市

これら開港地に、アメリカ人は居留を許され、土地を借り、建物・倉庫を購入・建築可能である。ただし、要害（ようがい）（戦略拠点）となるような建築物は許されない。このため、新築・改装の際には日本の役人がこれを検分できる。アメリカ人が居留できる場所（外国人居留地）に関しては、領事と同地の役人がその決定を行う。両者にて決定が困難な場合は、日本政府と公使の討議によって解決する。居留地の周囲に囲い等を作ることなく、出入りを自由とする。江戸・大坂には商取引のための滞在（逗留）は可能であるが、居留は認められない。両国の商人は自由に取引ができる。役人が介入することはない。

日本人はアメリカ製品を自由に売買し、かつ所持できる。軍需品は日本政府以外に売ってはならない。ただし、日本国内において他の外国に軍需品を売ることは可能である。

米・麦は船舶乗組員の食用としては販売するが、積荷として輸出することは許されない。日本産の銅は、余剰がある場合にのみ、日本政府入札品の支払代金として輸出可能である。在留アメリカ人は、日本人を雇用することができる。

第五条

外国通貨と日本通貨は同種・同量での通用とする。すなわち、金は金と、銀は銀と交換できる。取引は日本通貨、外国通貨どちらでも行うことができる。日本人が外国通貨になれていないため、開港後一年の間は原則として日本の通貨で取引を行う（従って両替を認める）。日本貨幣は銅銭を除き輸出することができる。外国の通貨も輸出可能である。

第六条

両国の役人は商取引に介入しない。

以上のように、日米修好通商条約は日本の開港や貿易・通貨などの自由貿易の推進をはっきりと打ち出した画期的な条約である。幕府とアメリカの交渉当事者の努力もさることながら、病をおして締結に導いたハリスの胆力には頭が下がる。これぞ、彼ならではの大きな功績であろう。その一方で、第五条にある通貨交換の条項は日本側に大きな問題を残し（第二章参照）、領事裁判権や関税自主権に関する不平等は明治時代前半を通じて、解決すべき最優先の外交課題になったことも間違いない。

ハリスはその後、総領事から公使へと昇格し、横浜港開港を祝ったのち文久二（一八六二）年にニューヨークへの帰路についた。その日本滞在は、五年九カ月にも及ぶ。帰国後のハリスは親族・知人とも疎遠なまま、独身生活を貫いたが、一八七八年二月二五日に脳出血のため死去した。七四歳だった。

なぜ幕府は「横浜開港」にこだわったのか？

日米和親条約の締結から約四年の歳月を経て、日米修好通商条約は締結され、日本は箱館、新潟、神奈川、兵庫、長崎の五港を自由貿易ができる港として開港することになった。ただ、条約では神奈川となっているところ、実際に開港したのは横浜である。

前述のとおり、安政四（一八五七）年一〇月にハリスは老中・堀田備中守正睦らを前に貿易の重要性を説いた。その内容を知った目付・岩瀬忠震はすぐに上申書を堀田に提出し、次のように積極的な横浜開港論を主張している。

「江戸にほど近い横浜を開港して、江戸を大坂にかわる全国の商品流通の中心地とし、また外国文明の窓口として幕府再建を図る」

井上信濃守清直とともに幕府の全権委任となった岩瀬は、この横浜開港案をハリスとの交渉の場でも披露し、ハリスも日米和親条約締結の地である横浜村の開港にいったんは同意する。

しかしながら、ハリスにとって横浜の位置付けは、あくまでも湾をはさんで対岸の神奈川湊（みなと）をもつ東海道の宿場・神奈川の一部というものでしかなかった。ところが、開港場建設の段階になって、神奈川が東海道沿いにあることによる混乱を避けたいと考えた幕府は、横浜のみの開港の準備に取りかかる。

これに対して、ハリスや初代駐日イギリス総領事のラザフォード・オールコックは、条約違反だとして横浜開港を強く拒否したが、その間にも横浜の開港場は幕府によって整備されていく。ハリスは、条約に記載されている神奈川を開港するよう強く求めるものの、幕府は「横浜も神奈川の一部だ」とつっぱね、ハリスの主張を退けた。そうするうちに外国人商人も横浜に居住し始め、実質的に開港場になっていくと、ハリスたちもやむなく横浜を認めることになった。

幕府が横浜にこだわったのは、まず、神奈川は台地と海にはさまれた細長い地形のため開港場としてはふさわしくないこと。さらに、大名行列などでにぎわう東海道筋では不慮の事態など、何が起こるかわからないというセキュリティ上の問題があったためだ。

加えて、横浜はその西側を野毛山にはばまれている陸の孤島のような地形なので、ここを開港場にすれば、長崎の出島と似たつくりになる。外国人と日本人の接触を避ける意味でも、そのほうが幕府の管理がしやすい。そうしたことが、神奈川に代わって横浜を開港場に選んだ理由である。条約締結当時は、その横浜が東海道の宿場町をはるかにしのぐまでに発展するとは、誰も予想しなかったに違いない。

官民一体となった開港への準備が急ピッチで進む

幕府は、日米修好通商条約が締結されると、あまり時間をおかずに開港場の街づくりの構想を練り始めている。安政五（一八五八）年の秋ごろから外国奉行が中心となって、市街地建設予定地の視察を実施して検討を加えた。

まず、東海道から分かれて戸部村を通り、野毛山を登って下りて横浜村に通じる新道（横浜道）を新たに設けること。次に、今でいう税関の役割を果たす「運上所」を建設し、その東側（山手寄り）を外国人居留地、西側（野毛寄り）を日本人街とすること。そして、横浜村に近い戸部村に奉行所を設置することなどの計画を立てた。

翌安政六（一八五九）年一月、幕府は横浜で貿易を開始することを公布し、横浜で商売をする希望者を募り始める。横浜で貿易を始め、商売を希望する者は江戸で移住の申請を受け付けた。申請者には土地が貸与され、毎年、幕府に地代を支払うことになる。しかし、申請者は幕府が想定した人数よりもはるかに多くなり、四月には貸与する土地がなくなった、という報告もされている。

三月になり、波止場や奉行所官舎、運上所の位置など主だった施設なども含め、横浜の整備計画がまとまった。たとえば、横浜港の海岸には平行に二つの波止場を設ける。ひとつは東波止場で「イギリス波止場」と名付けて、外国人や外国の貨物船などの専用の波止場にする。もうひとつは、西波止場で「税関波止場」と呼んで、日本国内の貨物船などの専用波止場とする。二つはまとめて「東西波止場」と呼ばれ、ここがまさに港湾施設としての横浜港発祥の地といっていい。そのうえで長い航海を終えた船員たちを目当てに、南側の太田屋新田地内の沼を埋め立て、そこに遊女街をつくることにした。

さらに、この計画では、もともと住んでいた横浜村の住民は、山手の丘の麓(本村、のちの元町)へ強制的に移住させること、そして居留地との間に運河をつくり、四方を海に囲まれた出島のようなかたちにすること、その運河には橋を架け、橋には関門を置くことなども決定された。

横浜市街地造成や港湾整備にあたり、幕府は十万両の予算を計上し、公共事業のために工事を希望する者を入札で選ぶことになった。

この入札に対して、まず、波止場の築造は笹井万太郎という武蔵国(現埼玉県)榛沢郡高島村の名主が工事費一万六千両で落札する。奉行所の官舎の建設は蔵田清右衛門という江戸の土木請負業者が四千五百両で請け負い、その下請け業者として堤磯右衛門という地元・磯子村の業者が引き受けることになった。

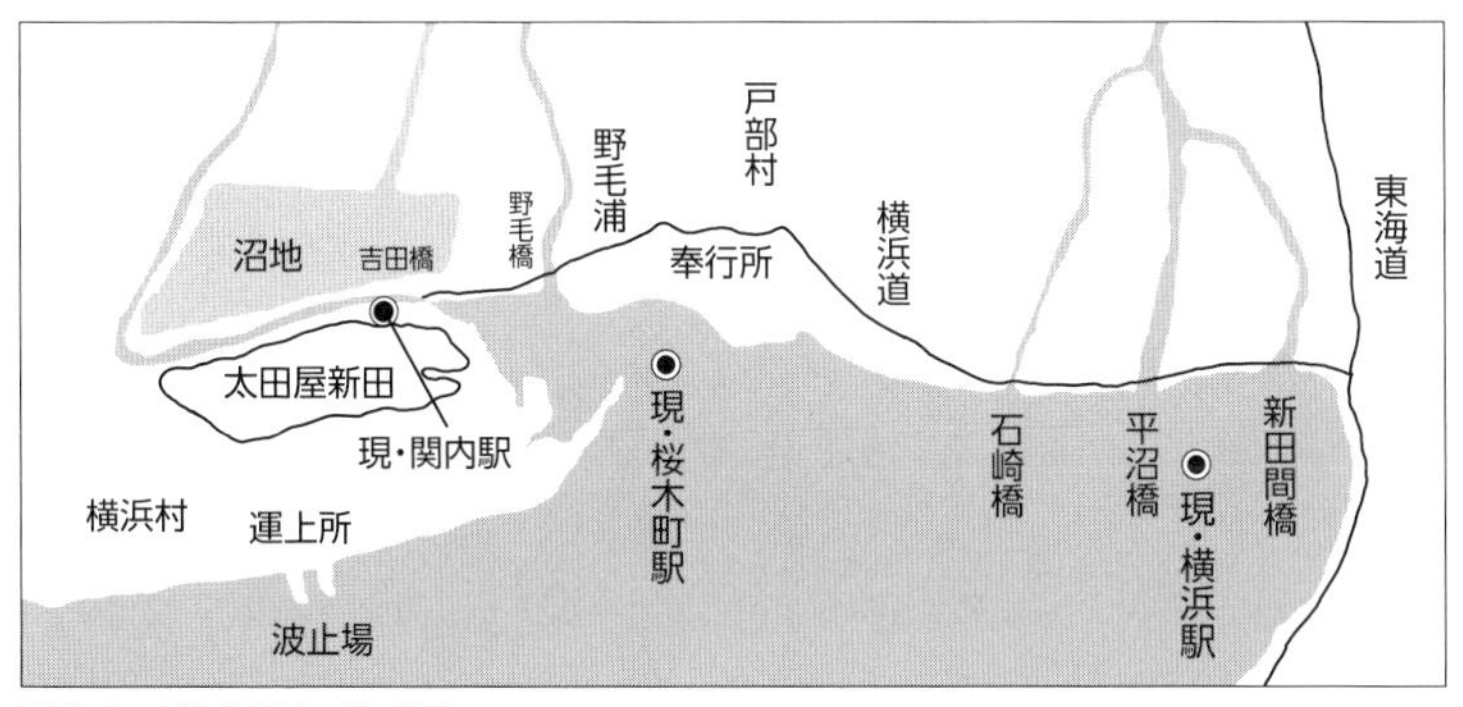

開港時の横浜周辺の模式図

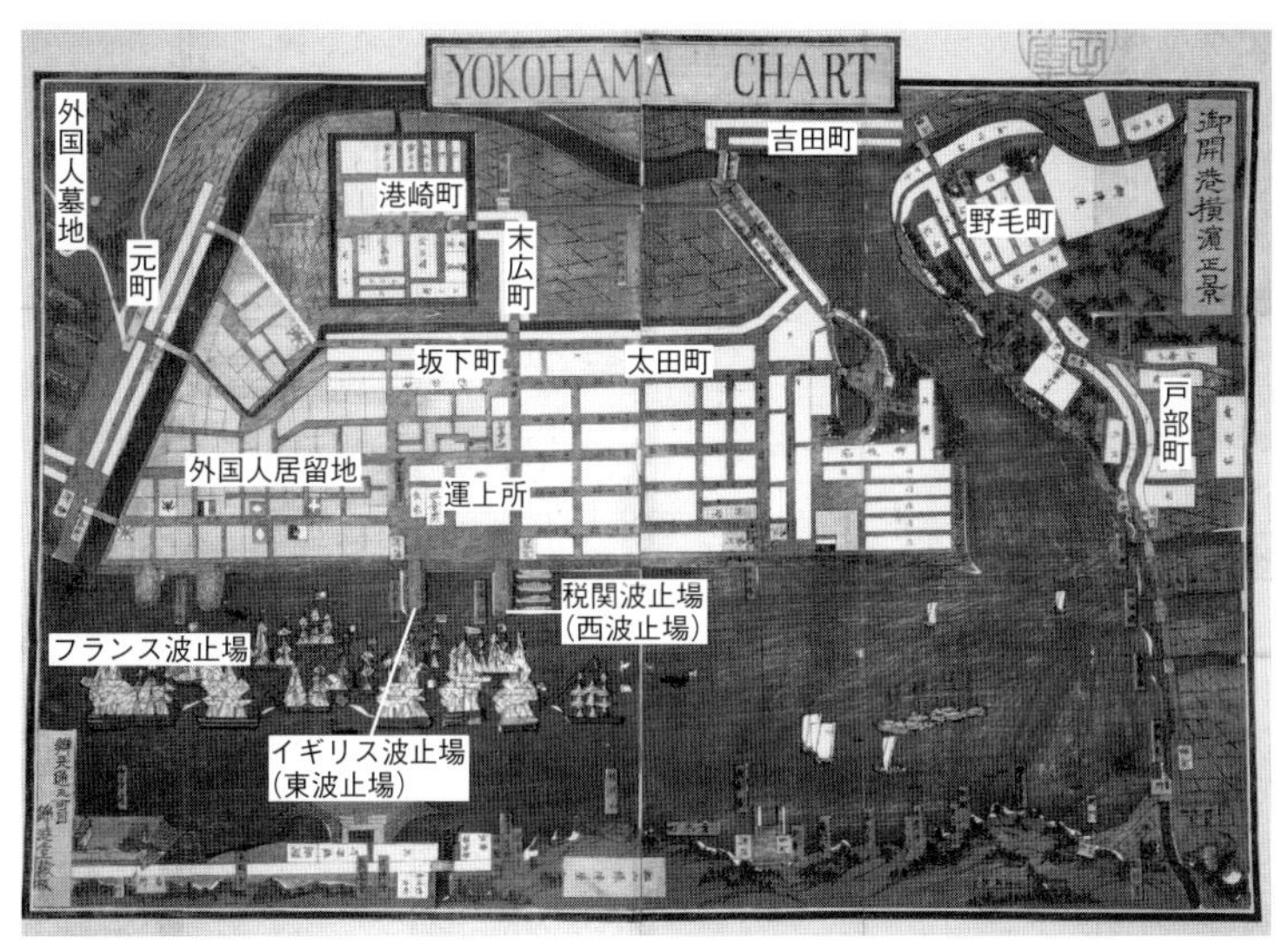

元治元（1864）年に描かれた「御開港横浜正図 YOKOHAMA CHART」に地名を記入（横浜開港資料館所蔵）

横浜道の造成は、やはり地元に近い勘七という久良岐郡太田村の業者が引き受け、横浜道には三つの橋（新田間橋、平沼橋、石崎橋）が架かる計画で、この橋の建設の下請け工事を請け負ったのが、平左衛門という人物である。しかし、この橋の工事は途中で資金不足に陥り、工事が止まってしまう。それを救ったのが、保土ヶ谷宿本陣の当主である軽部清兵衛で、なんとか開港寸前に完成させることができた。さらに、先述の遊女街の建設は、品川で旅籠屋を営んでいた佐吉が請け負った。遊女街が完成したのは秋のことで、佐吉が経営する「岩亀楼」は横浜名物のひとつとなっていく。

横浜は当時、開港場の中心である横浜町と太田町（もとの太田屋新田）、戸部町、野毛町が外国奉行の管轄下におかれたが、これが開港場として生まれた時点の横浜の範囲である。

横浜ついに開港、世界へ向けて華麗なるデビュー

公式記録では、横浜港が開港したのは、一八五九年七月一日（安政六年六月二日）となっている。この日付については、ロシアやイギリスもその日が開港日としているが、アメリカとフランスは異なる。アメリカは独立記念日の七月四日、フランスはかつての皇帝ナポレオン一世の誕生日である八月一五日を開港日としたのである。

当時、外国奉行だった村垣淡路守（あわじのかみ）範正の日記によると、同日の天気は晴れで、開港を祝う行事は何もなかったと記されている。

開港の前日、アメリカ軍艦ミシシッピ号は、アメリカの商社「ハード商会」のスクーナー型帆船ウォンダラー号を曳航して下田港を出発し、午後三時ごろ、横浜沖に錨を下ろす。ミシシッピ号には公使と

なったハリスをはじめ、イーベン・ドール神奈川駐在領事、そして領事館員である日本人のジョセフ・ヒコこと浜田彦蔵（第三章参照）らが乗っていた。開港当日、彼らは運上所で入港の手続きを行い、その台帳には「亜米利加（あめりか）一番船ワントル」と記録され、これが外国商船の入港第一号となる。この日以降、主に上海からイギリスやオランダの商船が次々に横浜港に入港してきた。

　横浜港開港直後から、江戸の商人も続々と横浜に店を構えるようになったが、大半は歴史が浅く、元気な新興企業が多かった。そのため幕府は、三井家のような大商店にも出店を促している。一方で外国人の移住が始まると、外国人の居住区域である居留地には、外国商館がズラリと並び、日本人商人との間で活発に取引が行われるようになった。

　安政七（一八六〇）年には、外国人居留地に住んでいるのは、アメリカ人十五人、イギリス人十八人、オランダ人十人、フランス人一人という記録が残っている。横浜港が開港したおかげで、外国からの商船や軍艦などの船員や軍人も駐留することが多くなり、横浜には西洋人の社会ができあがりつつあった。さらに、外国商館で働く中国人が居留地に住み込むなど、横浜は早くも世界中から多くの人々が来訪し、交流する国際都市へと変貌を遂げていく。

　今から一六〇年以上前に、ペリーが日本開国の扉を開き、ハリスが横浜の開港にこぎ着けた。二人に共通しているのは、どんな困難な状況に接しても、与えられたミッション（使命）を果たすという「責任感」と、それを支える強烈な「意志」を備えていることだ。これこそが、彼らの「破天荒力」であろう。

　この二人のアメリカ人こそが、幕末の日本において、まさに外から横浜を〝拓いた〟のである。

第二章　政商にして易聖、ハマの恩人

高島嘉右衛門

左）高島嘉右衛門が創立した高島学校の全景（横浜開港資料館所蔵）
右）高島嘉右衛門らの普請で竣工間近のイギリス公使館（横浜開港資料館所蔵）

「横浜をつくった男」の破天荒人生

皆さんは、高島嘉右衛門という人物をご存じだろうか？

高島嘉右衛門こそは、本書の題名にうたった「破天荒力」の言葉に最もふさわしい人物の一人であり、こと横浜にとってはまさに〝恩人〟と呼ぶべき存在である。

しかし今日、その名はけっして人々に広く知られているとはいえない。知っているという人がいれば、おそらくは占い、なかでも「易占（えきせん）」と呼ばれる分野に詳しい方だろう。高島嘉右衛門は今に続くいわゆる「高島易断」の開祖であり、数多くの占いによって明治期の政財界の要人に助言を与えた〝易聖〟といわれる。そのため、そちらの方面では今も絶大な知名度を誇るものの、こと横浜との関わりという点では多くを語られることはない。なお、現在「高島」の名を冠する易断の類は、嘉右衛門とは直接には縁もゆかりもないので、あしからず。

だが、幕末から明治初期にかけての横浜の歴史を詳しく見ていくとき、高島嘉右衛門が果たした役割の大きさには誰もが驚き、そのすごさを確信するはずだ。

「ハマの恩人――それはまさしく、高島嘉右衛門なり」と。

嘉右衛門が横浜のために残した功績、それはもちろん占いによるものではない。明治初期の横浜で、高島嘉右衛門はもっぱら事業家として大きな足跡を残し、材木商から建築・土木業、ホテル業、海運業、さらにはガス灯や灯台などのインフラ整備、学校経営、そして遊郭に代表される風俗産業まで実に広範囲にわたる事業に挑戦している。

その情熱と実行力、後世へのはかり知れない恩恵という面で、高島嘉右衛門はまさしく「横浜を拓いた男」であり、今に残る「高島」の地名や横浜市営地下鉄「高島町駅」や、みなとみらい線「新高島駅」なども、そんな彼の名にちなんだものだ。かつては「嘉右衛門町」なる地名、「高島埠頭」などもあり、「高島町駅」は旧国鉄・東急線にも存在した。

ひとつの街というのは、当たり前だが一朝一夕にできるものではない。

開発にあたっては、もちろん計画を実現するための設計・建築・土木分野の最先端技術が不可欠である。しかし、それにもまして重要なのが現場の工事の槌音、そこで働く人々の汗、これを賄う資金の重みであるのは明らかだろう。

その意味で、街づくりの第一段階を推し進めるのは建築と土木の力、それを支える現実的なヒト・モノ・カネとその調達力であるのは間違いない。黎明期の横浜において嘉右衛門が最初に手がけたのは、まさにそうした土台づくりの仕事である。平時でさえ剛腕・辣腕を必要とする基盤整備の数々を、激動の幕末・明治初期に目を見張るスピードで実現したところに、何よりもまず高島嘉右衛門の「破天荒力」の真骨頂があるといえるだろう。

そうした破天荒な力は、破天荒そのものの前半生によって培われた。たとえば、本書で取り上げる人物のうちでも、若き日に国禁を犯して六年もの長い時間を獄中で過ごしたなどという経験をもつ者はほかにいない。そこには、何があったのだろうか?

生まれついて〝九天九地〟の相を得る

高島嘉右衛門は、天保三(一八三二)年に江戸は京橋三十間堀町に産声を上げた。

父の遠州屋嘉兵衛は常陸国（現茨城県）新治郡牛渡の庄屋・薬師寺家の次男、母・くには相模吉原で米問屋を営む高島屋の娘であり、のちに嘉右衛門が名乗る「高島」は母方の姓である。庄屋の家の生まれとはいえ、跡取りの身でなかった嘉兵衛は二一歳の折に江戸へ出ると、三十間堀町の材木商兼普請請負業・遠州屋徳三郎方に奉公する。のちに同町内で暖簾分けを許されたのを見ても、その手腕と才能、働きぶりは際立っていたのだろう。後年、大事業を成す嘉右衛門の幼少時代、この父がよき手本となったのは間違いない。

父の嘉兵衛にとって、特に関係の深かったのが、出入りを許されていた盛岡（現岩手県）南部藩であった。嘉右衛門が生まれた翌年、天保の飢饉の際には救恤米三万石（十一万両分）を南部藩にまわしてもらうよう、やはり御用付き合いのあった肥前（現佐賀県）鍋島藩に頼み、見事に成功している。この時、嘉兵衛は藩から使者の全権を委ねられて武士の身分を名乗り、佐賀の地で名君の誉れ高い鍋島直正（閑叟）相手に困難な交渉を妥結。こうした経緯は「鍋島直正公傳」などの記録にも残されているが、のちのち南部・鍋島の両藩が嘉右衛門自身の生涯にも少なからぬ関わりをもつことを思うと、父子二代にわたる不思議な縁を感じる。

三男に生まれた嘉右衛門は幼名を清三郎といった。父の嘉兵衛にとっては四八歳の遅い子宝であったが、兄二人が相次ぎ亡くなったため、跡取りとして大切に育てられた。清三郎自身も幼年のころは大変虚弱な体質で、これを心配した両親は生後一歳半の折、当時日本一といわれた相学（人相占い）の達人・水野南北を招いている。その見立てによると、清三郎は百万人に一人の「九天九地」の相であり「上っては天上の神仏、堕ちれば地獄の餓鬼となる」運命ながら、「禍を福に転じて齢八〇までの長命は疑いない」という。これもまた、希代の〝易聖〟となる高島嘉右衛門にふさわしい、占術との出合いではないだろうか。

四歳をすぎるまで歩みもままならなかったという清三郎だが、南北の見立てどおりやがて体も丈夫になり、五歳からは寺子屋にも通い始めて、類まれな才能を早くも開花させていく。読み、書き、算盤という当時の必須科目はもちろん、抜群の記憶力と理解力で上級にあたる「経書(儒学の経典、四書五経のこと)」の素読も三度読めば完全にマスターした。師の説明も一字一句憶えていたというから、その早熟の天才ぶりは目を見張るものだったろう。伝記などには、少年時代に父が出入りする鍋島藩の力武弥右衛門なる藩士から、外国好きな藩主・直正直伝の西洋知識を教えられたとの記述も見られるなど、最新の学問への関心も大きかったようだ。

成長してからは、父とともに現場にも出るなど、暖簾を継ぐための修業に励んだ。一四歳の時には初めて任された鍋島家奥方の居室普請の見積もりで見事に落札を果たしている。見積もりといっても、現在のようにコンピュータがあるわけではなく、自分の手で図面を引き、仕様書を作り、石材・木材の額や人工の労賃まで、こと細かに計算しなければならない。この時の二番札との差はわずか百両にすぎなかったといい、「横浜を拓いた男」ならではの才覚は当時から特別なものがあったのだろう。

鉱山開鑿の失敗、借財と天災……波乱万丈の船出

とはいえ、百万人に一人という「九天九地」の相に生まれついた清三郎だけに、そのまま平穏な人生が続くはずがない。

その後、一六歳の時には、膨大な額にふくらんだ南部藩への貸し付けに対する債務免除の代わりに提示された境沢（現岩泉町とも）鉱山開鑿のため、父・嘉兵衛とともに同地に赴くことになる。ところが、豊富な経験と技術を要する鉱山開発が素人の手に負えるはずはなく、自転車操業のあげくに足かけ七年で撤退。ただし、山また山に囲まれた過酷な環境のなかで、雇い入れた八百人に及ぶ荒くれ人足を相手に命がけの気合いで対峙した経験は、ひ弱だった清三郎を心身ともにたくましくした。背丈も五尺八寸（約百七十六センチメートル）近くまで伸びるなど、思いがけぬ見返りであった。

事実、清三郎（嘉右衛門）自身ものちに述懐している。

「この時期ほど苦難と窮乏が骨身に達したことはなく（中略）しかし、そのお陰で辛抱が身につき（中略）多少の労苦など平気の平左となった」

この境沢での経験が、のちに横浜でさまざまな事業に采配を振るう、強力なリーダーシップを育てたともいえる。『易聖・高島嘉右衛門　乾坤一代男』をはじめとする伝記などにはこの時、事業の成り行きを高名な易占家にたずね、父子二代かかっても成功させる決意を固めたという記述もある。「一か八か」の博打を好むこうした「山師＝アドベンチャラー」的な気質は、このようにして培われていった。

鉱山開鑿の失敗の一方、江戸の遠州屋の本業は、留守を預けた姉婿・利兵衛の放蕩もあって行き詰まっていた。嘉永六（一八五三）年正月、病のため先に江戸へ戻っていた父の嘉兵衛が危篤との知らせが届く。急ぎ帰った清三郎の手元には、借金まみれの遠州屋の暖簾と二代目嘉兵衛の名前だけが遺った。六月にはペリーが浦賀に来航し、歴史が大きく動き出そうというこの年、二二歳にして亡父の跡を継ぎ二代目遠州屋嘉兵衛と名を改めた清三郎には、傾いた遠州屋の経営立て直しが重くのしかかったのだった。

ここからは時代に合わせて、我々も清三郎改め嘉兵衛と呼ぶことにしよう。

この窮地に、嘉兵衛は債権者にかけ合って借金を「出世払いの全額返済」とし、次の手に打って出る。まず、先代が大名家や旗本家の普請工事に際して立て替えた資金の回収に奔走する。次に、本業の材木商では当時の材木問屋の利潤が一割、遠州屋のような小売業も一割の利潤だったのを、ともに五分とするよう問屋側と交渉。他店より一割近い安値の薄利多売で、繁盛と信用もみるみる回復した。こうして家業を継いで三年目の安政二（一八五五）年には、五千両もあった負債をほぼ完済してしまう。

そしてこの年、嘉兵衛に思わぬチャンスが訪れる。同年一〇月二日夜にマグニチュード六・九の「安政の大地震」が発生した。江戸開幕以来最大とされるこの震災では、市中五十カ所から出火し、数万戸が倒壊・焼失するなど犠牲者二十万人以上を数えた。じつは、嘉兵衛はこの地震が遠からず起こることを予見していたのである。あらかじめ安値だった木場（きば）の材木を先物で買い占めたことにより、遠州屋は二万両もの巨額の利益を得たのだった。

この時、嘉兵衛は生涯でほぼ初めて自己流で易を立てたという。かつて寺子屋で学んで以来「五経」のなかでも最も深く傾倒した『易経（えききょう）』（後述）への興味もあり、自らを運命づける「九天九地の相」という見立てを意識したのかもしれない。結果的には、ここで得た「火」の卦（け）が天変地異による大火災と、それに伴う材木価格高騰の予測につながったのだ。後に述べるように、本来の易というのはたんなる占いをはるかに超えた、高度な情報分析技術である。自然界の異変を前兆として把握し、易によってこれを解釈しようとした嘉兵衛の姿勢は、まさにのちの〝易聖〟の片鱗をうかがわせるものだった。

ところが、これほどの巨利を得た翌年、嘉兵衛はあっけなくそのすべてを失ってしまう。それも、今度は大暴風雨（台風）によってである。

悪いめぐりあわせの発端は、またしても南部藩だった。地震により焼失した下屋敷の再建にあたり、領内で切り出した材木を用材として遠州屋が買い取り、工事費との差額五万五千両を藩が支払うという普請代金の捻出策が裏目に出たのである。南部藩から続々と送られてくる材木が深川木場を埋め尽くした八月の末、江戸を襲った大暴風雨の高潮でそのほとんどが海へと流失。嘉兵衛は一から用材を手当しなければならず、一年前と同様に暴騰した材木価格と職人の手間賃を支払った結果、前年の儲けをすべて吐き出し、さらに二万両という巨額の負債を抱えてしまった。

まさに「火で儲けたものを水で吐き出す」という、皮肉な成り行きに世間の目は冷たかった。普請そのものはなんとかやり遂げ、かろうじて信用は保ったが、利益はすべて借金返済に充てるという「重い石を背負って激流を遡る」（本人の述懐）ような日々が続く。文字どおり九天の上から九地の底へ——しかし嘉兵衛は、行く手にさらなる〝地獄〟が大きく口を開けていることに、まだ気づいていなかった。

アドベンチャラーの町、横浜への第一歩

初めは、その地獄は一見おいしい儲け話として、嘉兵衛の前にやってきた。

安政五（一八五八）年の末、出入り商人として付き合いの深かった鍋島藩家老・田中善右衛門が忍びで店を訪れた。先年の上屋敷修復の功に報いるため、藩主・直正公御声がかりの〝救済策〟を伝えに来たというのである。

「明安政六年六月二日に貿易港として開港する横浜で、肥前特産の伊万里焼を独占販売したい。ついて

は、その方に藩直営の販売店を開設させ、思うさま腕をふるってほしいとの思し召しだ」

加えて、事業開始に当たっては、店開設のために四千両を長期年賦払いで貸し付けるとの申し出もあった。海外にもその名を知られた伊万里焼なら、異人相手に大きな商いが望めるはずである。日々、押し寄せる借金取りに疲れていた嘉兵衛には、新天地の横浜で新たな事業を始められるというのも大きな魅力だった。

もちろん、鍋島藩にも計算がなかったわけではない。この年の六月に締結された日米修好通商条約で開港の決まった神奈川だが、幕府側の思惑で横浜が開港地となった（第一章参照）ものの、もともと海辺の一寒村にすぎなかった同地は人影もまばらであった。江戸の有力商人にも本腰を入れて商いの拠点を移そうという動きはなく、そもそもペリー来航後の攘夷機運の高まりのなか、外国人相手の商売をすること自体、かなりの危険を伴うものだった。

しかし、藩としては新興の尾張美濃焼（瀬戸）などに海外市場を奪われている現状を見過ごすわけにもいかず、新たな海外への玄関口となる横浜への直営店出店は不可欠であった。そうした事情から、度胸と商才に恵まれながら苦境にあった嘉兵衛に白羽の矢が立てられたもので、後年の「横浜の恩人」は運命に導かれるように同地に初めて足を踏み入れていく。やはり、目に見えない神の手のようなものが働いているというほかない。

両者の利害が一致して、話はとんとん拍子に進められた。屋号は肥前屋と名付けられ、二人の共同経営者とともに横浜本町通り四丁目角に暖簾を掲げたのは、開港当日の六月二日のこと。当時、横浜に軒を連ねた七十軒余りの商店には、三井家のような老舗の大店も含まれてはいたが、その大部分は江戸とその周辺から押し寄せた新興商人たちである。生糸をはじめとする輸出向け商品を扱い、進取の気概と一攫千金の夢を抱いた彼らは、いわば嘉兵衛と同じアドベンチャラーといえた。

そんな日本側の熱気に惹かれたように、長崎の外国商社や中国・東南アジアでの貿易で力を蓄えた若い外国商人など、こちらもしたたかな冒険商人たちが続々と集まってくる。なかでも絶頂期の大英帝国と新興のアメリカはその主役であり、かの福澤諭吉も当時の横浜を訪れた折、町中にあふれる英語の洪水に接して世界情勢の激動に衝撃を受けたほどだ（第四章参照）。

こうして横浜は開港後ほどなく、内外の住民がこぞって往来するにぎわいを見せ始める。かつての木材仕入れにならい薄利多売をねらった嘉兵衛の肥前屋は、連日の大繁盛となる。ところが、好事魔多し(こうじまおお)のたとえどおり、新事業が軌道に乗り始めたのを聞きつけた債権者が再び押し寄せるようになるに及んで、追いつめられた嘉兵衛はまたも危険な賭けに打って出てしまう。

それは、当時の洋銀（メキシコドル銀貨）と日本の一分銀の交換レートの不備を利用した、小判と洋銀のヤミ取引であった。

小判のヤミ相場で荒稼ぎ、その果てに——

アメリカとの日米修好通商条約第五条「外国の諸貨幣は日本貨幣同種類の同量（重量）を以(も)って通用すべし」に基づくと、洋銀一ドル（二十七グラム）は一分銀（八・六グラム）三枚と同じ価値をもつ。要は、通常の国際取引では額面による交換比率（一ドル＝一分）が基本なのに対し、日本国内での取引のみ交換比率が三倍になるわけで、洋銀四ドルは小判三両（＝銀十二分）と交換されることとなった。

このため、小判のヤミ相場のようなものはすぐに横浜の町のあちこちに生まれ、そこでは公定相場の倍以上のレートで小判と洋銀を交換できた。「これを相場で手放せば、差額だけですぐに借金は返せる！」そう思った嘉兵衛は、店の顧客として顔なじみだったオランダ商人（商館の保護を受けていたプロシア人）のルイス・クニフラー（キネフラとも記される）と共謀してヤミ取引に手を染める。のちには肥前屋の出資者である鍋島藩に話をもちかけ、江戸屋敷の小判を放出させるなど、文字どおり金が金を生む狂乱のマネーゲームにズブズブとはまっていった。

ヤミ相場の仲間にはデイセンなるイギリス商人（アメリカ人との説も）や江戸の商人仲間も加わって規模も拡大し、嘉兵衛は短期間のうちに二万両の借財をすべて返済しただけでなく、濡れ手に粟の暴利を得たのである。

「俺だけではない、目はしのきく商人なら誰もがやっていること」と、当時の嘉兵衛は思ったかもしれない。おかげで、「重い石を背負って激流を遡る」暮らしにも終止符を打てた。しかし、こうした取引はたとえ制度そのものに不備があるとしても、国禁を犯す大罪……今でいうなら外国為替管理法違反であり、いつかは破局を招かずにおかないものである。

ヤミ取引を始めて一年余りがすぎた万延元（一八六〇）年一〇月二〇日、ついに司直の手が江戸の共犯者たちに伸びてきた。いったんは逃亡した嘉兵衛も、世話になった鍋島藩に累が及ぶ恐れが出てきたのを見て覚悟を決め、江戸の母と妻に別れを告げて呉服橋の北町奉行所へ出頭する。そのうえで、すべてはクニフラーとデイセンのしわざであり、共犯者たちの釈放と自らの潔白を主張し続けた。しかし、これには海外へ逃亡（しかも、不平等条約のため警察・裁判権が認められない）した両名にすべてを押し付け、うやむやのうちに鍋島藩の口利きで放免がかなうとのしたたかな計算もあったようだ。

そうした反省のない態度がかえって奉行所の心証を害したのか、嘉兵衛には「察度詰」という異例の沙汰が下される。これは犯罪に加担した事実だけを認めさせ、主張にある異国人二人が取り調べに応じるまで入牢を命じる〝玉虫色〟の処置、いわば未決勾留に近いものである。ただ、海外へ逃げたクニフラーとデイセンが出頭することはあり得ず、事実上の終身刑といっていい厳しい判決であった。

商人である以上、利益を求めるのは当然ながら、これまでの嘉兵衛のやり方には当時の慣習にはずれた横紙破りのところがあったのも確かである。そういうある種のいかがわしさに対する世間の声が、この沙汰へとつながったのは想像に難くない。こうして同年の末、嘉兵衛はまさに九地の底の底――〝地獄〟とも呼ばれる小伝馬町牢屋敷につながれてしまうのである。

地獄の底で生涯の指針『易経』と出合う

たしかに、そこは地獄であった。

およそ三十坪の大牢ひとつに囚人約百人が押し込まれている。堅固なぶん通気性が最悪の牢内は、冬は手足がしびれるほどの寒さ、夏は逆に蒸し風呂のような暑さとなる。よどんだ空気と粗末な食事のために病気になる者も多い。特に「牢死病」と呼ばれる皮膚疾患には誰もが悩まされ、このせいで体力を消耗し命を落とすことも少なくない。そして、衰弱した囚人はリンチによって目の前で〝間引き〟され、病死として処理されてしまう。

牢内には名主を筆頭とする十人程度の役付きがいて、畳や布団、食事も彼らの思いどおりに分配される。ここで、ものをいうのが〝命の蔓〟すなわち牢内で名主に渡す賄賂だ。嘉兵衛は幸い、衣類に隠して持ち込んだ百両（三十両との説も）を名主に差し出したため、虐待されることもなく、牢死病になった折も間引かれずになんとか危機を脱することができた。

嘉兵衛には、次姉の嫁ぎ先である八丁堀の材木商・高島平兵衛から月に三度の差し入れがあった。これが以後六年にわたる獄中生活を支えたのは間違いない。この世の地獄にあって、なお金次第という事実を目の当たりにした嘉兵衛は、あらためてそのありがたさを噛みしめたことだろう。

その冬もすぎ、春三月に囚人療養のための浅草溜へ移された嘉兵衛は、差し入れの金の力もあって副名主に押し上げられた。ここでは囚人の一部が武器をもって破牢（脱走）を企て、抑え込もうとする役人たちとの大混乱に巻き込まれる。あわや命の瀬戸際に立つという恐怖のなかで、からくも危機を脱した嘉兵衛。これも「九天九地」と見立てながら、齢八〇までの寿命を予言した水野南北の占いがなお生きていたからだろうか。

事実、「上っては天上の神仏、堕ちれば地獄の餓鬼となる定めながら、禍を福に転じる」との南北の言葉のとおり、嘉兵衛は地獄のような獄中生活にあって自分自身の後半生の指針となる『易経』を本格的に習得する機会に恵まれている。

伝記などには、小伝馬町の大牢で牢死病に苦しんでいた折、古畳の下から上下二巻を偶然発見したと書かれている。だが実際は、姉婿の平兵衛が牢役人への付け届けとともに差し入れたのだろう。だとすれば嘉兵衛自身が望んだことになる。

そもそも『易経』とは、儒教においてまず学ぶべき基本書「五経」の筆頭にあげられる書物である。

その成り立ちは、周朝の始祖・文王が悪名高い商の紂王に仕えた若き日に、王の逆鱗に触れて幽閉され、獄中において概略を執筆し、のちに孔子が体系化したものだといわれる。根本には、伝説の帝王である伏羲が天地の理を描いたという八卦があって、人事に始まって宇宙と森羅万象を読み解く手引きとなる智慧とされる。嘉兵衛としては無謀な商いによって九天九地の間をさまよい、ついには獄につながれた身を文王になぞらえて、自らの進むべき途をあらためて考えるとの決意もあったに違いない。

実際、『易経』上下二万字が教えるのは、今日のいわゆる「占い」とは大きく異なる、情報分析のための一大システム思考である。天の時、地の利、人の和のすべてを手がかりに、大自然の営みから、国家の命運、個人の理想……を読み解く方法がそこにはつぶさに記されている。天の命ずるところを何より重視する儒教にあって基本書とされる理由であり、九地の底にある嘉兵衛が捲土重来の指針とするうえで、最善の指南書だったに違いない。

その意味をさまざまに考え、深く噛みしめながら繰り返し熟読するかけがえのない体験は、嘉兵衛を大きく変えた。こののち再び横浜の地へ戻り、多くの事業を成し遂げる嘉兵衛——高島嘉右衛門が情熱と野心は以前のまま、無謀なアドベンチャラーから老獪なフィクサーに進化できたのも、獄中での『易経』読破があったがこそであろう。

こうして、元治元（一八六四）年の冬に「江戸払い、佃島人足寄場に流刑」との正式の沙汰を下された嘉兵衛は、江戸の街とは目と鼻の先の寄場に牢名主にあたる世話役として務めたのち、ついに翌慶応元（一八六五）年に放免となった。二九歳の冬から足かけ六年、三四歳の秋の半ばのことである。

捲土重来を期し、徒手空拳で再び横浜へ

獄を出た嘉兵衛はまず、八丁堀の姉婿・高島平兵衛のもとを訪れ、自らの不始末を土下座して詫びるとともに、獄中へ寄せてくれた力添えに心よりの礼を述べた。妻はすでに嘉兵衛が浅草溜にいたころに病死し、その後、母も平兵衛の篤い孝養に見守られつつ没している。亡き二人に涙ながらに謝罪したのち、嘉兵衛は心機一転、母方の姓をとって「高島嘉右衛門」を名乗ると宣言。江戸払いの身ということもあり、因縁の地・横浜へ戻って再起を期することを心に決める。

獄中にあった六年余りの間に、横浜は驚くほどの変貌を遂げていた。一漁村にすぎなかった以前の面影はすでになく、攘夷テロに備えて英仏両国の兵隊が守りを固める外国人居留地には洋風の建物が軒を連ねている。周囲にも日本人の店や家がびっしりと並んで、かつての長崎もこうであったかという、まさに〝日本のなかの異国〟と呼ぶにふさわしい眺めであった。

時代もまた、大きく変わっていたのはいうまでもない。この間は京都を中心に各地で攘夷の嵐が吹き荒れ、文久元（一八六一）年には江戸高輪東禅寺のイギリス公使館を水戸浪士が襲撃している。横浜でも生麦事件（文久二年）が起こる一方、これに対する報復としての薩英戦争、あるいは欧米四カ国による二度の長州藩攻撃（下関戦争）が勃発するなど、攘夷から討幕への節目ともいうべき時期であった。こんな時に横浜に舞い戻った嘉右衛門は、まさに〝今浦島〟というところである。

それでも、この時の嘉右衛門には大きな望みと、それを支える確かな勝算があったに違いない。こうした時代の激変期、しかもその最先端に立つ横浜には、江戸では考えもつかない新しい儲けのタネがゴロゴロしているはずである。事実、内外の若く野心的な商人はかつて以上に激しい商戦を展開しており、

嘉右衛門にしても「負けてはおれん」の闘志が湧いて当然だっただろう。

そんな嘉右衛門の闘志に惹きつけられたように、商いの運はすぐに飛び込んでくる。それも、降ってわいたような異人館の建築の請負話で、他の材木商が見積もりを間違えて中断している工事を肩代わりしないかという。きっかけは、かつて嘉右衛門自身が世話をしていた遊女の身請け先の主人である橘屋磯兵衛が、ある晩、嘉右衛門のために開いた帰還祝いの宴で、駆け付けた以前の使用人が知らせてくれたものだった。

その背景には、各地からの出稼ぎ者が多く、遠くの親戚より近くの他人という横浜ならではの気風があった。それが嘉右衛門に有利に働いたことは間違いない。実際、老舗を中心に閨閥（けいばつ）や金銭・地盤などの確固たるヒエラルキーができていた江戸だったら、出戻りで前科もちの身でそううまくはいかなかったはずだ。とはいえ、それもまた数々の事業とその後の牢獄生活で身につけた、嘉右衛門の並外れた人心掌握の力、そして『易経』に学んだであろう人の和による情報感度の高さがあってこその話である。

天才通訳少年を得て、異人館普請事業へ乗り出す

材木の扱いや普請の請負は、嘉右衛門にとって手慣れた仕事であり、江戸の平兵衛によるバックアップもあった。あらためて、嘉右衛門はこの地に「高島屋材木店」の暖簾を掲げると、橘屋の伝手（つて）を頼って人員をそろえ、問題の異人館建築を見事にやり遂げてみせる。まれに見る才覚と手腕は、六年の獄中暮らしにあって少しも衰えていないどころか、いっそう切れ味を増していたのである。同業者が警戒を強めるうちにも、嘉右衛門は平兵衛から送られる材木を得意の薄利多売商法で売りさばき、みるみるう

ちに経営基盤を固めていった。

こうして半年もたったころ、嘉右衛門はかねてから考えていた事業に打って出る。それは、この先ますます増えていくだろう外国人向けの施設や住居の普請を、一手に掌握しようという大胆な目論見(もくろみ)だった。

ヒントとなったのは、先にあげた異人館普請の肩代わりであった。当時、こうした事態はたびたび起こっていたようで、どれほど腕利きの大工でも、これまで自分たちが手がけてきたのとはまるで違う設計の西洋風建物では、戸惑うのも当然の話である。だが、そうした細かい点をたずねたり、確認しようにも、施主である外国人とはまるで話が通じない。それを見抜いた嘉右衛門は、優秀な通訳をスタッフにもち、施主との円滑な交渉あるいは細部にわたるノウハウの吸収によって、市場におけるアドバンテージを確保しようと考えたのである。

そのころ横浜の町には、すでに怪しげなピジン・イングリッシュ（英語と現地語をごちゃまぜにした便宜的な商用語）を話す自称「通詞(つうじ)」があふれていたが、そんなレベルではまるで役には立たない。とはいえ、あの福澤諭吉でさえ面を食らった英語を外国人と同等に操る人材となると、見つけるのは至難の業である。

そんななか、嘉右衛門が見出したのが当時一八歳になったばかりの荒物屋の息子・横山孫一郎という天才少年だった。父の商売を手伝いながら、縁あってのちの上海総領事となる品川忠道から英語を学んだという横山は、イギリス公使館での通訳見習いの経験を通じ、外国人が舌を巻くほどの英語力を身につけていたのである。

伝記によると、嘉右衛門は初対面の折、目の前の少年のパッとしない顔立ちのなかで、鋭い目と大きな耳に魅力を感じたらしい。「年俸五百両、好きな時に博打をしてよし」という横山少年の人を喰った条件に、顔色ひとつ変えずに了解したという。一両を現在の十万円として、年俸に五千万円はとんでもない額である。だが、相手の相を見てその才能を悟った嘉右衛門には、事業に不可欠の存在として納得ずくの契約だった。事実、嘉右衛門のもとでその天才ぶりをおおいに発揮した横山は、のちに大倉財閥の創始者・大倉喜八郎にかわいがられ、帝国ホテルの支配人にまで成り上がっている。

横山にしてみれば、一八歳にして「士はおのれを知る者のために死す」という気持ちでもあったろうか。太っ腹な嘉右衛門の意気に感じ、専属通訳ばかりでなく今でいう海外営業担当の役目もよくこなしたらしい。なかでも、居留地一二四番館に「建築設計業」の看板を掲げるアメリカ人リチャード・ブリジェンス、通称〝ビジン〟とのコネクションをつくったことは、嘉右衛門に願ってもない好機をもたらすことになる。それは当時の外国人でも大物中の大物、ほかならぬ英国公使ハリー・パークスとの取引のチャンスだった。

パークスの称賛、外国人居留地復興ラッシュに乗る

当時としては珍しくないことだったが、東洋人を軽蔑する傾向の強かったパークスは、公式の場を除いては老中・奉行といえども日本人とはまったく会おうとしなかったという。これに対して嘉右衛門が目をつけたのは、〝ビジン〟さんの夫人が当時のアメリカ公使ロバート・ブルインの夫人と実の姉妹だという点である。これを利用し、アメリカ公使からの紹介を得られれば、さすがのパークスも無下には

できまい。こうした交渉のテクニックは、じつに日本人離れした手際であり、そのねらいは見事に的中した。

正確な日付はわからないが、おそらく慶応三（一八六七）年の初め、嘉右衛門はパークスと居留地二〇番館のホテルの居室で面会を果たしている。その席上「何の用か？」とたずねる英国公使に対して嘉右衛門は即座にこう進言した。

「ここ横浜の地に新しい英国公使館を建てるべきでしょう！」

パークスは大胆な提言に大きく心を動かされたようだ。

先にあげた東禅寺の英公使館襲撃により、新たな公使館の建築はパークスにとっても急がねばならない案件だ。しかし、攘夷の嵐はなお激しく吹き荒れ、安全な場所を確保するのは容易なことではない。そんな相手の胸の内を見抜いていたのだろう、嘉右衛門はパークスに二の矢、三の矢を放つ。

「横浜こそは、御国をはじめとする諸外国の真意と文明の素晴らしさを理解する者の集うところです」

「治安が確保されるまで、江戸や神奈川に固執せず、この地で執務をされることこそ賢明でしょう」

こう説得を試みると、ついには公使館新築を承諾させてしまう。

その際、決め手となったのは、莫大な建築費用を幕府に長期無利息の年賦で立て替えさせるという奇策であった。公使館襲撃事件に負い目を感じる幕府を〝財布〟として使う大胆な発想は、攘夷というイデオロギーさえも商いに利用してしまう、嘉右衛門ならではの破天荒なものだった。

こうしてまとまった新公使館建築は当然ながら高島屋が請け負い、設計をブリジェンス、工事は横浜の本町五丁目に店を構え、幕府から外国人家屋請負方を拝命していた大工棟梁（とうりょう）の清水喜助に任せるという体制ができあがる。ブリジェンスの引いた設計はじつに豪壮なもので、その施工にあたっては、すでに外国人居留地での請負経験のある喜助に対し、ブリジェンスが細部にわたってアドバイスをした。そこに天才通訳の横山が入って、巧みに意思の疎通を図ったのだから、うまくいかないはずがない。

同年九月、完成した公使館を検分したパークスが「高島屋こそ日本一の請負師である」と折り紙をつけたという話は、瞬く間に横浜中に知れ渡る。七万五千ドルにのぼった建築費は計画どおり幕府から支払われ、ブリジェンス、喜助、嘉右衛門の三者はそれぞれ一万ドル余りの儲けを得ることができた。折も折、横浜は前年秋に発生し居留地の四分の一を焼いた大火事（豚料理屋から出火したため通称「豚屋火事」という）の復興ラッシュに沸いており、以後、異人館建築はほぼ「嘉右衛門―ブリジェンス―喜助チーム」の独壇場となったのである。

ブリジェンスによる特徴的な設計はのちに「横浜コロニアル様式」と呼ばれ、第一国立銀行と三井組ビルという東京の二大洋風建築として実現する。一方、洋風建築の奥義（おうぎ）を学んだ喜助のほうは、日本初の和洋折衷建築である築地ホテル館（ブリジェンス設計）を請け負うなど着々と事業を広げて、今日に続く「清水建設」の基礎を築くことになった。

日本初の本格ホテル「高島屋」を開業する

ブリジェンス、清水喜助との共同事業で異人館が続々と建てられ、外国人居留地の風景は一新された。文字どおり、横浜の街づくりの牽引役となり始めた嘉右衛門は、休む間もなく新たな事業に乗り出していく。

たとえば、灯台設置である。英米仏蘭と慶応二（一八六六）年に締結された「江戸条約（改税条約）」に基づく船舶の航路安全策として、この時期に進められていた全国の灯台設置事業においても、嘉右衛門はパークスの推薦を得て元請負を拝命する。詳細は不明だが、神奈川県沿岸の複数の灯台・燈明台、および神奈川県燈明台役所の建築にもたずさわっている。ちなみにこの役所は、「日本の灯台の父」といわれるお雇い外国人技師（専門は鉄道）リチャード・ブラントンの活動拠点となる。

さらに嘉右衛門は、新たに開港された神戸でも外国公館の建築を請け負った。維新までの四年余りでおよそ十五万両もの儲けを得たというから、まさしく「九地の底から九天へ駆け上がる飛龍」のような勢いだ。

こうした目を見張るような躍進の背景には、一見豪胆なようで、細心の注意をもって事を進める当時の嘉右衛門ならではのやり方があった。なかでも、横浜という〝国内の異国〟にあって、日々流れ込んでくる膨大な情報に漫然と接することなく、真に価値ある情報のみをキャッチする。どこへ行き、誰に接触すれば利益につながるかを検討するその姿勢は、情報分析ツールとしての『易経』を通じて身につけたものだ。

その意味で明治初年、嘉右衛門がそれまでに蓄えた資金を投じて太田屋新田（現馬車道十番館近辺）に高級料理旅館「高島屋」を建てたのは、何よりまず情報戦略という点で必要な布石だったということができる。

というのも、新政府が発足したばかりのこの時期、江戸改め東京と京都（上方）の往来はなお徒歩で十日以上かかるのが普通で、政務など急を要する政府要人や旧諸侯といったお偉方は、明治二（一八六九）

年に運用開始された横浜―兵庫間を結ぶ米国の蒸気船定期航路（片道三日）を使うのがもっぱらだった。しかも、東京―横浜間は便数の限られた小型蒸気船か乗合馬車を利用するしかなく、外交拠点である横浜に用向きのある場合、どうしても一泊する必要があったのである。

しかしながら、明治維新後とはいえ世情ではなお不穏な空気が漂うなか、彼らＶＩＰが安心して泊まれる旅館は、横浜はもちろん神奈川にもなかった。もともと日本家屋というのは、外からの襲撃には無防備であり、多少ともセキュリティの行き届く洋風のホテルとなると、外国人居留地にしかないというのが実情だった。よって、嘉右衛門が贅を尽くした堂々たる和洋折衷の大旅館は人々の注目を浴びるには十分だっただろう。今となっては施設の概要などは詳しくわからないが、時にわが国における本格ホテルのルーツともいわれる高島屋には、開業とともに政官界の大物がこぞって投宿、定宿としたのは想像に難くない。

サービス面でも、板前は江戸の一流どころから金に糸目をつけずに集め、看板料理は野毛浦の鰻と新鮮な刺身。給仕は旧幕時代にお城勤めをした坊主衆をあてたほか、仲居には旧幕臣の子女をはじめ大奥や諸藩の女中奉公を経験した者を起用し、その管理は経営の才覚をもった元下級幕吏に任せた。これらは、薩長土肥あるいは京の公卿中心の新政府に対して、多少ともプライドをもつ旧体制の出身者を用いることで、要人たちにも気後れせず、もてなしをさせるというねらいもあったのだろう。

そのうえで、女将には嘉右衛門自身が出獄後まもなく迎えた六歳下の妻くらに任せ、万事に遺漏のないよう心がけさせた。神奈川宿脇本陣の次女で、南部藩（結婚はこの縁によるものか）の祐筆（書記）を務めたくらは、英語にも親しみピアノまで弾けたというから、この仕事にはうってつけだった。

そのうえで嘉右衛門自身は、時として宿泊する要人たちの部屋を訪ねては、当時すでに有名になっていた易占の腕前を披露する。不思議なもので、身分の高い人々ほど占いに頼るところが多いものだ。こうした場を通じて、嘉右衛門には政府中枢しか知り得ないトップシークレットに接するチャンスが面白いように広がっていく。

「文明事業のための望楼台」で、政府要人に接近

嘉右衛門が高島屋を経営する第一の目的は、まさにこの点にあった。事実、三条実美（さねとみ）、木戸孝允、大久保利通、西郷隆盛ら錚々（そうそう）たる新政府の要人は宿泊のたびに嘉右衛門を呼び、さまざまな問題を占わせたという。情報こそが利益の源であり、その源は人にあることを思えば、まさに心憎いばかりの戦略で、嘉右衛門自身この場所を「文明事業のための望楼台（ぼうろうだい）（展望台）」と呼んだのも十分にうなずける。

こうして付き合いを深めるうち、嘉右衛門は訪れる政府要人のなかで、特に二人の若い藩閥（はんばつ）政治家に光るものを見て取っていた。

一人は長州出身の伊藤博文であり、もう一人は佐賀出身の大隈重信である。初代内閣総理大臣となる伊藤とは、のちに嘉右衛門の長女・たまが伊藤の後継ぎである博邦（外務卿・内務大臣を務めた井上馨の甥で伊藤の養子に）の妻になるなど生涯の盟友関係を結んでいる。また、大隈とは遠州屋時代から旧知の鍋島藩出身ということもあっておおいに親しみを感じたようだ。記録などには、この時点までに嘉右衛門と大隈が親しく接触したという記述はないが、それまで横浜での宿泊を本町通り四丁目の肥前屋（嘉右衛門のかつての共同経営者が営業を続けていた）方に定めていたのが、高島屋へ鞍替（くらが）えしたあたり、急速な接近と親密ぶりがうかがえる。

そこには当然、彼らと結ぶことで事業のさらなる拡大を図ろうという嘉右衛門の野心があったに違いない。しかし、それとは裏腹に維新後の嘉右衛門の事績には、自らの利という以上に横浜を舞台とした国家奉仕へと突き進む姿勢が顕著になっていく。嘉右衛門としては、易占や観相を通じて観た二人の将来に、文字どおり日本を背負って立つ運勢を見て取ったのではないだろうか。おのれの運と力をこれに賭け、これまでより一段高い〝実業〟による大きな夢の実現をめざした面があったのは想像に難くない。

そして、そんな維新政府の若獅子たちと嘉右衛門が思いがけず競り合ったため、いち早く実現したのが「汽笛一声、新橋を」と鉄道唱歌の冒頭に歌われた東京―横浜間の鉄道敷設だったのである。

事の起こりは、明治二（一八六九）年の終わりから翌年の初めにかけてのことと思われる。例によって高島屋に宿泊した伊藤と大隈は嘉右衛門を呼び、「何か珍しい話はありませんか？」と水を向けると、嘉右衛門はいつにない真顔でこう述べた。

「わが国は南北約八百里、馬でも片道八〇日を要するところ、鉄道を敷設すればわずかに三日半を要するのみで済みます。物流の促進と物価の平準化、さらには地方統治、軍事上の利便性、維新後の余剰人員雇用による治安維持など、あらゆる面で富国の礎になりましょう」

幼少のころ、鍋島藩の力武弥右衛門に最新の西洋知識を学び、出獄後には〝国内の異国〟横浜で内外の最新情報に通じた人々と親しく交わった嘉右衛門だけに、鉄道という偉大な文明の利器にはかねてから並々ならぬ関心と期待をもっていたのだろう。

実際、当時の嘉右衛門は移動に西洋風の馬車を用いるなど、〝時は金なり〟というスピード感覚を誰よりも大切にしていたようである。当然ながら、このすぐ後に初篇が刊行される福澤諭吉の『西洋事情』

（第四章参照）も熟読していたはずであり、その当を得た提言には伊藤・大隈も少なからず驚かされたに違いない。

というのも、記録ではこの時期まさに、二人は鉄道敷設に向けた水面下での動きを政府内で行っており、同年一一月の時点で「幹線として東西両京を結び、支線として東京―横浜線、琵琶湖―敦賀港線を敷設。その第一着手線を東京―横浜間にする」との廟議（現在の閣議に相当）決定がなされていたからである。

こうした動きの背景には、国家的規模のインフラ建設は日本人以外の手に委ねてはならず、諸外国からは資金援助や技術供与の範囲で協力を得るべきだという、伊藤や大隈の危機感があったに違いない。後年の南満洲鉄道敷設と満洲国建国の関係を引くまでもなく、鉄道は当時の帝国主義的進出における足がかりとしての役割を果たすのが常識となっていたのである。

横浜に日本初の鉄道を！　伊藤と大隈を動かす

事実、これに先立つ幕府崩壊直前に当時の老中・小笠原壱岐守長行がアメリカ公使館付書記官のアルセ・ポートマンなる人物に鉄道敷設計画の免許を与え、維新直後にはこのことを盾にアメリカ政府が計画の追認を迫った前例もある。しかし、この件は旧幕時代の契約として無効になっていた。それが、この三月には英公使パークスに招かれたブラントン（前述）が、突然に鉄道敷設の建白書を政府に提出するなど、事態は緊迫の度を加えていたのである。パークスの魂胆がもともと灯台より鉄道にあり、そのために本来鉄道技師であるブラントンを招いたという見方も、たんなる邪推とはいえないであろう。

この状況に対し、機を見るに敏な嘉右衛門の動きは素早かった。横浜の外国人事情に精通した通訳の横山孫一郎らを通じ、当時、居留地二〇番館ホテルに滞在中のホレーシオ・ネルソン・レイ（通称リード）なる英国人と百万ポンドの融資契約を結ぶ。直後に東京の大蔵省へ大輔（たいふ）（次官に相当）の大隈を訪ねて鉄道敷設の嘆願を提出したのである。「政務御多端（ごたたん）の折、不肖（ふしょう）自らが身を挺（てい）して鉄道敷設の任に当たる（政務が大変な折、私が身を挺して鉄道敷設をさせていただく）」との公式の決意表明であった。

これには、伊藤と大隈も今度こそ仰天したに違いない。鉄道敷設といえば国家を挙げての大事業である。嘉右衛門がいかに並外れた傑物であっても、とても一私人の手におえるものではない。今まさに政府がこれに着手しようとしている矢先。しかも……その融資契約相手であるレイと、大隈たちはパークスを通じてやはりひそかに交渉をもっており、この時点ですでに仮契約も済ませていたのだ。

あわてた二人は、すぐに横浜のレイを訪ねると「鉄道敷設は正式に政府事業と決した」と告げ、嘉右衛門との契約を破棄させるとともに、自分たちの契約を正式に締結する。こうして明治三（一八七〇）年三月、英国人技師による測量を皮切りに、本邦初の鉄道敷設工事は早くもスタートした。

これには裏の事情があり、伊藤と大隈は嘉右衛門の背後にブラントン、さらに鉄道工事を通じて日本に影響力を確保しようというパークスと大英帝国の影を見ていたらしい。そこへ、レイが自分たちと嘉右衛門の二股をかけていることがわかり、急遽、百万ポンドという融資契約を正式に交わしたものと考えられる。つまり、英国の思惑に対する危機感が日本政府を動かしたわけで、これがなければ鉄道の敷設は五年あるいは一〇年も遅くなっていた可能性が大きいのだ。

実際、当時の政府部内では薩摩閥の総帥である西郷隆盛や公卿（くぎょう）のリーダー・岩倉具視ら保守派の間に鉄道敷設への懐疑的な声が多かった。廟議が決したとはいえ事態はなお予断を許さない状況である。その後、さまざまな事情からレイによる融資は流れ、鉄道敷設資金は新たに公債のかたちへと切り替えられる。だが、事業開始の決定にあたりレイの百万ポンドは何よりの決め手になったに違いない。

結果として、嘉右衛門はハシゴをはずされた格好になったわけだが、もしも彼がそうした事情をすべて知ったうえで、横浜への鉄道敷設を急がせるための大芝居を打っていたとしたら……。それは、あり得ない話ではない。横浜のことは在住外国人の懐(ふところ)事情まで自分のことのように把握する一方、情報センターの高島屋には中央政府の動きが細大漏らさず集まってくる。となれば、『易経』の智慧をもってこれを分析する術(すべ)を得ている嘉右衛門には、こうした判断もたやすかったはずである。

新政府発足直後の混乱のさなか、資金面でも苦しい時期に巨大国家事業がこれほどすみやかに進んだのも、嘉右衛門の果敢な決意と素早い行動が伊藤・大隈の背中を押し、その動きを加速させたからである。嘉右衛門は自らが〝捨て石〟になって、日本人が主役となっての鉄道敷設を早期に実現させたわけで、心の底では「してやったり」の思いだったかもしれない。まさに、影の功労者といっていいだろう。

埋め立てがつくった、京浜間鉄道のかたち

そうした裏事情の有無は別として、少なくとも伊藤と大隈には嘉右衛門への後ろめたさのようなものがあったに違いない。この秋から本格化する敷設工事を前に、予定コースのなかで最大の難所とされる、神奈川の青木町から横浜の石崎に至る深い入江の埋め立て工事の請負業務を、かたちだけの入札によって嘉右衛門に与えている。

とはいえ、埋め立て地は長さ一・五キロ、幅七十六メートルに及ぶ大変な工事である。全幅のうち九メートルが鉄道用地、十一メートルが道路用地で、残る幅五十六メートルは請負人への無税の貸し下げ地とされていた。ところが、工期は晴天で一四〇日、一日遅れるごとに貸し下げ地を三百坪ずつ没収するというのだから、けしておいしいだけの話ではない。

しかし、この前年に入船町（現住吉町付近）の埋め立て工事を試験的に請け負っていた嘉右衛門は、その経験から人足三千人とトロッコ、最新の蒸気式浚渫（しゅんせつ）機を動員してこれを見事にやり遂げてみせる。自らは工事の間、のちに隠棲の地「高島台」（後述）となる大綱山の頂から望遠鏡で見守り、現場に伝令を発して指揮をしたと記録には残っている。

これにより線路は横浜港の付け根をショートカットするかたちで、利便性・安全性が格段に向上した。この時、埋め立てによってできた土地が、この章の冒頭でその名を挙げた「高島町」および「嘉右衛門町」であり、のちに明治一〇年代後半の埋め立て工事でできあがった「高島埠頭」とともに、文字どおり「横浜を拓いた男」としての嘉右衛門の名を後世に残すところとなったのである。

このように多くの曲折を経て、わが国初の鉄道は着工からわずか二年後の明治五（一八七二）年五月、まず品川―横浜間の仮営業が開始。同年九月一二日には明治天皇御臨幸のもと新橋―横浜間全線の鉄道開業式典が華々しく挙行された。当時の横浜駅は現在のJR桜木町駅の位置にあり、新橋駅とともに設計はリチャード・ブリジェンス。明治天皇以下、新政府の要人を乗せたお召し列車は午前九時に新橋駅を出発し、途中、品川、川崎、鶴見、神奈川の各駅を経て午前一一時に横浜駅に到着している。

記念式典では、市民代表の亀屋・原善三郎（第五章で取り上げる原三溪の義祖父）が「当港ハ貿易首（しゅ）

場ノ地（横浜港は貿易の主役となる港）」であり「商旅ノ者共、其ノ仁恩ヲ蒙ル亦タ甚タ夥シ（ビジネスのために集まる人々にとって、鉄道開通がもたらすメリットはじつに大きい）」との祝辞を述べた。

じつは、この祝辞の大役は、鉄道敷設に功績大として当初は嘉右衛門が仰せつかったのを、「畏れ多い」と辞退し原に譲ったものである。生糸中心の商いにより地元経済のオモテの顔とも呼ぶべき原を立てることで、埋め立て地の貸し下げなどに対する周囲のやっかみを避ける意味合いもあったのだろう。そのあたり、かつての強引さが影をひそめ、名を捨てても実を取る〝政商＝フィクサー〟としての風格が備わった証とはいえまいか。翌日、嘉右衛門は営業一番列車に乗って新橋までを二往復し、子どものようにはしゃいでいたという。その胸には、自身が手がけた工事の成功への自負とともに、横浜に鉄道を走らせるという夢の実現に対する喜びが湧き起こっていたに違いない。

「高島学校」を設立、教育事業にも乗り出す

俗に「一時に一事」という格言があり、何事もひとつに専念して行うことが成功の要因とされる。しかしながら、こと明治の初め約一〇年間における高島嘉右衛門に限っては、まさに「一時に多事」という表現がぴったりの全方位的な展開を見せる。

これには、本人がしばしば口にしたという「世にさきんじて事を企てることこそ本懐なり」との信念があったのだろう。冷静な目で見れば、いささか急ぎすぎにも思える事業展開も、日本の最先端を猛スピードで進む横浜に身をおき、人並み外れた才覚と情報分析力を身につけた嘉右衛門にとっては日常茶飯事である。とにかく他に先駆けての創業こそが、最優先課題であった。

嘉右衛門自身は、すでに述べた「横浜の埋め立て工事」のほか、洋学校「高島学校の創立」、日本人の手になる「横浜瓦斯会社の設立」、そしてわが国初の「蒸気船定期航路の創設」を〝生涯の四大事業〟と位置付けており、そこにパイオニアとしての誇りを強く抱いていたことは間違いない。

このうち「高島学校」、通称「藍謝堂」の創立も、当時の横浜で画期的なことだった。明治四（一八七一）年七月に県庁宛てで提出した「私設学校設立に関する建白願書」に基づき、同年一二月に横浜伊勢山下に設立された中高等教育機関で、正式名称は「横浜町学校」といった。

当時、英語教育を核にしたいわゆる洋学校は、福澤諭吉が東京の三田に開いた慶應義塾のほか、通訳養成のため横浜に開かれた定員四十名の伝習所（正式名は修文館）以外にはなく、嘉右衛門はこれらに並ぶ学び舎に育てたい意向をもっていたようである。それは、天才通訳の横山少年を使い、異国人との直接交渉を行うなかで英語の重要性を肌身で感じてこその直感でもあった。と同時に「これからはますます英語が重要になる……そのための教育機関は必ず成功するに違いない」という経営的な読みもあっただろう。

実際、設立にあたっての意気込みは大変なもので、八百坪の敷地に立つ洋風木造校舎は広さ二百五十坪。隣には小学校にあたる幼学舎も併設し、定員七百名（実際は五百名程度だったらしい）をうたう規模は当時にあって他を圧倒するものだった。

運営については、嘉右衛門が自費での建設を行ったのち、有志を募り、維持費には富豪からの寄付金を充てる。さらに寄付金や官からの助成金を積み立て、その利息で第二、第三の学校を建設する計画だったというから、官民一体での地元密着型学校のパイオニアだといっていい。

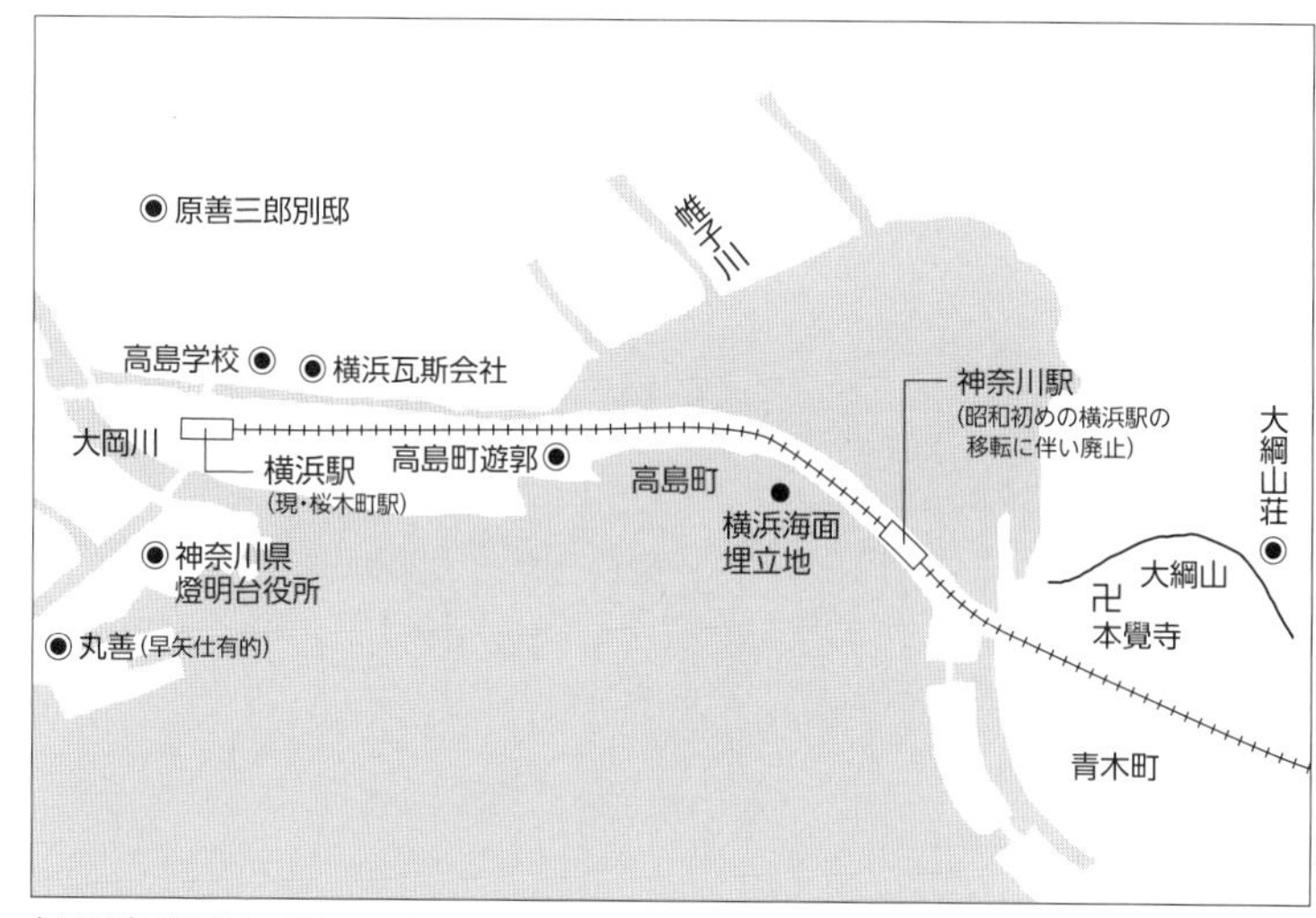

京浜間鉄道用地と周辺の地図。嘉右衛門による埋め立て工事により、鉄道の線路は入江の間をショートカットすることができた

大綱山頂から京浜間埋め立て地を望む（横浜開港資料館所蔵）

ソフトの面でも「貧富にかかわらず広く就学機会を与える」との理念のもと、教授料の減免措置を設けたり、教員には外国人や各界の有名人を多く招くなど、充実した洋式教育をめざしたことがうかがえる。

教師陣には、のちにヘボン塾を前身とする明治学院（第三章参照）の英語教授などを務める米人宣教師のジェームス・ハミルトン・バラとジョン・クレイグ・バラの兄弟や、大学南校（のち東京帝国大学に改組）のドイツ語教師となるジェイコブ・カルデリーら錚々（そうそう）たる顔ぶれがそろっていた。なかでも嘉右衛門が開校にあたっての目玉として考えていたのが、ほかならぬ福澤諭吉の学校長就任だった。

学校長就任を福澤諭吉に依頼する

福澤の著書『西洋事情』は、幕末から当時にかけての一大ベストセラーとなっており、もし福澤を学校長に迎えれば何よりの宣伝、アピールになる。しかし、そんな嘉右衛門の胸算用を見透かしたかのように、当の福澤はこの依頼をきっぱり断ったという。詳しい理由はわからないが、たんなる多忙のためか、または建学の趣旨という点で福澤の掲げる理想にそぐわない部分があったのか。それとも事業家として毀誉褒貶（きよほうへん）の激しい高島嘉右衛門本人に対する個人的な好き嫌いの感情があったのかもしれない。

西洋文化の啓蒙思想家として、伝統的な漢学を「迷妄（めいもう）」と目の敵にしていた福澤は、その最たる儒教のうちでもさらに前時代的な『易経』を信奉する嘉右衛門を、「洋学教育には不適格」と見なしたのではないか。その点、『論語』の教えを生涯の指針とし、人物を見極めるには「視・観・察が肝要なり」とした明治の大実業家・渋沢栄一が、嘉右衛門に何らかの共感を抱いていたのとは大きな違いがある。

事実、当時を代表する人々が数多く登場する『福翁自伝』にも、嘉右衛門のことは「横浜のある豪商」とあるだけで実名は一切記されていない。そこには、福澤の嘉右衛門に対するネガティブな感情が透けて見える。結局、福澤は嘉右衛門の三顧の礼を尽くしての誘い（福澤の子どもの留学資金提供も申し出たという）にも首を縦に振ることはなかった。代わりに小幡篤次郎・甚三郎兄弟や浜尾新、荘田平五郎ら慶應義塾の高弟を教員として派遣したのは、新時代の若者教育に対する福澤のせめてもの心遣いという面があったと思われる。

アピールの目玉を欠いたという理由だけではあるまいが、高島学校の生徒募集は当初の予定を大きく下回ってしまう。開校後半年の時点で約二百人と振るわず、当然、教授料や寄宿舎料を中心とする収益も低迷する。国や県からの公的支援も行われないまま、翌明治六（一八七三）年には先にあげた修文館に合併するかたちで、神奈川県に譲渡されている。そして翌年には、火災で全焼という不運にみまわれ、廃校となってしまった。

このように、事業としては惨憺たる結果に終わったものの、高島学校の水準の高い教育内容は短期間ながら確かな実も結んでいる。当時の生徒からはのちの首相・寺内正毅をはじめ、フランス公使となる本野一郎、海軍少将の小田亨、植物学の宮部金吾、日本美術界の重鎮となる岡倉天心らを輩出するなど、その足跡はけして小さくない。

このうち岡倉天心については、顔認証システムを用いた最新の画像研究で、当時の教員・生徒の集合写真（高島夫妻とジョン・クレイグ・バラも写る）中に少年時代の姿が正式に確認されている。

私財を投じての学校設立の功績に対しては、明治天皇から三組の銀盃が下賜されるなど、嘉右衛門自

高島学校の教師と生徒たち。中央で、高島夫妻とジョン・クレイグ・バラに挟まれているのが少年時代の岡倉天心（横浜市中央図書館所蔵）

身にとっては大きな手ごたえを感じるものだったはずだ。それを思うと、自ら〝生涯の四大事業〟に数えているのもうなずける。

しかし、そもそも学校経営とは時間と資金がかかるものであり、すぐには結果の出ない事業である。これまで嘉右衛門が手がけてきた他の仕事との性格の違いは大きかったはずだ。その意味で、本書中の他の人物による横浜での学校設立――ヘボンによる明治学院（第三章参照）や浅野総一郎による浅野学園（第六章参照）のように、これを軌道に乗せられなかったのは、次代のリーダー育成という社会貢献と事業としての営利の両面を、嘉右衛門自身も十分見極められなかったのかもしれない。教育がビジネスになるには時期尚早だったこともあり、「さきんじて事を企てる」からこその難しさをあらためて思わせる。

ガス灯敷設をめぐるプロシア勢との商戦

高島学校の経営に乗り出していた明治三（一八七〇）

年——それは困難な鉄道用地埋め立て工事が進んでいた時期とも重なるが、嘉右衛門は本邦初のガス灯事業にもその力を注いでいる。明治初年当時、ガスといえばもっぱら照明のためのガス灯に用いられるのが一般的で、国内ではいまだこれを敷設している場所はなかった。

そんななか、プロシアの「シュルツェ＝ライス商会」なる会社が神奈川県知事の井関盛艮（もりとめ）にガス灯建設免許を申請したとの情報が入り、またしても嘉右衛門の創業熱に火がつくことになる。異人館建設、埋め立て事業、鉄道敷設……と、自らが横浜の町の土台づくりの先頭に立っているという自負もあり、横浜の街路を昼間のように輝かせるガス灯はぜひ自分の仕事としてやり遂げたい。そう思うのも無理はなかったであろうし、一方で重要なインフラであるガス事業を外国人に任せることへの、愛国的な警戒心も後押しをしたに違いない。

早速、井関知事と面会した嘉右衛門は、上海の道路建設を請け負ったフランスがその管理権を主張し、それによって清（しん）国政府から莫大な返戻（へんれい）金を脅し取った事実を説明した。そのうえで横浜在住の八人の事業家とともに同年一〇月「瓦斯街灯建設之議」を出願し、ガス灯建設のための「合資会社日本社中」（のちの横浜瓦斯会社）を設立する。

社中のメンバーには、嘉右衛門とはかねてからの事業仲間であった茶問屋の中屋徳兵衛を名乗る人物もいた。彼こそはのちに三井財閥の大番頭として財界にその名を知られる益田孝その人であった。「鈍（どん）翁（おう）」の号で茶の道にも通じた益田は、第五章で取り上げる原三溪とも深いつながりをもったことで知られている。

こうして、自らの権利を主張するシュルツェ＝ライス商会との激しい受注合戦が勃発する。知事としては先に嘉右衛門から聞かされたリスクを避けるためにも、日本社中にこれを与えたいのが正直なところだ。だが、プロシア側の抗議による国際問題も避けたい。その結果、両者への配慮から、外国人居留地内に限っては各国居留者の申し込みの多いほうに任せるという、中途半端な判断をしめさざるを得なかった。当然、経済規模でも、利便性の認識においても居留地内事業のほうが重要であり、日本社中としてもこれはどうにか獲得したい。

ここで、またもや嘉右衛門は奇策を思いつく。それは、以前から領事館の土地問題でプロシア側と険悪な関係にあったスイス総領事のブレンワルドなる人物に、日本側への力添えを頼むという策であった。要は「敵の敵は味方」というわかりやすい構図に訴えたわけだが、これとても居留地内における各国の関係を知り尽くしていなければ思いつくものではない。嘉右衛門一流の情報収集・分析の力には今さらながら驚くべきものがある。

横浜の町を照らしたガス灯の明かり

結局、この受注合戦は両者の勢力が五分五分となり、利益にならないと見たシュルツェ＝ライス商会側が下りることで日本社中が勝ちをおさめた。

ところが、その代償として嘉右衛門が独断でスイス、オランダ、アメリカの事業者を受託者のなかに加えたために、社中は紛糾。日本の権益を守るためという話が「本末転倒である」と半数の四人が脱退してしまう。のちには事業に要する資金があまりに莫大なことから、中屋（益田）を含めた残り四人も事業から離脱してしまうのである。このあたり、嘉右衛門の真意がどこにあるかは不明であるが、少なくとも後年の三井財閥を支えた益田の見識からすれば、そのやり方はいかにも場当たり的に見え、事業を共にすることができないと判断したのはわからないでもない。

当の嘉右衛門はそれでも意気軒昂。区会所から日本商人の積立歩合金を借り入れたほか、大蔵省を動かして融資を受けると、自らの資金を加えた約二十万円を確保する。それをもとに燃料用の石炭運搬船を借りて、現在の本町小学校付近にあったという私邸の一角にガス製造施設を建てる。そこを「横浜瓦斯局」とするとともにガス管敷設を着々と進めていく。ついに明治五（一八七二）年九月二九日には、日本で初めて大江橋から馬車道を経て本町へ至る街路に建てられたガス灯が点灯された。横浜の人々はその明るさに誰もが目を見張り、狂喜乱舞したことだろう。まさしく文明開化を実感したのである。

翌年には、外国人居留地も含めた横浜の町全体で四百基余りの街灯が煌々と夜の闇を照らす。そのまた翌年には、東京の銀座―新橋間にもガス灯が灯る。じつはこちらも嘉右衛門が敷設工事を担当した。このガス灯事業は、のちに渋沢栄一に引き継がれて今日の「東京ガス」へ続いていくのである。

銀座通りに並ぶ灯を前に、嘉右衛門の胸には「横浜こそ文明開化の最先端なり」という自負心が去来したことだろう。夜逃げ同然で後にした江戸＝東京への錦を飾る思いは想像に難くない。この年にはまた、明治天皇が横浜の自邸内にある瓦斯局に行幸され、御前で親しくお言葉を賜っている。これは民間人として初めてのことで、先の銀盃ともども嘉右衛門にとっては生涯最高の誉れになった。横浜発展の立役者＝高島嘉右衛門の絶頂期といってもいいだろう。

しかし半面、このガス事業でもまた、採算という点で大きな挫折を味わう結果となる。膨大な額にふくらんだ初期投資回収のため、使用料金をあまりに高く設定してしまい、日本人はもちろん居留地の外国人も契約に二の足を踏んで家庭内需要がほとんど伸びない。街灯のほうも通達の不徹底から、点火料の支払い拒否や滞納が相次ぐ。あげくの果てには開業にあたっての借入金や融資の返済もできず、たちまち苦境に陥ってしまう。

結局、嘉右衛門は横浜瓦斯会社を、借入金の弁済同様のかたちで町会所に譲渡せざるを得なかった。町会所としては不採算の民間事業を押し付けられることになるが、多額の焦げ付きを出すよりは……というところだったのだろう。こうして高島学校に続き、嘉右衛門が自信をもって創業したガス事業も苦い失敗に終わったのである。

カミソリ陸奥が認めた高島町の〝不夜城〟

高島学校、そして横浜瓦斯会社の事業展開に情熱を注ぎながらも、その経営の困難に直面していた時期、嘉右衛門はさらにもうひとつ別な事業に手を伸ばしている。明治五（一八七二）年の高島町遊郭（ゆうかく）開設である。

当時、遊郭すなわち売春は飲食業などと同様、公に認められた風俗営業であった。だが、基本は政府によって認められた場所（公娼街）で営むほかは許されておらず、江戸の吉原、京都の島原といった場所がそれにあたった。横浜では、旧幕府が開港の際、開港地を横浜にすることに消極的な諸外国を懐柔するため、港に近い関内の太田屋新田に約一万五千坪の港崎（みよざき）遊郭を開設した。構造は江戸の吉原を参考にし、外国人の接客にあたっては長崎の丸山遊郭を手本にしたといわれる。

その後、「外國竝（ならびに）日本彼我に用うべき公の遊園と為（な）し（外国人と日本人の両方が楽しめる公の遊戯施設とし)」との英国公使パークスによる要望を受けて、大岡川は吉田橋の南方にあたる吉田新町の沼地を埋め立てた場所へ移転する。ところが、前述の豚屋火事(慶応二年)で焼失。その後、関外の吉田新田北一ツ目に、その名も吉原町(吉原遊郭)とあらためて移転開業したものの、この前年に再び火災による被害を受けたばかりという状況だった。

機を見るに敏な嘉右衛門が、こうした事態に目をつけたかどうかは定かでないが、ともかく同年五月、神奈川県令の陸奥宗光(のちの外務大臣)に「高島町遊郭開設許可願」を提出。これに対し、当時すでに伊藤博文の側近として〝カミソリ〟の異名をとっていた陸奥は「教育(高島学校経営のこと)に功労のある篤志家(とくしか)にはあるまじき振る舞い」とこの願いを突き返す。これに対し、嘉右衛門は「遊郭こそは野放図(のほうず)な野合(やごう)を減らし、性病の蔓延を防止する施策である」と、悪びれることなく説得を試みたという。

結局、この時の話し合いは不調のままに終わるが、陸奥はこの直後になぜか突然に態度を変えて「吉原遊郭を墓地と火葬場に隣接した崖地の太田村中畑山へ移転させる」との通達を発している。

この通達に驚いたのは当時の吉原の妓楼主(ぎろう)たちである。墓地や火葬場以外は何もないうえ、現在の場所よりも高いところにある崖地の中畑山への移転となると、かかる費用も時間も半端ではない。困惑している彼らに対し、嘉右衛門はすかさず自らが陸奥県令に提案した高島町遊郭開設のプロジェクトをもちかけた。それを受けて「神風楼」「岩亀楼」といった大手妓楼がこぞってこれの賛成に回った。その裏には、遊郭開設にあたって東京から名だたる老舗妓楼の出店を募っていると脅した、嘉右衛門一流のハッタリも功を奏したに違いない。この折、嘉右衛門は移転にかかる多額の経費を無利子で貸し付けるとの約束をしたという説もあって、高島町遊郭に懸ける意気込みのほどがうかがい知れる。

高島町遊郭（横浜開港資料館所蔵）

というのも、当時の嘉右衛門は先述の高島学校、横浜瓦斯会社という二つの事業が難航しているさなかであり、また先年に埋め立て工事で造成した高島町の土地が、そのままの状態で放置され、将来の負債になりかねないという事情を抱えていた。

どのように使ってもかまわないというお墨付きがあるとはいえ、海と線路に挟まれた細長い埋め立て地の高島町は農地にも宅地にもできない。嘉右衛門としてはこれを活かす起死回生の策として遊郭の誘致を図るしかなかったのであろう。そう考えると、陸奥県令の突然の豹変も、必死の嘉右衛門がかねて昵懇（じっこん）の間柄にあった伊藤博文を通じて働きかけ、これを認めさせたと勘繰（かんぐ）れないこともない。

ともあれ、吉原遊郭の高島町への移転は首尾よく根回しも済み、嘉右衛門は県に対してあらためて届け出を提出。ここに〝不夜城〟とも呼ばれた高島町遊郭は誕生し、数万両ともいわれる各妓楼からの敷金が嘉右衛門の手元には転がり込んだ。苦しい台所事情にあった嘉右衛門にはまさに天の助けであった。「篤志家にあるまじき」との声を百も承知で、これを成功させるしかなかったのだろう。自身が興した事業をやり遂げるためには、あえて清濁あわせ呑む嘉右衛門ならではの器量ともいえるのではないか。

ちなみに嘉右衛門自身は、意外にも女性に淡泊だったらしい。のちに隠棲した高島台の邸には先にあげた妻のくらのほか、別棟に愛人を一人同居させただけという暮らしぶりだった。女性と見れば手あたり次第に自分のものにした伊藤博文と比べ、当時にあっては品行方正であったといえるだろう。一方で、自分と同じく横浜で料亭を開き、明治の高官たちに引き立てられた花柳界の女傑「富貴楼」の女将お倉とは友情にも似たつながりをもち続けた。色事よりも事業という人柄がうかがえる。

明治の曙、横浜の地に輝いた〝東天紅〟

高島嘉右衛門ほど明治初期という時代に、横浜という空間に符合した生き方をした人物はいないのではないだろうか。

一生が二生にもなるような激動の時代、突如その最先端へと躍り出て急激に発展した横浜という場所は、日本の歴史上でも数少ない〝特異点〟だったといえるだろう。そこで主役になったのは、地位や立場の確立したエスタブリッシュメントではなく、内外各地から夢と野心を抱いて集まってきた革新的なイノベーターたちだった。そして高島嘉右衛門は、まさしくその典型だったといっても過言ではない。

その果たした役割は、継続よりも一瞬の閃光——フィクサーとして絶大な影響力を発揮しながらも、これを永続させることより、魁としての起爆力にすべてを賭ける。そんな、いわば〝トリックスター〟

としての存在感が嘉右衛門の魅力であり、破天荒力の源だったのではあるまいか。

事実、ここまで紹介した事業以外にも、嘉右衛門はさまざまな挑戦をしている。たとえば明治四（一八七一）年、オランダ領事デル・クックの口利きで横浜港に停泊中のプロシア船籍の蒸気船を購入し、「高島丸」の名で横浜―函館間に日本初の蒸気船定期航路を開設している。しかし、これも当時のプロシアとフランスの間の不穏な空気の影響で航行自体が思うに任せず、一年余りで廃業してしまう。時期尚早であった。おそらくプロシアの影響力拡大を嫌ったフランスからの圧力がかかったのだろう。ほかにもイノベーティブな試みにもかかわらず、大きな果実を得られなかったケースは少なくない。

異人館建築にせよ、埋め立てや鉄道敷設にせよ、学校経営やガス灯の設備にせよ、基礎をつくりインフラを整備するという意味で今日の横浜ひいては近代日本の土台を築いたことは、他の追随を許さない先進的な偉業である。しかしながら、そのほとんどは事業としては永続しないままに終わっている。

政官界に豊富な人脈をもち、本人が望むなら「政商」として三井や三菱にも並ぶ財閥へのし上がることもできる立場でありながらもあえてそうしなかった。成功した事業も多くは次世代に引き継がれて離合集散するうち、先の「清水建設」や「東京ガス」などと同様、現在へと至る大きな流れのなかにのみ込まれている。

嘉右衛門自身はひたすら利を求めたのか、栄誉に生きたのか、はたまた大義に身を捧げたのか、じつに多面的でとらえにくい存在というほかない。『論語』を重んじて「事業にあたっては『利に喩(さと)らず義に喩る』を心掛けよ」との戒(いまし)めを残した渋沢栄一や、「眼前の利に迷い、永遠の利を忘れるごときことなく遠大な希望を抱かれることを望む」と語った益田孝のような明快なわかりやすさがないのだ。二つの価値観の間を常に揺れ動いているようであり、その意味でも光と闇の狭間に位置する近代の曙のような存在といっていい。いわば、明治という時代、横浜という場所にふさわしい一瞬の〝東天紅（夜明けの光）〟だったのである。

その証でもあるように、明治九（一八七六）年の秋も近づくころ、高島嘉右衛門は「長年研鑽してきた易学の集大成を果たす」と宣言し、かつて埋め立て工事を見守った大綱山の別邸「高島台」に隠居してしまう。以後、数十年に及ぶ余生を、少なくとも表向きは易占三昧の日々に送っている。

明治九年といえば、翌年の西南戦争で西郷隆盛が討ち死にし、長州閥のトップであった木戸孝允が病没した年。翌々年には新政府の事実上のリーダーである内務卿・大久保利通が暗殺されるなど、明治という時代が草創期から本格的な地固めへと移行する時期を目前にしていた年である。これを予感したうえで自らも若い世代へのバトンタッチを図ったということかもしれない。人生五〇年という感覚が現実的だった当時、八〇の長命を占われていたとはいえ、すでに四五歳を迎えていた嘉右衛門には、後継ぎである子の嘉兵衛の存在も頼もしいものに映っていたことだろう。

こののちの嘉右衛門は、事業としてはわずかに「愛知セメント会社」（第六章に登場する浅野総一郎と関わるのもこの時期である）や、次代のエネルギー需要とインフラを見越した「北海道炭礦鉄道会社」「日本鉄道会社」「横浜共同電燈会社」への参画や投資などを行ったのみである。

それ以外は、もっぱら伊藤博文ら政府中枢の要人の指南役として〝易聖〟の名をほしいままにした。その伝記には、生涯の盟友である伊藤から日清戦争の折に相談を受けて易を立てたとのエピソードや、明治四二（一九〇九）年の哈爾浜駅頭での伊藤の暗殺を占ったとの記録も残るが、ここでは詳しく触れないでおく。

高島台にはその功績を称える「望欣台之碑（ぼうきんだいのひ）」が建てられている。「望欣」とは、嘉右衛門がこの地から横浜の繁栄を望み、欣然（うれしそうな様子）として心を癒やしたことに由来するという。横浜の地にあって文字どおりの徒手空拳、自らの才覚だけを頼りに終始目前の事業へ情熱を注ぎ、走り続けた果てに、この地へと隠棲した高島嘉右衛門。その真意が果たしてどこにあったのか……ほかならぬ嘉右衛門その人以外、誰にもわからないことなのかもしれない。

しかし、間違いなくいえるのは「高島嘉右衛門こそは横浜を拓いた男、すなわちハマの恩人である」ということである。

九天九地の相を身をもって生き抜き、「禍を福に転じて齢八〇までの長命は疑いない」といわれた嘉右衛門は、高島台の自宅で静かに余生を暮らし、横浜の町を眺めながら昇天した。大正三（一九一四）年一〇月一六日、齢八三であった。

第三章

ヘボン博士

初めて和英辞典をつくり上げた

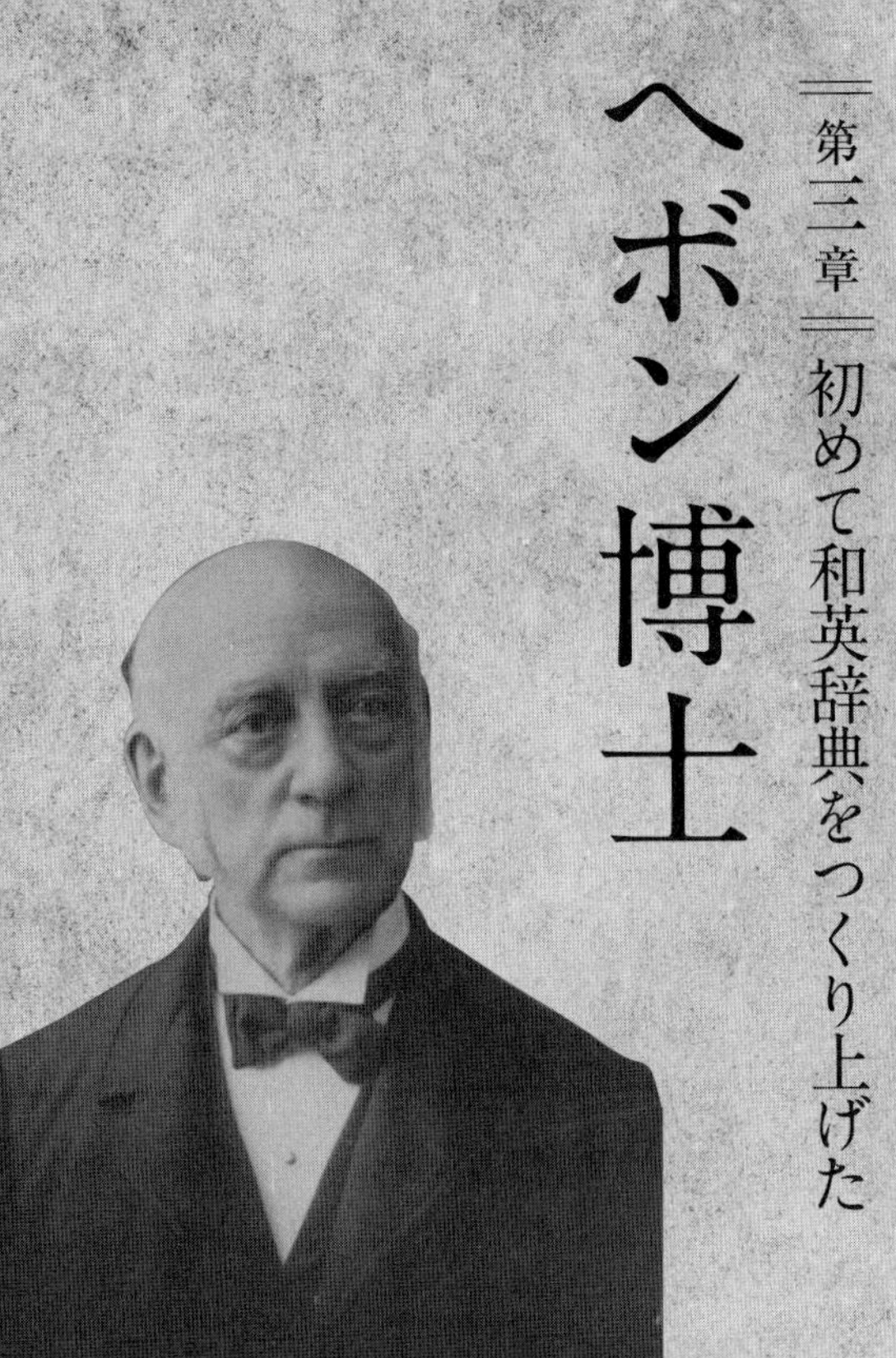

左）慶応３（1867）年刊行の『和英語林集成』初版（横浜開港資料館所蔵）
右）外国人居留地、谷戸橋近くのヘボン邸（横浜開港資料館所蔵）

半年の長旅、開港直後の横浜に着いた二人

嘉永六（一八五三）年、アメリカの東インド艦隊司令長官のマシュー・カルブレイス・ペリーが浦賀へ来航。日本に開国を迫った結果、翌年の来航時には日米和親条約が結ばれ、伊豆下田と箱館（函館）が開港された。それから五年後の安政五（一八五八）年、ポーハタン号上でタウンゼント・ハリス米全権と江戸幕府の間で日米修好通商条約が結ばれる。交渉の途上、ハリスは当時アメリカ領事館のあった下田の不便さを指摘し、神奈川宿（現横浜市神奈川区）の開港を求めたが、その代替案として幕府が横浜港の開港を約束したことは第一章で詳しく述べたとおりである。

安政六（一八五九）年六月二日、いよいよ横浜港は開港。それからわずか一一二日めの九月二二日、一組の夫婦がこの新しい港に到着し、上陸を果たした。アメリカ現地の四月二四日にニューヨークを発って大西洋を南下し、アフリカの喜望峰を巡り、インド洋を横断するという長旅を経て、まだ見ぬ日本をめざしたのは四四歳のジェームス・カーティスと四一歳のクララのヘッバーン夫妻。この章の主人公であり、のちに日本で親しまれた「ヘボン博士」と、その夫人である。

夫妻は、船中で日本語を学ぶために、ポルトガル人のジョアン・ロドリゲスが江戸時代の初めに書いた日本語文法書『日本大文典』を持参していた。ロドリゲスは一六歳の折に来日してイエズス会に入り、コレジヨ（神学校）に学んだのち、通詞（通訳）として時の権力者である豊臣秀吉や徳川家康の知遇を得た人物である。そのロドリゲスが日本語文法を詳細に解説し、発音も記して一六〇四年に完成させた『日本大文典』一冊を用意して旅に臨むあたり、日本行きに懸ける夫妻の意気込みは生半可なものではなかった。

だが、長い船旅の苦労がたたったのか、上海に到着したヘッバーン夫妻は体調を崩す。日本行きの船便を待つ間にカーティスは腸の炎症、クララは赤痢になり、四週間もの療養を余儀なくされてしまう。病も癒えて上海を発ち、長崎に寄港したのちにようやく横浜へ到着した。アメリカを出発して約半年がたっていた。

ヘッバーン夫妻、海外での宣教を決意する

ジェームス・カーティス・ヘッバーンは、一八一五年にペンシルベニア州ミルトンで、高名な弁護士の父と周囲の尊敬を集める宗教家の娘である母との間に生まれた。

カーティスは長男であり、下には弟一人と六人の妹がいた。父方も母方もキリスト教カルヴァン主義の敬虔な信者であり、特に母の信仰は篤かった。もともとは一七七三年、カーティスの曾祖父の代でアイルランドからペンシルベニアに渡ったのがルーツで、ハリウッド女優のキャサリン・ヘプバーン（ヘッバーン）はカーティスの親戚筋に当たるとの説もある。

地元の小中学校で学んだ後、カーティスは一六歳でプリンストン大学の三年に編入。学力が非常に高かったカーティスは飛び級を重ねたのち、ペンシルベニア大学医学部に入学する。一八三六年にここを卒業して二一歳の若さで開業医として稼ぎ始めた。しかし間もなく、カーティスは宣教医として海外へ行く道を考え始める。当時のアメリカでは、若者の間で外国伝道の機運が高まっていたのである。

宣教医を夢見始めていたカーティスは、同じく海外で活動する夢を抱くクララ・メアリー・リートと知り合い、意気投合し、二人はほどなく結婚した。一八四〇年、カーティスが二五歳、クララが二二歳

の時である。

クララは当時、従兄が校長をしていたペンシルベニア州の学校で教師をしていた。クララの先祖であるウィリアム・リートはイギリス王家の裁判官で、清教徒（ピューリタン）を厳しく裁く任務を負っていたという。清教徒とは一六世紀以後、イギリス国教会に反対し、宗教改革を推し進めたプロテスタント諸教派のことである。

ところが、ウィリアムは清教徒たちの清らかな信仰と毅然たる態度に敬服し、裁判官を辞めて清教徒の一員になり、一団の指導者となってしまう。そして新大陸アメリカに渡ってコネチカット州を開拓し、死ぬまでコネチカット州知事を務めたという英雄である。こののち一六二〇年以降、アメリカへ移住した清教徒たちが一七七六年のアメリカ合衆国独立を主導したのは、歴史の教科書が教えるとおりだ。

そんな祖先をもつクララだけに、夫との海外での伝道は願ってもないことだったのだろう。一方でカーティスのほうは、父親が宣教のため海外に赴任することに反対していた。しかし、夫婦は結婚すると早速に、プロテスタントの一派である長老教会に外国伝道を申し込んだのである。

ニューヨークで花開いた中国での医療経験

一八四一年、いよいよその機会が到来する。ヘッバーン夫妻の最初の宣教地は、イギリスの植民地シンガポールだった。当時、イギリスと清はアヘン戦争の最中であり、シンガポールはアヘンや茶などの交易中継地にして、天然ゴムや錫の積み出し港である。夫妻は二年間、この地を牛耳っていた華僑への教育と布教を行い、中国語を学んでいく。

その後は、厦門（アモイ）での医療伝道を開始するが、ここで誕生した長男が死亡し、クララはマラリア熱を患うという辛い体験をする。次男のサミュエルも生まれたが、クララの健康がすぐれず、やむを得ず帰国するしかなかった。シンガポールに来てからわずか四年半で、夫妻は泣く泣く帰途についたのである。

こうしてニューヨークへ帰ったカーティスは、そこで小さな診療所を開業した。

そのころ、ニューヨークは諸外国からの移住者が急増し、コレラの大流行が二度も発生する。幸いにして、カーティスは中国でコレラの治療を経験していた。その経験と治療法が高い治癒率につながり、大きな評判となって多くの患者が詰め掛ける。一方で眼病の治療に関しても中国時代の経験がものをいい、眼科医としても評価が高まっていく。こうして、診療所は大病院へと発展していった。

このように医師としての成功をおさめたカーティスだったが、残念なことにアメリカへの帰国後に誕生した子ども三人が、猩紅熱（しょうこう）や赤痢のため五歳、三歳、一歳という年齢で次々と亡くなってしまう。

世間で名医といわれながら、わが子を救うこともできなかった……。高い名声を得て豊かな暮らしを実現したヘッバーン夫妻が、押し込めていた宣教への使命感を再び強く意識し始めたきっかけのひとつは、この切なすぎる経験にあったといえる。

ちょうど同じころ、一八五四年に退官したペリーはニューヨークに居を構え、五六年に『ペリー艦隊日本遠征記』を刊行している。本のなかで、ペリーは日本の魅力をかなり好意的に伝えたことから、その内容も日本での伝道へと夫妻の背中を押したのではないだろうか。

ヘッバーン夫妻が財産を処分し始めたのを見て、カーティスの父母や親戚や友人は心配し、強く反対した。当時まだ一四歳だった一人息子のサミュエルを友人のもとへ預けての渡航だというのだから無理もない。
しかし、ヘッバーン夫妻の決意は固かった。

ヘッバーン（ヘボン）夫妻（横浜開港資料館所蔵）

横浜へ上陸、ジョセフ・ヒコと出会う

こうして、本章の冒頭に記した安政六（一八五九）年九月二二日、夫妻を乗せた船は横浜港へと到着。小型船で横浜に上陸したカーティスとクララは、いまだ「運上所」と呼ばれていた税関で入国手続きを行っている。すると、応対する日本の役人たちは、どうやらオランダ語を話しているようだ。それを耳にした夫妻はせっかく船中で勉強に勤（いそ）しんだ日本語を、あえて口にする勇気を出せなかった。初めての国で不安に揺らぐ心がうかがえる。

入国手続きがすむと、案内人とともに小船で東海道の神奈川宿に向かう。神奈川宿は、東海道の江戸から三番目の宿場で、物流の拠点港である神奈川湊に隣接していた。

神奈川宿に到着後、夫妻はただちに領事館へと出向く。小高い森に石段があり、その先に寺らしい建物が見える。今もJR東海道線沿いの高台に立つ本覺寺が、この三カ月前からアメリカの領事館になっていた。横浜を眼下に望み、江戸湾内を見渡すことができるこの寺を選んだのは、この前年に総領事から初代駐日公使になり、下田から江戸の元麻布へ赴任したタウンゼント・ハリスである。山門は白いペンキで塗られ、これが日本における西洋式塗装の初めだとされる。庭に立つ松の大木にアメリカ国旗がはためいていた。この本覺寺はまた、第二章の主役である高島嘉右衛門がのちに隠棲した「高島台」に位置しており、本書とは縁の深いロケーションでもある。

イーベン・ドール神奈川領事に住居の手配を依頼すると、「この国はまだ禁教下にあり、キリスト教の布教は厳禁です」と開口一番、釘をさされる。領事は夫妻の来日の意を酌みかねているようだったが、三日後には住居を確保してくれた。それは、神奈川宿にある寺で、当時かなり荒れていたが、ヘッバーン夫妻は広々としたこの場所を気に入った。寺の名は成仏寺といった。

この成仏寺を実際に探してくれたのは、ジョセフ・ヒコという人物である。ジョセフ・ヒコこと浜田彦蔵は播磨国（現兵庫県）に生まれ、嘉永三（一八五〇）年に一三歳で初めて海に出た折、乗っていた廻船・栄力丸が暴風にあって遭難。五〇日以上漂流をしているところをアメリカ船に救われて、アメリカに渡っている。その後、一度マカオまで来たが、鎖国している日本には帰れないと知り、再びアメリカに戻ったという。そして、アメリカの家庭で世話になり、学校教育を受け、カトリック信者となってアメリカに帰化した。それが日本の開国により、この六月、アメリカ政府のスタッフとして九年ぶりに帰国を果たしていたのである。

成仏寺には早速、アメリカから送ったベッドや洋服箪笥、台所用具など十トンにも及ぶ家財道具が運び込まれた。引っ越しが一段落したところで、ヘッバーン夫妻はジョセフ・ヒコを招待したが、その時にヒコはこういったという。

「カトリック信者になった私が、もし日本人のままで帰国したら、即処刑されていたでしょう」

それを恐れたヒコは、キリシタン禁令の及ばないアメリカ人として来日する道を選んだわけだが、事実、この当時もキリシタン禁制の高札はさまざまな場所に掲げられていた。それによると、もしキリシタンであることを知ったうえでかくまったならば、名主と五人組の家族全員がすべて処罰されるという。ヘッバーン夫妻は、この国の禁教の厳しさをあらためて知らされた思いだった。

振り返れば寛永年間から二〇〇年以上にわたり、日本が国をとざしてきた大きな理由のひとつはキリスト教の締め出しである。開国後の幕府が、なし崩しにキリスト教を認めることは幕府の根幹をゆるがす事態につながると恐れたのは想像に難くない。外国人であること、そしてキリスト教徒であることは、当時の江戸幕府にとって厳重な警戒対象だったのである。

ほどなく、成仏寺の茅葺きの山門前には、奉行所の侍が立つようになっていた。

千客万来、成仏寺たちまち満員となる

当時の成仏寺は、地面から一メートル以上の高さに床があり、本堂は百畳敷の広々とした建物だったが、かなり老朽化していた。夫妻はその本堂を襖や板戸で仕切り、礼拝所や寝室など八部屋をつくり、窓にはガラスも入れて明るくしたようだ。

そして早くも、来日後の最初の日曜日にはカーティスが説教し、クララがそれを聴くというかたちで礼拝を行っている。その次の日曜日には、アメリカ人の船員二名が礼拝に加わった。

夫妻の来日二週間後には、アメリカ改革派教会の宣教師サミュエル・ブラウンとオランダ改革派教会の宣教医であるデュアン・B・シモンズが横浜に入港する。ヘッバーン夫妻は、ブラウンと

は中国での宣教中に知り合って以来、交流が続いていた。そこでカーティスは彼らを港まで出迎え、成仏寺へ連れて帰ることにした。ブラウン夫妻のために、庫裡（寺における住まいの部分）を住居として用意していたのである。

ブラウンが来てから、礼拝には領事館や商館のスタッフも参加するようになった。年末になると香港にいたブラウンの家族も来日して、成仏寺に住むようになる。ブラウンの娘が持ち込んだピアノを演奏すると、近隣の日本人は初めて聴く音色に耳を澄ましたそうだ。

翌年には、バプテスト教会の宣教師であるジョナサン・ゴーブルとその一家が加わり、その後さらにオランダ改革派教会の宣教師ジェームス・ハミルトン・バラと妻のマーガレットも、成仏寺で暮らし始める。

そんな外国人にまじって、仙太郎という名の日本人もここに住み始めた。安芸国（現広島県）に生まれた仙太郎は、六年前の黒船の最初の来航時にペリーとともに来日した唯一の日本人である。前出のジョセフ・ヒコと同じ栄力丸で遭難した一人で、他の仲間がアメリカや上海に送られるなか米東洋艦隊の雑役として働き、サンフランシスコからペリーの艦隊に同行して再び日本の土を踏んだ。その折、幕府の役人にも会い帰国をうながされたが、処罰の恐怖を感じていたため再びアメリカに戻っている。

そして宣教師のゴーブルが所属するバプテスト教会で洗礼を受け、ここにゴーブルと同行するかたちでようやく本当に帰国することができた。しかし、ジョセフ・ヒコが「日本国籍だったら処刑された」という言葉を裏付けるように、仙太郎はその後も四〇代で亡くなるまで自分の意志で外国人居留地を出ることはなかったという。ジョセフ・ヒコといい、仙太郎といい、文字どおり運命の〝荒波〟に翻弄されながらも、こんな強運のつわものたちが当時の日本にはいたのである。
こうして成仏寺は、ヘッバーン夫妻が住み始めてわずか一年ほどで満員状態になった。

「平文先生」成仏寺での診療をスタート

成仏寺に住む宣教師たちは本来の目的である布教活動が行えず、医師であるカーティスもまた医療活動の許可が得られず、彼らにできるのは外国人だけによる礼拝のみだった。そこで、当時のヘッバーン夫妻はしばしば散歩をしていたという。

夫妻が外に出ると、役人がつかず離れずついてくる。警護と監視のためである。しかし、その存在を意に介さなければ、散歩は楽しいものだった。

成仏寺のある神奈川宿には、小高い丘や小さい谷があり、その合間に水田があり、雑木林、松林に囲まれた畑がある。日本らしい里山風景の向こうには、丹沢の山脈がかなた西方に見え、その奥に富士山が美しい姿をのぞかせている。

二人は農民に笑顔で挨拶し、しばしば野菜や果物を指して「コレナンデスカ?」とたずね、会話を試みた。散歩は夫妻にとってたんなる暇つぶしではなく、日本を知り、日本語を学習するための重要な日課だったのである。

こうしてまさに「一歩一歩」地元になじんでいくうち、武士や外国人、そしてその日本人の使用人たちが少しずつ治療に訪れ始め、領事をはじめ領事館のスタッフもやってくるようになる。夫妻のほうも、散歩で出会う人々に赤くなった目や手足の炎症などを発見するたび、成仏寺に治療に来るようにいい、投薬に加えて手術も行った。他の外国人医師は主に外国人の患者に医療を有料で施していたのに対し、カーティスは日本人に対しては無料診療を試みている。幸い、アメリカから運んだ荷物の中には、相当量の医薬品や医療機器が詰め込まれていた。

いよいよ施療所を開き、本格的な治療を行うべき時期と判断したカーティスは、江戸のハリス駐日公使と話し合う。そして文久元（一八六一）年の春、成仏寺から徒歩数分の所にあった宗興寺という寺を借りて、念願の施療所を開いたのである。医療先進国アメリカで名医ともてはやされたカーティスが、なんと日本人を無料で治療するというのだ。

人間というのは身近な苦痛、なかでも病気による痛みなどの症状にこそ不自由を感じるものである。たとえ相手が見なれない外国人であっても、その不自由を解消してくれるとなると、おのずとこれにすがり感謝と親しみを覚えるようになる。その点を察しての日本人への無料診療とすれば、これはまさに彼の非凡さの第一の証拠といえるだろう。

カーティスもクララも、日本人に名前を問われると「ヘッバーンです」と答えた。これが日本人には「ヘボン」と聞こえ、カーティスはいつの間にか「ヘボン先生」と呼びならわされるようになっていく。そして、その名には「平文先生」の文字が当てられたのである。

当時の人々の親しみある呼称に敬意を払って、本書でもここからはヘボンの名で呼んでいきたい。

日本人無料の施療所を支えた真摯と誠実

医師としてのヘボンの評判は早々に知れ渡り、多くの人が施療所にやってきた。江戸からの患者も多く、その数は毎日二十人以上になり、手術もし、入院患者まで引き受けている。おまけに、動けない患者のためには往診まで行った。クララもまた看護を手伝って奮闘した。

ヘボンから先進の医学を学びたい若者たちも施療所に押しかけてくる。忙しいなか、無給の雑用係と割り切れば便利な存在だが、ヘボンは彼ら二十人にも及ぶ研修者に対し診療の合間の指導も手を抜かずに行った。

治療費の代わりに野菜を置いていく農民もいたというが、患者からも研修者からも金銭を取らずに、いったいヘボン夫妻はどのようにして生活をしていたのだろうか？　それどころか、薬や医療機器を海外から取り寄せるためにも、多くの資金が必要なのはいうまでもない。

その答えとなる記録として、長老教会本部に送ったヘボンの次のような書簡がある。

——無償の医療事業は、日本人の偏見を取り除き、信頼関係を醸成するために役に立っている。ついては、医療事業のために年間約三百七十ドルが必要だ。これを本部で負担していただけるようにご検討いただきたい。

このように、ヘボンは宣教のためにも、まず相手国の人々の信頼を草の根から培っていこうと考えていたのだ。そこには、先進国として強圧的な布教を行うという姿勢とはまるで違う、ヘボン自身の真摯な人柄と誠実な信仰心がうかがえる。

日本の医師には期待できないレベルの西洋医療が、しかも無料で受けられる。噂が噂を呼び、施療所にははるか遠方からも患者が押し寄せてきた。たちまち一日の患者数は百五十人にのぼり、処方箋は一カ月で千枚以上にもなった。肺結核、天然痘に加え、トラホームや結膜炎、白内障などの眼病が特に多かったという。当時は梅毒によるものも含め、日本人の失明率は非常に高かったのである。

あまりの人気に、ヘボンはこのままの状況で毎日の診療を続けることを断念し、週三日の診療とした。そして残りの四日で処方箋を整理し、薬の調合などの準備をしたようだ。

ところが、開設して五カ月後に突然、幕府から施療所の閉鎖が命じられる。外国人を排斥しようとする攘夷派の動きが活発で、身の安全が保証できないという名目であった。そのじつは、治療効果と人気の高さを恐れる中央の医学界や漢方をはじめとする薬種問屋などの既得権益があった。さらには日本人と外国人が必要以上に接近することに危機感を覚えた幕府側の思惑が強かったに違いない。しかし、これにより宗興寺の施療所が閉鎖されたのちも、成仏寺に多くの患者が押しかけている。

翌文久二（一八六二）年の夏には日本全国でコレラとはしかが大流行し、江戸では七万三千人が死亡したという記録が残る。横浜でも多数の死者が出たが、表立っての医療活動をできないヘボンは歯がゆい思いにさいなまれていたことだろう。

ヘボン、懸命の治療で生麦事件の負傷者を救う

そんな折も折、横浜の地で世界を揺るがす、あの「生麦事件」が起こる。

文久二（一八六二）年八月二一日、イギリス商人のウィリアム・マーシャルとチャールズ・レノックス・リチャードソン、ウッドソープ・チャールズ・クラーク、それにマーシャルの従姉妹であるマーガレッ

ト・ボロデールの四人は、馬に乗って川崎大師の見物に出かけた。道中、神奈川宿の北に行った、鶴見に近い生麦村でものものしい大名行列に出くわした。行列は、薩摩藩主・島津茂久の父で藩政の最高権力者である島津久光一行のものだった。

久光の一行は、この年の三月に七百人にのぼる軍勢ともども幕政改革を掲げて江戸へ向かい、非公式なかたち（無位無官の久光は、正式な江戸城への登城はできなかったため）ではあったが重臣との会見も無事に終える。後ろ盾の勅使・大原重徳（しげとみ）ともども、意気揚々と京へ戻る途上のことであった。行列に行き会った乗馬の四人は、馬から下りて後ろへ下がれと命じられた。ところが、相手の言葉がすぐには理解できず、あわてたリチャードソンの馬が手綱をきつく引かれた反動で、いななき行列へと突進。かねてより攘夷意識の特に強かった薩摩藩士たちは、これに激昂して四人に切りつけてしまう。

同行男性たちの配慮で、いち早く現場を逃げ切ったマーガレット・ボロデールは居留地に惨事を報じ、すぐにイギリス公使館付きの護衛隊ら何人かの外国人が生麦村に向かった。一方、重傷を負ったマーシャルとクラークは血を流しつつも、馬で本覺寺へ逃げ込んだのち、成仏寺に運ばれてヘボンの手当てを受け一命をとりとめている。しかし、最初に切りつけられたリチャードソンはとどめをさされており、畑に投げすてられていた死体は駆け付けた外国人たちにより発見された。

これが世にいう生麦事件であり、この事件をきっかけにこじれた外交関係は、ついにイギリス艦隊が薩摩を砲撃する薩英戦争にまで突き進む。それはまた、西洋との力の差を思い知らされた薩摩が攘夷から開国へと転じ、同じく下関戦争を経た長州藩ともども武力討幕へ向かう日本史上の大きな節目となるのである。その意味で、生麦事件が幕末の歴史に与えた影響ははかり知れない。

この事件の全容については、拙著『生麦事件の暗号』（講談社）をご参照されたい。

じつはこの前年、ヘボンはアメリカ人商人のフランシス・ホールと前出の宣教医シモンズ夫妻らと神奈川宿近くの東海道で、尾張徳川家の大名行列に遭遇したことがあった。ヘボンとシモンズはうまが合い、しばしば行動を共にしている。この時もヘボンらは、尾張藩士にひざまずくよう命じられたが、これに従わず、立ったまま行列を見物したため一触即発の事態におちいっている。

幸い、尾張侯の指示で行列は再び前進し、ヘボンたちは事なきを得た。当時、そんな危うい出来事は各地で起きていたが、生麦事件はなかでも最も深刻な結果を招いたといえる。その大事件に際し、ヘボンは二人の負傷者を懸命に治療し一命をとりとめ、事態のさらなる悪化を防いだのである。

故あって、住みなれた成仏寺から居留地へ

さて、幕府がヘボンに施療所の閉鎖を命じた目的はもうひとつあった。それは居留地への外国人の移住を進めることだった。

もともと、吉田新田という水田地帯のかさ上げをし、水の氾濫を抑えることから横浜の港づくりは始まった。そして水田地帯を流れる大岡川の北側を埋め立てて外国人居留地が開かれる。ちょうど、現在の山下町と日本大通の東側半分が「山下居留地」、山手町一帯が「山手居留地」にあたる。

幕府は開国時の急場しのぎとして、神奈川宿の周辺に散らばる古寺を外国人向けの宿所に開放したが、その多くは総じて評判がよく、外国人居留地への移転を拒む外国人が多かった。外国人はできるだけ居留地に押し込めたいのだが、うまくいかない。しかし、ヘボンのような名医を移動させれば、居留地へ

の移転者が増えるかもしれない。

つまり、幕府は影響力の大きいヘボンの存在を利用して、神奈川宿近くに住む外国人の居留地への移転を進めようとしたのである。

一方、当のヘボンも居留地に移るほうがよいだろうと考え、文久元（一八六一）年の夏、居留地へ移転の準備を始めている。運上所や波止場の背後にある居留地で、ヘボンが購入した土地は山手居留地の東側、現在の中区山下町の法務省横浜合同庁舎の敷地にあたる。ヘボンは自ら建物の図面を描き、建築の指示を出す熱の入れようで、翌年の年末には完成した新邸へ成仏寺から引っ越しを行った。

このころクララは、文久元（一八六一）年の秋にアメリカに戻っており不在であった。一七歳になった息子のサミュエルの世話をしてくれている知人から「嘘をついて、鞭で打たざるを得なかった」という報告の手紙が届き、不安を感じたクララは急ぎ帰国したのである。一七歳といえば、学業の進路も決めなければならない時期だった。

また、これに先立つ春には、ヘボン夫妻たちが外出先から成仏寺に帰った際、門前に潜んでいた日本人が棍棒でクララの肩先を殴打する事件も起こっている。幸い命に別状はなかったが、しばらくは激しい痛みに耐えなければならなかった。ヘボンたちは、この事件を表沙汰（おもてざた）にしても攘夷派を刺激するだけと考え、公表はせず、クララがしばらく帰国することでほとぼりを冷ますことにしたのである。

これら二つの事情からクララは不在であり、ヘボンは単身での引っ越しとなった。ヘボン邸は、母屋のヘボン館、施療所と礼拝堂をかねた建物、別棟の病室、馬小屋があり、母屋の屋根は成仏寺の屋根を模していた。ヘボン自身は成仏寺がいたく気に入っていたのである。

居留地に移ったヘボンの施療所には、おのずと一般の日本人は行きにくくなり、一日平均で五、六人ほど訪れる日本人患者はといえば、眼病の役人が多かった。

「日本語と英語の橋渡しをする辞書を！」

宣教師にとって最初の、そして最も重要な課題は、現地の言葉を使えるようになることだ。伝道のためには、日本語で会話をするだけでなく、日本語の文章を読み、聖書の言葉を日本語で正しく語らねばならない。それだけに、ヘボンも日本語学習には余念がなく、来日翌年には「日本語の研究が、いま達成すべき大きな仕事」と宣言している。

宣教師のブラウンとヘボンは、中国で宣教をしていたときに知り合った仲で、ともに中国語が理解でき漢字もかなり習得していた。ところが二人は、日本語が中国語とあまりにも違うことに驚いた。日本語の語彙の豊富さや表現の多様性を知るにつけ、ヘボンは「日本語は中国語より優れた言語である」との印象を語っている。こうしてヘボンは、日本で宣教活動を行うためには「日本語と英語の橋渡しをする辞書が不可欠である」と判断し一念発起、辞書づくりに取りかかったのである。一方、ブラウンのほうは日英会話のテキストづくりを目標とした。

ヘボンはまず、日本語の書籍を精力的に読みあさり、そのなかから言葉を拾った。そこには、漢字が多いほうが比較的理解しやすいというヘボンならでは特性もあり、『源平盛衰記』や『平家物語』などの古典の娯楽作品を好んだという。

そのかたわら、ヘボンは日本語教師を非常な情熱をもって探している。それにこたえて「英語を教えてくれたら、私は日本語を教える」と提案する日本人はけっこういたようだ。なかでも、ヘボンが能力を見込んだ浪人風の若者がいたが、三週間ほどで「暇をくれ」という。理由をたずねると、「自分は攘夷派の某藩の武士で、折あれば先生を殺そうと近づいたが、先生の人徳の高さに感じ入り、自分の思いの誤りに気づいた」と白状したとのエピソードも伝わっている。

一方、医学を学ぶ若者たちからも「日本語を教える」という申し出はあった。ヘボンが来日して間もないころ、役人の目を盗み変装してやってきた「ヤゴロウ」という三二歳の医師が日本語教師を志願し、ヘボンもその学識を認めている。ヤゴロウというこの男の正体はわからないが、成仏寺に住み込んで、ヘボンにとって最初の日本語教師になった。

それと同じころ、ブラウンのほうはハリス公使に日本語教師として矢野隆山という四〇代半ばの人物を紹介されている。矢野が、なぜハリスと知り合ったのかなどの事情はまったくわからないばかりか、その経歴も謎に包まれたまま。鍼灸医であり、さまざまな教養を備えていたことだけは確かだった。この矢野隆山は、成仏寺時代にヘボン夫妻やバラ夫妻の日本語教師の役も引き受け、ヘボンが居留地に移転後も成仏寺に残ったバラ夫妻に日本語を教えていたという記録もある。

ヘボンのもとに続々集まる「優秀な弟子たち」

文久二（一八六二）年秋、アメリカ領事館を通じた横浜奉行所からの依頼で、ヘボンは幕府の委託生九名の教育係を引き受けることになる。このなかには、大村益次郎や原田一道がいた。大村は長州藩（現山口県）の医師にして兵学者、のちに〝維新の十傑〟に数えられる英才であり、原田のほうも蘭医学や洋式兵学を修めて幕府の役人になった男だ。さすがに幕府の委託生だけに、このレベルの秀才が九名も顔をそろえたのである。

またこの年、運上所の人材を育成する英学所が、現在の神奈川県庁のある場所に創設されている。政府の通詞や運上所の役人の英語力向上を第一の目的としたもので、ヘボンは当初、英語を用いて幾何と化学を教えた。生徒たちは、期待をはるかに超える速さと精度でこれを習得。驚くヘボンに、これまで蘭学者の指導のもと、勉学を積んできたからだと答えたという。この件については、ヘボンは書簡に次のように記している。

――日本人はじつに驚くべき国民です。西洋の知識と学問に対する好学心は、同じ状態にある他国民のとうてい及ぶところではありません。蘭学は日本人にとって大なる祝福でありました。

ブラウンもヘボンとともに英学所開設当初から教鞭をとり、のちにバラも加わった。月日とともに生徒も増え、二年後には二十五名を数えた。三年後には、アメリカから戻っていたクララも教壇に立つようになり、彼女こそは日本で教壇に立った初めての女性であろうといわれている。

少し先のことになるが、慶応二（一八六六）年秋、横浜の居留地は大火に見舞われる。豚肉料理屋から出火し、隣の遊郭へ燃え広がって遊女四百人以上が焼死し、外国人居留地全体の四分の一を焼き尽くした、この「豚屋火事」で英学所も焼失する。

これを機に、従来の運上所の職務は横浜役所に引き継がれ、英学所も「横浜役所英学所」に発展する。

この横浜役所英学所には、大鳥圭介（幕臣、西洋軍学者、のちに外交官）、星亨（のちに衆議院議長）、益田孝（のちに三井財閥を支えた実業家、第五章で取り上げる原三溪の盟友）、三宅秀（のちに洋学者、医学者）、高松凌雲（医師、赤十字運動の先駆者）など、明治維新を支えたエリートたちが次々に集まった。

話を元に戻そう——文久三（一八六三）年三月には、クララがアメリカから戻ってきた。二一カ月間を息子サミュエルとともに過ごし、親子で語り合い、将来設計を立ててきたのである。

じつは、クララはアメリカに行く船便を待つ間、知人の子どもに英語を教えるという初めての経験をしていた。この時に私塾で英語を教えることの価値を感じたクララは、日本に帰ってすぐに英語塾を開設する。これこそ、のちに「ヘボン塾」と呼ばれる教育機関の始まりであり、門下からはのちの総理大臣・高橋是清や蘭方医・佐藤泰然の息子で外務大臣になる林董ら多くの秀才が学び、巣立っていくのである。

和英辞書の編纂、かけがえない友の死

ヘボンは、日本語教師や自らの教え子たちの手助けを受けながら、辞書の編纂を進めていった。英語の重要性を理解して集まった弟子たちは、辞書づくりに情熱を燃やし、英学所の日本人教師たちもこれに参画した。英単語に対する日本語の適訳を探し、日本の単語への最適な英訳を探すという地道な作業がひたすら進められた。

ブラウンやヘボン夫妻、バラ夫妻の日本語教師として厚い信頼を得ていた前出の矢野隆山が、この辞書の編纂に重要な役割を果たしたのはいうまでもない。しかし矢野は、元治元（一八六四）年秋ごろから体調を崩し、ヘボンが診察したところ肺結核を患っていることが判明する。それも、かなり進行して

いた。ヘボンは矢野の治療に注力するかたわら、辞書編纂を進めなくてはならなくなった。

矢野は、聖書の翻訳にも深く関わっていた。

もちろん当時、日本語で書かれた聖書というものは、この世に存在していない。正確にいうと、一六世紀後半のフランシスコ・ザビエルたちの時代に、聖書は日本語に翻訳されていた。しかし、その痕跡は禁教令以降二〇〇年以上を経て、そのごく一部しか発見されていない。そこで漢文に通じていた矢野は、ヘボンたちが所有していた漢訳聖書の日本語への翻訳も行っていたのである。

そんな奮闘の間にも矢野の結核は進行し、床に伏すことが多くなった。病床をしばしば見舞ったバラ夫妻に、矢野は「洗礼を受けたい」と告白するようになる。宣教師たちと深く交際し、旧約聖書、新約聖書の意味を探ってきた矢野は、バラ夫妻に「キリスト教の正しさを確信するようになった」と語ったのだった。

しかし、いまだ日本人への禁教令は厳然と存在し、洗礼を受けたことがばれたら獄門磔(はりつけ)の刑は免れない。迷ったバラがヘボンに相談すると、ヘボンは「(矢野は)もはや回復の見込みはない」と明言した。そこでバラは矢野の洗礼式を準備し、慶応元(一八六五)年九月一七日、矢野の家族とヘボン夫妻の立ち会いのもと、自宅で床に横たわる矢野はバラの司式で洗礼を受ける。こうして、矢野はキリスト教徒となった。

矢野隆山は、日本人初のプロテスタントの洗礼を受けた信者として記録され、その一カ月後に天に召された。しかしながら、その葬儀は不本意ながら仏式で執り行われたという。

奇才・岸田吟香との名コンビ誕生

このほかにも、ヘボンのもとにはさまざまな人々が訪ねてきている。

文久三（一八六三）年四月、横浜居留地のヘボンの施療所に岸田吟香という奇妙な男が眼病の治療に訪れた。失明の恐怖までも感じ、師匠である儒学者の箕作秋坪に進められてやってきたのだが、ヘボンが処方した眼薬を七日ほど眼に投じると完治してしまう。これには本人が一番、驚嘆した。

この岸田吟香、本名は岸田太郎であるとされるが、銀次郎をはじめさまざまな名をもつ。成人後に銀次郎と名乗ったのを周囲が「銀公」と呼んだことから、本人が「吟香」と名乗るようになったらしい。美作国（現岡山県）の庄屋の家に生まれたが家業が傾き、少年期から独立して一九歳で江戸に出る。儒学を学び、二三歳で大坂に行き漢学を学び、その後にまた江戸で朱子学を学んだが、奇妙な縁で吉原の遊女屋の主人に落ち着いた。銀公の呼び名から吟香になったのはこのころだ。数えでまだ三〇歳である。その少し前には、新婚一カ月の妻を流行病で失うという悲しい体験もしていた。

施療を受けている期間に、吟香はヘボンの優れた医療技術のみならず、比類のない徳の高さを感じたようだ。ヘボンもまた、吟香との交流で彼の学識や頭の回転のよさを見抜いていたらしい。そこで辞書の原稿を見せたところ、吟香は「好ましくない言葉や不正確な言葉が散見される」と鋭く指摘する。ヘボンが辞書編纂への助力を依頼すると、吟香は即座に承知し、その六月からヘボン館に住み込む。午前中はヘボンの施療の雑用係を勤め、午後には辞書編纂の助手として働くことになった。

ヘボンの見込み以上に吟香の才覚は豊かで、漢学の知識に加えて蘭学の知識も備え、ヘボンの質問に即座に答える明晰さがあった。そのうえ性格も明るかった。何より、キリスト教を庶民に普及させるうえで欠かせない「平易な言葉を使う」という能力に抜きん出ていた。

吟香がヘボン館に来てしばらくすると、前述のように矢野隆山の体調不良が目立つようになる。その不測の事態のなかで、岸田吟香は多方面でヘボンを支えてくれる存在となった。英学所やヘボン塾に学んだ、とびきり優秀な教え子たちの協力もあり、辞書は完成に向かっていく。

ヘボンの眼薬で、吟香おおいに稼ぐ

当時、横浜居留地で暮らしていた前出のジョセフ・ヒコは、ヘボンの家にもしばしば顔を出したはずだ。諸説あるが、一説によるとヒコは元治元（一八六四）年、日本初となる日本語の新聞「海外新聞」を発行して、今日では「日本の新聞の父」といわれている。この「海外新聞」は外国の新聞を取り寄せ、その記事や論評を翻訳して発行した新聞だったが、木版刷りで二十六号まで発行したところで休刊してしまう。

そのヒコと、ヘボン館に住み込んでいた吟香の間には交流があった。ヒコは吟香に「海外新聞」を見せ、吟香は、その文章に問題があると指摘したのだろう。そこで「海外新聞」復刊の話がまとまっていく。こうして慶応元（一八六五）年五月、ヒコが訳すつたない日本語を吟香が手直しし、質を高めた「海外新聞」が発行された。しかし、これも翌年八月まで二十四号を出して廃刊になってしまう。当時の日本においては、いまだ海外中心のニュースでは発行部数が伸びず、経営が難しかったのだろうか。

和英・英和辞書『和英語林集成』の編纂に大きな貢献をした吟香は、後述のように慶応三（一八六七）年四月に辞書の印刷作業を終え上海から戻ると、今度は江戸と横浜を結ぶ定期船というアイデアを思い

岸田吟香の肖像（国立国会図書館所蔵）

つく。早速に資本家を説得し、アメリカ人商人ヴァン・リードの斡旋で小蒸気船を購入した。

さらに、これと前後して吟香はヘボンの眼薬を売り始めている。深刻だった自分の眼病を治した眼薬の成分を、師のヘボンにたずねたのだろうか。厳密にヘボンの眼薬と同一か否かはわからないが、ともかく「精錡水（せいきすい）」という名で売り出すと、これが大ヒットして爆発的に売れた。

翌年には上海にも精錡水の販売経路を確保したのち、明治三（一八七〇）年には北海道から氷を輸送する事業を立ち上げ、そのまた翌年には横浜氷室商会を設立。ひらめいたアイデアをすぐに実行する、吟香のこの行動力にはすさまじいものがある。

ところが明治六（一八七三）年、四〇歳の吟香は東京日日新聞社（現毎日新聞社）に主筆という役柄でスカウトされ、健筆を振るい始める。その平易で軽妙な文章力が読者におおいに受け、新時代の新聞の文章を提案したとまで評価され、翌年には編集長にまでなっている。

このように、つかみどころのない吟香の人生だが、一方でヘボンの精神を受け継ぎ、目の不自由な人のための学校「訓盲院」を築地に設立するなどの社会事業にも数多く尽力していく。

再婚した二〇歳年下の妻との間には七男五女をもうけ、大正期の洋画家として有名なあの「岸田劉生（りゅうせい）」は吟香の四男である。「麗子像」をはじめとする傑作を残しているのは、ご存じの方も多いだろう。

吟香はキリスト教徒にはならなかったが、「葬儀はキリスト教で行うように」と遺言し、七三歳で逝去した。そして息子の岸田劉生は、敬虔なクリスチャンとして人生を過ごしたのである。

印刷のために上海へ、ついに念願の辞書完成！

慶応二（一八六六）年秋、とうとう和英・英和辞書『和英語林集成』の原稿が完成した。ローマ字で日本語の見出しを書き、それに片仮名と漢字の表記をし、英語で説明を加えた和英辞典と、英単語の意味を日本語で記した英和辞典の機能を備えた『和英語林集成』は、見出し語だけでなんと和英二万七百二十二語、英和一万三十語という驚くべき大作であり、労作である。

原稿完成を前にして、ヘボンが印刷について調べたところ、当時の日本にはまだ活版印刷がなかった。だが、海の向こうの上海には長老教会伝道出版部の印刷所である「美華書院」がある。それならば、上海に行くしかない。

ヘボンは早速、アメリカの長老教会本部に「和英辞典の印刷出版の経費を出してほしい」と申請したが、本部からは「辞書は宣教に直接関係ない」と断られてしまう。一八六一年に勃発した南北戦争がこの前年に終結したばかりで、アメリカの国内経済が混乱していたことも災いした。

教会本部から援助が得られなければ、寄付に頼るしかなかったが、日本国内では幕末の混乱が極まり、英米を嫌悪する尊皇攘夷派が勢いづいている。そんななか、横浜最大の貿易商社だったアメリカのウォルシュ・ホール商会の経営者であるジョン・ウォルシュが、無利子無期限で経費を立て替えてくれることになった。

ウォルシュの善意に感謝しながら、ヘボンとクララは英学所や私塾での授業も、そして施療所での治療も中止し、上海に向かう準備を進める。そして何かと機転が利き、フットワークのいい岸田吟香が助手として同行することになった。

こうして三人は上海の美華書院に原稿を持ち込み、半年以上の歳月をかけて校正作業を行ったすえ、慶応三（一八六七）年、ついに世界初の和英・英和辞書『和英語林集成』の初版を手にすることになる。執筆開始からじつに七年七カ月の歳月がたっていた。

この時、美華書院の運営を任されていた長老教会の宣教師ウィリアム・ギャンブルは、同書院を上海で最大規模の印刷工場に急成長させた活版印刷の専門家だった。美華書院の文化的貢献度は大きく、「近代中国に立つ灯台」とまで評されている。『和英語林集成』はこの先進の印刷所で日本語文字の金属活字を鋳造し、最初の版が完成したのである。

ヘボン夫妻とその仲間たちの長年にわたる努力の賜物は、こうして誕生した。彼らは上海で歓喜の祝杯をあげたことだろう。そして、この日本初の和英・英和辞典は当然のことながら、日本の英語教育の必需品となっていく。

ちなみに、ウィリアム・ギャンブルは明治二（一八六九）年に、長崎の製鉄所で頭取を務めていた本木昌造の招聘を受け、日本に赴いて印刷と活字鋳造の技術を教えている。その技術によって、日本にも築地活版製造所や横浜活版社といった印刷所が生まれ、明治三（一八七一）年には日本初の日本語の日刊新聞『横浜毎日新聞』が刊行されることになる。すなわちギャンブルは、日本の印刷産業の恩人といっても過言ではない。

日本国内での『和英語林集成』の注目度は高く、発刊以前から広く関心を集めていた。しかし初版が出版されると、その価格は一冊十八両であまりにも高い。一両の価値は幕末にかけて急速に低下していたが、明治の初め新貨条例が制定された段階では三千〜四千円と考えられる。これは現在の価格に直すと、およそ五万〜七万円という高額となる。

価格の設定は、返済額を発行部数で単純に割った利益ゼロの価格ではあったが、若者たちにはとても手を出せる金額ではない。そのせいもあってか、精魂を込めた辞書も最初はまったく売れず、ヘボンは苦悩の色を濃くしていく。

日本の語学を変えた『和英語林集成』とヘボン式ローマ字

そんな折、一人の武士がヘボン邸を訪れて『和英語林集成』を三十冊まとめて購入した。「藩名も明かさずに、どこかの藩が大量購入した」との話がたちまち知れ渡ると、諸藩は動揺する。以降は各藩からまとめ買いが続き、徳川幕府はなんと三百冊を購入したという。『和英語林集成』は一転して入手困難となり、一冊六十両で取引されるまでになった。この年一〇月の大政奉還を目前にした、諸藩の不安がうかがえる話である。明治時代になっても『和英語林集成』は売れ続け、ヘボンは美華書院に追加注文をしなければならないほどになった。

明治五（一八七二）年には、和英の見出し語を一部増減して二万二千九百四十九語、英和は一万四千二百六十六語に増やした改訂再販が発行される。改訂にあたっては、この間に起こった明治維新による社会の激変に対応して新しい語が大幅に追加された。

続いて明治一九（一八八六）年に発行された第三版では、日本語見出し語数が一気に三万五千六百十八語に拡充され、印刷も日本で行われている。そして版権も、第四章で取り上げる書店「丸善」へと譲渡された。これは、日本政府が「外国人の版権は保護の対象ではない」という見解を示したことがきっかけだという。

丸善（現丸善雄松堂）の創業者である早矢仕有的（はやしゆうてき）は、天保八（一八三七）年に美濃国（みののくに）（現岐阜県）の医師の子として生まれるが、実父は誕生前に死亡。母の養家で、代々の庄屋である早矢仕家に入る。大垣と名古屋で医術を修め、一八歳の時に郷里で開業したのち江戸に出て、開業しながら蘭方医学を学んだ。そして文久元（一八六一）年、二四歳の早矢仕はヘボンが宗興寺に開いた施療所に、向学心旺盛な見習い医師として師事し、二人の間には師弟の関係が生まれたのである。

早矢仕はこののち慶応三（一八六七）年、のちの「慶應義塾」に入塾して福澤諭吉に実業の才能を見込まれ、明治二（一八六九）年、福澤の命を受けて横浜に丸屋商社を創業。この丸屋商社が「丸善」となり、黎明期の横浜経済に大きな貢献を果たすくだりについては第四章で詳しく紹介したい。

こうした経緯もあり、早矢仕はヘボンとの信頼関係を大切にした。『和英語林集成』第三版の版権を得た丸善が予約を受け付けたところ、たちまち一万八千部分が集まったという。以後『和英語林集成』は、日本人の英語学習に多大な貢献をしたことはいうまでもなく、外国人と日本人の多様なコミュニケーションを支える何より貴重なツールとなっていったのである。

日本初の和英・英和辞典は、このようにして横浜で生まれ、全国に広がっていった。まさしく横浜は日本における英語文化発祥の地であり、それをつくり上げたのはヘボンその人である。そして、これ以降に日本で出版されたフランス語、ドイツ語、イタリア語などの辞書は、何よりもまず『和英語林集成』を参考にして編纂されるようになった。

『和英語林集成』の特徴、それは日本語のローマ字表記を加えることで、外国人に音(読み)の情報を提供している点にある。当初、ヘボンは英語の発音に近い表記法を工夫して活用したが、第三版からは日本語の音との整合性などを心がけ、統一性のある表記法を考案する。以後これを「ヘボン式ローマ字」と呼ぶようになった。

ヘボン式ローマ字は明治時代から日本人に広く受け入れられ、活用されていく。第二次世界大戦後、連合国軍最高司令官総司令部(GHQ)は、駅や道路標識にローマ字を使用する指令を出し、ここでヘボン式がおおいに活用された。昭和二九(一九五四)年に研究社が『新和英大辞典』で考案したローマ字は、ヘボン式を修正し使い勝手をよくした形式となる。これは、のちにアメリカ図書館協会などのローマ字表記法に採用され、これにも「修正ヘボン式ローマ字」とヘボンの名を冠した名称が用いられている。

以後、修正ヘボン式ローマ字を主流として、ヘボン式ローマ字は今も日本で主流の地位を守り続けている。しかし残念なことに、現在の日本人が「ヘボン」の名を知るチャンスは、このローマ字に関する記述以外には少ないのが実情である。

すさまじい執念で成し遂げられた聖書翻訳事業

ヘボンが、日本語の聖書の必要性を強く認識していたのはいうまでもない。彼は、それだけでも難事業の辞書編纂と併行して聖書の翻訳も進めていった。矢野隆山が命を削ってまで続けた漢訳聖書の翻訳がまずあり、ヘボンとブラウンがそれを参考に漢訳聖書「馬可伝（マルコによる福音書）」「約翰伝（ヨハネによる福音書）」の翻訳を開始する。マタイ、マルコの福音書を加えた四つの福音書の翻訳が終わると、主だった書簡と旧約聖書の創世記の翻訳にも着手する。その間、訳しては、集まって、内容を吟味し、批評し、修正を行うという手間のかかる作業が静かに進められた。

ところが、不幸にも前述の豚屋火事でバラの家が全焼。その翌年にはブラウンの家が焼失する火災もあり、それまでの翻訳原稿はほとんど焼失してしまう。たまたま他家に預けていた「マルコによる福音書」と「マタイによる福音書」の訳文のみが火災を免れた。

火事により家をなくしたブラウン夫妻は、一時アメリカに帰ってしまうが、明治二（一八六九）年に女性宣教師メアリー・エディー・キダーとともに再来日。明治五（一八七二）年にはヘボンとブラウンの共訳で「ヨハネによる福音書」「マルコによる福音書」が木版印刷で書籍化され、翌年にはヘボン訳の「マタイによる福音書」も書籍化された。当時はまだ禁教令下だったにもかかわらず、書籍として出版された一千冊は即売したという。

その後も、ヘボンら横浜に集う宣教師たちの聖書翻訳への情熱は、さらに高まっていく。明治五（一八七二）年、第一回宣教師会議のため日本在住のプロテスタント宣教師がヘボン邸に参集した。女性宣教師も含め約三十名の宣教師が、教派ごとに活動するのは無駄が多いとして、力を合わせて活動することになり、次の三議案が決議された。

一、聖書翻訳の共同委員制

二、教派によらざる日本基督公会の徹底

三、神学教育の一致

そしてその翌年、ようやく明治政府によってキリシタン禁制の高札がはずされ、キリスト教が黙認されたことで、待ちに待った宣教も行えるようになる。これを機に各国からはキリスト教各派の宣教師が大挙して来日し、宣教師数は一年で二倍になった。

明治七（一八七四）年には、ブラウンを委員長とする聖書翻訳委員会の会議が開催され、共同翻訳活動が横浜山手のブラウン邸で開始される。この作業には、ヘボンの日本語教師であった奥野昌綱ら日本人の英才も加わり、訳文の質が向上していった。

明治五（一八七二）年にヘボンの日本語教師となった奥野昌綱は、バラの説教を聞いてキリスト教徒になる決心をし、海岸教会でブラウンによって洗礼を受けた人物である。海岸教会は同年、現在の横浜市中区日本大通に設立された日本初のプロテスタント教会だ。そして、こののち明治九（一八七六）年、牧師に任命する按手礼（あんしゅ）の儀式を受け、奥野は日本人で初めての牧師になる。洗礼を受けたのが四九歳、按手礼は五三歳の時である。

幕臣の家に生まれ優秀な武士だった奥野は、維新後、官職につけず浪人となって家族と貧しい暮らしをしていた。四八歳の時、ヘボンが日本語教師を求めていることを知り、ヘボン館に出かけてみると、ひと目でヘボンの御眼鏡にかない、家族でヘボン館に身を寄せることになった。

その後、奥野はその知識を活かし『和英語林集成』の再版の準備に貢献して、さらに新約聖書、旧約聖書の翻訳でも重要な役割を担った。ブラウンの仕事も手伝った奥野は、ヘボンやブラウン、バラの人柄に惚れ、キリスト教と聖書の神髄に触れ、その価値を知ることになる。

奥野は、国文学や和歌、謡曲に精通していたので、讃美歌の翻訳に貢献したことでも日本のキリスト教史に名を残している。辞書の作成や聖書翻訳といった、ヘボンの偉大な功績の陰には、ここに紹介した岸田吟香や奥野昌綱といった日本人の博学がいたことも忘れてはなるまい。

共同翻訳活動においては、用語の統一に関して各教派の宣教師がしばしば対立した。極東の島国にやってくる宣教師は、皆、情熱的で自己主張が強く、対立をいとわない。たとえば、救世主の表記を「イエス」にするか「耶蘇（やそ）」にするかで対立し、「イエス」を主張するヘボンを嫌悪して、翻訳委員会を去っていく宣教師もあった。

こうした努力と苦闘のすえ、明治一三（一八八〇）年に聖書翻訳委員会は新約聖書の日本語訳を完成させ、東京は築地の新栄教会で完成祝賀会が開催された。日本のキリスト教の歴史において、まさに記念すべき出来事である。

この翌年、ヘボン夫妻は一年間のヨーロッパ旅行に出発した。帰国してすぐ、ヘボンは旧約聖書翻訳委員の委員長に選ばれ、リウマチの痛みに耐えながらも旧約聖書の翻訳を開始する。

そして旧約聖書の翻訳は、明治二〇（一八八七）年一二月三一日についに完了。いわゆる「文語訳」聖書の完成であり、聖書の組織的な翻訳が始まってから一一年がたっていた。ただしヘボンは来日早々から聖書の翻訳に挑戦しており、じつに二八年間聖書の翻訳と格闘したことになる。

この間、和英・英和辞書『和英語林集成』の編纂は、丸善が販売した第三版で完成の域に達した。こちらは二七年間の苦闘である。多くの人々を励まし支えながら、日本人のために辞書と聖書を編纂することに、ここまでのエネルギーをヘボンは費やした。異国の人々のためにこれほど献身する、とてつもない覚悟と能力。これこそが、ヘボンの「破天荒力」といえるであろう。

と、本稿を執筆中に、新たなニュースが飛び込んできた。平成三〇（二〇一八）年一二月、ヘボンたちの「文語訳」聖書の流れを汲む日本聖書協会から、新たな翻訳である『聖書協会共同訳 聖書』が刊行されるという。「大正改訳」「口語訳」「共同訳」「新共同訳」とおよそ三〇年ごとに、出版されてきた日本語訳聖書の歴史に新たなページが加わることを知れば、ヘボンも必ずや喜んでくれるに違いない。

「キダーさんの学校」からフェリス和英女学校へ

慶応三（一八六七）年五月、『和英語林集成』の初版を上海で完成させ、帰国したヘボン夫妻は「ヘボン塾」を再開した。

このころにはヘボンに加え、クララの名声も高まり、女子の入塾希望者が現れるようになった。一〇代以上の女性が教育機関で学ぶという例は、それまでの日本にはなかったが、維新以降は上流家庭を中心に女子教育への認識が強まって、横浜のみならず江戸や近隣からの入塾者も増え始める。そこでクラは、私塾を男女共学とし、前出のキダーという女性宣教師が、ここで教師を務めた。

ブラウン夫妻とともに明治二（一八六九）年に来日した三五歳のキダーは、アメリカでブラウンが経営する学校で教えていた。来日の当面の目的は、ブラウンとともに新潟の学校で英語を教えることであり、来日直後に横浜から新潟へ向かう。ブラウンは学校で英語を教え、日曜日には自宅で聖書の授業を行った。キダーは女子生徒に英語を教える役割だったが、禁教令下、キリスト教を教えたことが問題となり、八カ月で契約中止となってしまう。しかたなく、キダーもブラウン夫妻とともに横浜に戻り、ブラウン宅に同居するようになる。

明治四（一八七一）年、ヘボン夫妻は『和英語林集成』再版のために上海に行き、これと前後して私塾の女子生徒七名はヘボン邸でキダーが教えることになり、あわせて生徒募集も行った。これが、日本初の女子教育機関であるフェリス女学院の始まりとされる。

独身で来日したキダーは、明治七（一八七四）年にブラウンの司式によって九歳年下のアメリカ人宣教師エドワード・ローゼイ・ミラーと結婚する。ミラーはキダーを敬愛し、所属する長老教会からキダーと同じ米国改革派教会に移籍した。

翌年、「キダーさんの学校」が教会本部の資金によって校舎と寄宿舎を山手に建設する。学校では英語に加え、日本人教師による和漢学も教授した。この時から、米国改革派教会伝道局総主事アイザック・フェリス（初代）とジョン・フェリス（三代目）の業績を記念し、学校名は「アイザック・フェリス・セミナリー」となり、日本語名は「フェリス和英女学校」となったのである。

ただし、キダーと夫ミラーは、この女学校の経営に安住せず、六年後に辞職して本格的な福音伝道を開始する。まず「喜の音（よろこびのおとづれ）」「小き音（ちいさきおとづれ）」というキリスト教に関する月刊誌を出版し、全国で日曜学校の教材としても活用された。また全国各地で布教活動を展開し、特に岩手県の盛岡ではなんと一〇年もの間、伝道活動を行っている。

さまざまに変容するヘボンとクララの学校

ヘボン夫妻は、先述した上海での『和英語林集成』再版のための作業から帰ってほどなく、ヨーロッパ経由で帰米し、横浜に戻ったのは明治六（一八七三）年一一月だった。クララは、これまでどおり女子学校を運営するつもりでいたが、ヘボン夫妻が帰ってきたというニュースにたくさんの少年・青年がやってきて、結局、生徒数四十名以上の男女共学学校として再開することになった。

五〇代半ばのクララは持病の神経痛に悩まされ、体調のすぐれないことが多かったが、女子生徒の何人かを汽車で上野の博物館に連れていき見学させるなど、先進の教育への挑戦を続けていく。クララの人気は高く、教育への情熱に加えて、周囲の人々と分けへだてなく仲良く楽しくできる人柄が、人心を引き寄せた。クリスマスには、日本人の少年少女と居留地の外国人の子どもたちが、クララを中心にヘボン館で一緒に讃美歌を歌った。ヘボンは友人への手紙に「妻は横浜の名物です」と書いている。

ヘボン夫妻が留守の間、ヘボン塾の女子生徒たちはキダーが引き受けてくれた一方、男子生徒に対しては、長老教会の宣教師のヘンリー・ルーミスや宣教師であり建築家でもあったダニエル・クロスビー・グリーンが授業を担当してくれた。

しかしヘボンは、帰国後も聖書の翻訳で多忙を極め、明治九（一八七六）年にヘボン塾をヘボン邸ごと長老教会の宣教師ジョン・クレイグ・バラに譲渡する。クララが悩まされ続けた神経痛には湿度が禁物であるということで、湿地を埋め立てた横浜居留地から山手居留地に移ることが好ましいという事情もあった。

ジョン・クレイグ・バラは、ヘボンたちと成仏寺で一緒に暮らしたアメリカ・オランダ改革派教会の宣教師ジェームス・ハミルトン・バラの弟である。そしてヘボン塾を前身とする塾は、その後、「バラ学校」と呼ばれるようになる。

ちなみに兄のジェームスのほうは、明治五（一八七二）年、波止場近くに小会堂（石の会堂）を建て、ここで英語と聖書を教える塾を継続しており、こちらは「バラ塾」と呼ぶので、少々紛らわしい。

こうして、開港後の横浜外国人居留地を舞台に、日本で最初の英語教育は、熱心なプロテスタント宣教師たちによって、紆余曲折（うよきょくせつ）を経ながらも地道に、そして着実にその土台を築いていった。

明治学院の創設とヘボン総理の就任

「バラ学校」は、明治一三（一八八〇）年に東京の築地へ移り、「築地大学校」になった。さらに築地大学校は、アメリカ・オランダ改革派教会が神学校の予備校として横浜に開いた「先志学校」と合同し、明治一六（一八八三）年に「東京一致英和学校」へと発展していく。

一方、前述の明治五（一八七二）年にヘボン邸で開かれた第一回宣教師会議での決議でも示されたとおり、プロテスタント宣教師の間では「教派の境をなくし、日本での神学教育を一致させる」ことが目標になっていた。これを受けて明治一〇（一八七七）年には北米長老教会、米国改革派教会、スコットランド一致長老教会の合同ミッション（伝道団体）が「日本基督一致教会」を設立し、「東京一致神学校」が築地に開校される。ここには、アメリカ・オランダ改革派教会の宣教師グイド・フルベッキが、後年に長崎で興した「フルベッキ塾」も加わった。

さらに明治一七（一八八四）年には、かつて書生としてヘボン館に住み込んだ後、ヘボン塾で学んで牧師になった服部綾雄が神田淡路町に「英和予備校」を設立。こうした経緯をたどり、東京一致英和学校と東京一致神学校、英和予備校という三つの教育機関が合併して「明治学院という学校をつくろう」

明治 21 年当時の明治学院「ヘボン館」（写真提供：明治学院歴史資料館）

という構想が、明治一九（一八八六）年に生まれるのである。

場所は白金村（現港区白金台）。摂津国（現兵庫県）三田藩の屋敷跡であり、ここに三万三千平方メートルの広大な敷地を購入した。文部省への設置願も翌年に認可され、こうして現在まで続く「明治学院」がスタートする。

学院には、ヘボンやフルベッキをはじめ、宣教師、牧師の優秀な教員が顔をそろえ、専門学部、神学部で誠実な教育が施された。設立から二年間は、学院長に当たる総理は置かなかったが、明治二三（一八九〇）年一〇月にヘボンが初代総理に選出される。この時、すでにヘボンは七四歳になっていた。

なお、前にヘボンが『和英語林集成』第三版の版権を丸善に譲渡したと紹介したが、その際ヘボンは、版権料として二千ドルを得ていた。彼は明治学院の創立時に、この全額を学院に寄付し、これが、「ヘボン館」という学生寄宿舎の建設に充てられたとのことである。

宣教によって続々と生まれるミッション・スクール

ヘボンを中心とした人脈は、このほかにも教育機関の創設に貢献をしている。

一八六一年にアメリカで、女性の外国伝道のために「米国婦人一致外国伝道協会」が創設された。女性たちが教派を超えて集まり、助けを必要とする女性のために奉仕する団体である。

来日したジェームス・バラ夫妻は、来航した外国人と日本人女性との間に生まれた子どもと産んだ母親の人権が認められない実態を知り、同協会に報告した。

それに応え、明治四（一八七一）年にそうした子どもたちの救済と女子教育を目的として、メアリー・プライン、ルイーズ・ピアソン、ジュリア・クロスビーという三人の女性宣教師が来日する。彼女たちはバラ邸を借りて、日本人女子と日本人と外国人の間に生まれた子どもにキリスト教主義の教育を施す「アメリカン・ミッション・ホーム」を開設した。禁教令が解かれる二年前であり、対象とした子どもとその母親は一人もこなかったが、母親を亡くしたイギリス人の幼い姉妹がやってきて、この姉妹の養育と教育から始めた。

その後、アメリカン・ミッション・ホームには、本来の対象である外国人との間に生まれた子どもとその母親も徐々に集まるようになり、英語やキリスト教に興味を抱く女性が多く集まった。翌年には、日本最初の女子寄宿学校としてスタートし、数年後には「共立女学校」と改称する。現在の「横浜共立学園」の前身である。三人の女性宣教師は見事にミッションを成し遂げ、プラインは横浜の宣教師から「横浜の母」と尊敬を集める存在となり、ピアソンとクロスビーはともに日本の土となった。

こうしたミッション系の学校は、ほかにも続々と生まれていく。

アメリカ・メソジスト・プロテスタント教会婦人外国伝道会は、明治一三（一八八〇）年九月、アフリカやインドでの伝道経験をもつハリエット・ブリテンを日本へ派遣する。ブリテンはアメリカン・ミッション・ホームから子どもたちを引き取り、同年一〇月、山手に「ブリテン女学校」を創設。その後、男女共学を廃して、男子部は「横浜英語学校」となり、女子部は外国人居留地に移って「横浜英和女学校」となった。明治二〇（一八八七）年には名古屋にも進出して、これはのちに「名古屋学院」（現名古屋中学校・高等学校）へと発展していく。大正五（一九一六）年には横浜市南区蒔田に移転し、現在は「横浜英和学院」となっている。

さらに、明治一九（一八八六）年、横浜山手の外国人居留地にある聖書印刷所の二階でも、新しい教育が始まる。バプテスト海外伝道教会に属するシャーロッテ・ブラウンという女性宣教師が、ここで女子教育を始めたのが「英和女学校」である。明治二三（一八九〇）年には、シャーロッテの友人で同教会の宣教師であるクララ・カンヴァースが二代目の校長に就任し、三五年の長きにわたって奉職。その二年後には「捜真（そうしん）女学校」と名称を変更し、現在は横浜市神奈川区中丸に移転している。

一方、カトリック陣営も負けてはいない。

明治五（一八七二）年、「キリシタン禁令の解かれる希望が見えてきた。今すぐ、女性宣教師を送ってほしい」というベルナール・プティジャン司教からの要請に応え、メール・マチルドら五人の修道女が横浜に到着する。山手居留地に親を失ったり、捨てられた子どもを養育するための「菫（すみれ）女学校」と一般の子女を対象にした「横浜紅蘭女学校」を開設した。これがのちに「横浜雙葉学園」となって現在に至っている。

このように、女性宣教師たちは教育と布教への強い情熱をもった者が多く、女子に対する英語教育や宗教教育、親のない子どもの保護と育成に尽力し、まさしく「ミッション」を果たして、横浜で多くの成果を実らせたのである。

先に、ヘボン塾がバラ学校に引き継がれ、明治学院に発展したことは述べた。一方で、そこに籍をおいた男性宣教師たちの活躍も特筆すべきものがある。バプテスト派の宣教師アルバート・アーノルド・ベンネットが始めた神学校が現在の「関東学院」へ、ロバート・S・マクレイが山手に開いた「美會神学校」はのちに東京へ移転して、「青山学院」へと発展していく。

このように、横浜の教育の礎はキリスト教宣教師たちのたゆまぬ努力と信念によってつくられたといっても過言ではない。横浜は日本において、ミッション・スクールの発祥の地であり、英語教育の発祥の地であり、私学教育の発祥の地である。これらは現在においても横浜の教育の大きな特色のひとつとなって発展を続けている。国際都市横浜の先進力を物語る、誇るべき歴史であろう。

福澤諭吉との縁、横浜市立大学医学部への萌芽

ここであらためて、デュアン・B・シモンズと早矢仕有的について語らねばならない。両人については、すでに簡単に紹介しているが、その出会いの縁にヘボンその人が関わっているのである。

前述のとおり、早矢仕は明治二（一八六九）年正月に丸屋商社（のちの丸善）を創業するが、その数カ月前から「横浜黴毒（梅毒）病院」の医師を務めていた。当時、日本には、梅毒感染者の数が多く、イギリス海軍の兵士が横浜で大量に感染した。彼らの治療を主たる目的に、イギリス海軍が主体となって慶応三（一八六七）年、遊郭のあった吉原町に創設されたのが横浜黴毒病院である。当時、早矢仕は医師として梅毒の治療に情熱を傾けていた。

一方、明治三（一八七〇）年に早矢仕の師であり、盟友である福澤諭吉が発疹チフスを発病した。抗生物質がなかった時代、発疹チフスは致死性の感染症であり、弟子である早矢仕をはじめ多くの医師が治療を試みた。しかし成果は上がらず、こちらも早矢仕の医学の師であるヘボンに治療が依頼される。シモンズとヘボンは前述のようにうまの合う間柄であり、シモンズはヘボンの診療所で片腕となって働いていた。彼はヨーロッパでさまざまな最新医療を仕込んでいたため、ヘボンはシモンズに福澤の治療を要請（福澤の弟子・小幡甚三郎が往診を依頼に出かけたところ、ヘボンが不在だったためとする説もある）。その結果、見事に治癒し、シモンズに感謝した福澤は、その返礼として三田の慶應義塾構内に住居を建てて提供したそうだ。

この翌年には、早矢仕が提唱者となって有志から資金を集め、横浜の元弁天（現中区北仲通）に民間人のための医療機関「横浜仮病院」が開設される。ここでシモンズが英米式医療を実施し、医師の研修も行っている。その後、「横浜中病院」さらに「横浜共立病院」と名称を変え、所在地も変わったが、明治七（一八七四）年に、当時東洋一の設備を誇る「神奈川県立十全医院」となった。これが、昭和一九（一九四四）年に横浜市立大学医学部の前身である「横浜市立医学専門学校」の付属病院となるのである。

こうした経緯から、早矢仕は、横浜市立大学医学部の創設者とされ、シモンズとヘボンは、医学部の礎を築いた医師となっている。そして、福浦キャンパスの医学科講義棟一階の多目的ホールは「ヘボンホール」と名付けられており、附属市民総合医療センターにはシモンズの記念碑がある。

このように、ヘボンと早矢仕有的の出会いは、福澤諭吉との知己につながり、シモンズの貢献によって、横浜市立大学医学部の創設までも実現することとなった。これもまた、横浜という町の奇縁が生み出した実りのひとつであろう。

日本に骨を埋めることはかなわず

明治学院の初代総理を務めたヘボンは、念願だった『聖書辞典』をのちの明治学院教授・山本秀煌（ひでてる）牧師とともに明治二二（一八八九）年に完成させた。

ヘボンのリウマチはなんとか耐えられたが、クララは顔面神経痛とリウマチがひどかった。日本に骨を埋めるつもりで墓地も買っていたヘボンだが、クララにとっては日本の冬が特に辛いということで、妻のために泣く泣く帰国することを決意する。ヘボンにとって日本を離れることは苦渋の選択だった。

明治二五（一八九二）年一〇月に「横浜指路（しろ）教会」でヘボン夫妻の送別会が行われ、日本での三三年間の思い出を多くの人々が語り合った。指路教会はもともと居留地内にあった木造の教会堂が、この年、現在の場所（横浜市中区尾上町）に移されたばかりだった。レンガ造りの教会堂はヘボンがアメリカへ一時帰国した際に建築資金を募り建設されたものである。指路とは「救い主」の意味で、ヘボンの出身教会の名である「シロ」にちなんだ名前であった。のちに関東大震災で倒壊後、現在のかたちに再建された。

送別会の席上、ヘボンは「私の旅路はチット永くなりました」と、ウィットをまじえて別れの挨拶を始めると、こう述べた。

――「私は誠に、この三三年間、この国に駐(とど)まって、日本の人を助ける努力を尽くしましたことを神に感謝します。嗚呼(ああ)、私は本国に帰ります。私の仕事は終わりました。本国に少しの間、休みまして、天国にある親たちの国へ参ります」

老いて病を患いながら、愛し続けた横浜に、日本に別れを告げなければならないヘボン夫妻には、万感胸に迫るものがあったに違いない。

身体的苦痛を味わいながらも、日本を離れようとしなかったヘボン夫妻。骨を埋める覚悟までして、横浜を、そして日本を愛し続けたヘボン夫妻。英語塾、辞書、聖書、教育機関……と近代以降の日本を支えてくれた財産をひたすら創成し続けたヘボン夫妻。〝Do for Others〟を信念とした、この破天荒なまでの献身に、私たち日本人はどれだけ感謝しても感謝しきることはない、と私は思う。

アメリカに帰ったヘボン夫妻は、温暖なカリフォルニア州パサディナでの静養を終えて、一八九三年にニュージャージー州イースト・オレンジに移った。

一九〇五年三月一三日、ヘボンの九〇歳の誕生日に高平小五郎駐米公使から電話があった。

「博士。日本政府は、あなたに勲三等旭日章を贈ります」

ほどなく、高平公使がイースト・オレンジにやってきて、勲章の授与式が執り行われた。

そしてその年の六月には、ヘボン塾の卒業生である高橋是清が突然、ヘボン宅へやってくる。前年の二月八日に始まった日露戦争は、まだ続いていた。高橋は、日露戦争の戦費調達の外債を募集するため、日本銀行副総裁として英米を行脚していた。その多忙な旅の合間を縫って、ヘボンに会いに来たのだ。

「奥さまは、どうされていますか？」

そうたずねる高橋に、ヘボンは告げた。

「今、入院しています。もうあなただとはわかりますまい」

高橋にとって、クララは〝憧れの母親〟であり〝英語の先生〟でもあった。のちの〝ダルマ宰相〟はさぞかし悲しげな表情を見せたことだろう。

一九〇六年三月四日、クララは八八歳で永眠する。体調の不良を除けば、六六年間の二人の結婚生活は満ち足りた夢のようなものだった。

クララが亡くなった後も、日本のさまざまな弟子や友人から手紙が届き、時折、訪ねてくる者もあった。ヘボンは、最後まで「祖国・日本」の情勢に詳しかったという。

そんなヘボンは、一九一一年九月二一日に静かに息を引き取った。享年九六。偶然にも、ヘボンが昇天したその日、東京白金の明治学院のヘボン館は大火に見舞われ、大きな炎を上げて全焼した。ヘボンの死を知らせるかのように……。

福澤諭吉

第四章　貿易の発展が国を富ます

『横浜諸会社諸商店之図』に描かれた丸善書店（神奈川県立歴史博物館所蔵）

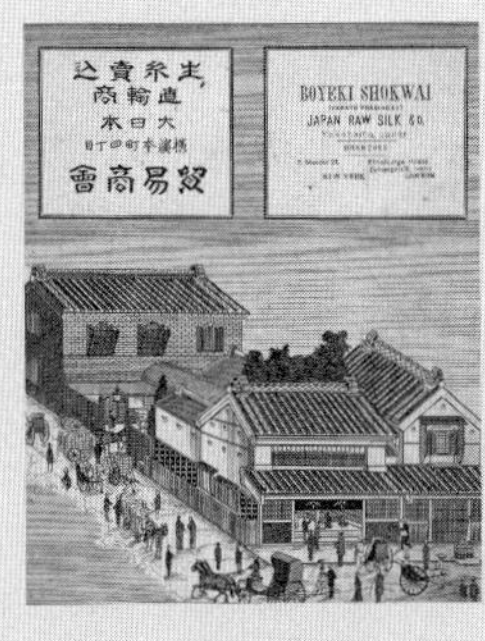

『横浜諸会社諸商店之図』に描かれた貿易商会（神奈川県立歴史博物館所蔵）

貿易におけるソフト面のインフラ整備

福澤諭吉といえば、日本人なら知らない人はいない近代における屈指の偉人といっても過言ではないだろう。啓蒙思想家といわれるが、教育者としても、ジャーナリスト（評論家）としても、起業家としても、近代日本の草創期における発展に多大な貢献をなした代表的な人物である。一万円札に描かれた肖像は国際通貨ＹＥＮのイメージとして、世界的にも広く流布した存在だ。

幕末から明治にかけて先進の西洋文明を広く紹介し、上は時の政府高官から下は新知識に目覚めた庶民に至るまでを啓蒙した。わが国の近代化を在野（民間）の立場から力強く推し進めた最大の功労者であり、自らが創設した慶應義塾をはじめとする数多くの教育・研究機関の創立にも尽力した教育者としての事績は、日本人なら誰もがよく知るところだろう。

その影響は、二一世紀を生きる私たちにも及び、たとえば「自由」「国民」「権利（権理）」や「男女同等」などの民主主義の概念が、今や多くの日本人に理解されているのも諭吉の力によるところが大きい。

そんな知識人・教育者としての諭吉と横浜の間に、じつは深い関係があることは意外に知られていない。のちの偉大な啓蒙思想家・福澤諭吉が生まれるきっかけとなったのは、まさに開港間もない横浜という場所との出合いであった。歴史に「もしも」は許されないが、安政六（一八五九）年のある一日、もしも横浜の地を踏むことがなかったなら、今に至る諭吉の偉大な事績は少しばかり見劣りのするものになったかもしれないのだ。

一方、横浜が日本を代表する国際貿易の拠点になるにあたって、その土台づくりに誰よりも尽力したのが、また福澤諭吉なのである。国際港として発展するには、埠頭や桟橋、港湾施設などのハード面はもちろんのこと、確かな英語力や法律の知識、幅広い海外情報の収集、さらには決済のための金融といったソフト面のインフラ整備が欠かせない。今も昔も、政治というのはハコモノへの目配りは早いものの、これを運営するためのソフト・パワーへの対応は遅れがちである。その点、生涯にわたって在野を貫いた諭吉は、こうした面の重要性を深く認識していたのだろう。横浜において、優れたスキルを備えたビジネスパーソンの育成と、国際金融拠点としての新銀行設立などに力を注いでいる。

いうなれば、福澤諭吉は横浜との出合いによって目覚め、横浜の町もまた諭吉の力によって国際貿易港へ力強くはばたいた。本書を書くにあたり、私が諭吉その人を取り上げたのはまさにそうした点からである。ここからは、諭吉の代表的著作『福翁(ふくおう)自伝』などを引用しながら、その活躍を見ていきたい。

蘭学の最高学府「適塾」の最年少塾頭

それでは、初めに諭吉の生い立ちを簡単に振り返ってみよう。

福澤諭吉は天保五（一八三五）年の一月、大坂は堂島にあった豊前（現大分県）中津藩の蔵屋敷で、下級藩士・福澤百助の次男として生まれた。

父の百助は儒学に通じていたが、身分格差の壁に出世をはばまれたまま、諭吉が満二歳にもならないうちに世を去った。そのため一家は郷里へ引き上げ、諭吉は幼少年期を中津で過ごすこととなる。少年時代の諭吉は読書嫌いだったというが、十代半ばで勉学に本気で取り組むようになるとたちまち力をつけ、以後は当時の武家の必須教養である漢籍を読みあさるようになった。

やがて、嘉永六（一八五三）年にペリーが浦賀へ来航したのをきっかけに、時代は大きく動き始める。

幕府や各藩で防備のための最先端（と思われていた）軍需技術であるオランダ式砲術の需要が高まると、諭吉もまた蘭学を志望。当時の日本で唯一海外への門戸が開かれていた長崎で、オランダ語を勉強するチャンスをつかむことになる。長崎には、藩の家老の息子・奥平十学が蘭学を学びに行っており、その伝手を頼っての留学であった。

師事した山本重知は砲術家として著名な高島秋帆の門人であり、自らも大砲を鋳造したほどの人物だった。よって諭吉には学ぶところも多かったのだが、安政二（一八五五）年、わずか一年余りでそこを去ることになる。背景には、蔵書の貸し出し係を命じられるなど、師・重知に気に入られる諭吉を妬んだ前出の十学による嫌がらせがあったという。諭吉自身も本音のところで、さらにレベルの高い環境で学びたいという想いもあったかもしれない。

当時、最先端の学問とされていた蘭学に関しては、長崎よりも各藩の優秀な人材が集まっていた江戸や大坂が中心になりつつあった。厄介払いの意味もあったのか、まがりなりにも藩の許しを得た諭吉は大坂へと向かい、ここで蘭学の最高学府へと入門を果たす。高名な蘭学者であり、医学者であった緒方洪庵が主宰していた適々斎塾、通称「適塾」である。

現在の大阪大学の前身である適塾は、ここで学んだ者には間違いなくどこかの藩から仕官の声がかかるといわれるほどの存在であった。出身者には幕末の志士・橋本左内や日本における近代軍学の創始者となった村田蔵六（のちの大村益次郎）ら錚々たる顔ぶれがそろっている。二〇歳の春から足かけ四年、途中で腸チフスにかかったり、兄の死を受けて帰省したりしながらも、諭吉は二年九カ月をここで学んだ。その間に歴代最年少の二二歳で塾頭を務めるなど、めきめきと頭角を現し、安政五（一八五八）年、藩の命令で江戸へ出ることとなった。

諭吉は、適塾では師・洪庵のはからいで蘭書の翻訳をして生活費に充てるなど、オランダ語にかけては並ぶ者のない実力を得ていた。そこで、江戸に出ると早速、築地の鉄砲洲（現中央区明石町）の中津藩中屋敷内に蘭学塾を開く。この時の諭吉の気持ちを想うと、さぞかし意気軒昂、いよいよ自分の力を発揮できるチャンスが到来した、という気分だったに違いない。まさに若いころから、その秀才ぶりをいかんなく発揮していたといっていいだろう。

が、この翌年、すなわち安政六（一八五九）年、そんな諭吉に一大転機となるショッキングな出来事が起こる。それは年の後半、何月かははっきりしないが、初めての横浜見学の折のことだった――。

オランダ語が通じない！　横浜での衝撃

当時、開港したばかりの横浜は、のちの一大港湾都市のかけらもない田舎の一漁村に毛の生えたほどという様子であった。諭吉自身も「外国人がチラホラ来ているだけで、掘立小屋（ほったてごや）のような家があちこちにチョイチョイできて、外国人がそこに住んで店を出していた」（ちくま新書『現代語訳 福翁自伝』より）と書いている。できたばかりの外国人居留地なども、運上所の脇に「異人屋敷」という貸し長屋と小屋がわずかにある程度だった。

この日、築地鉄砲洲の中津藩中屋敷を真夜中に出発した諭吉が神奈川宿に着いたであろう時刻は、今の朝六時から七時というころ。続いて青木町をすぎてからは急で険しい坂道を上っては下り、芝生村からは海岸沿いに新しく敷設されたばかりの「横浜道」を通る。戸部村からは戸部坂を上り、神奈川奉行所をすぎて坂を下る。さらに野毛村からは平坦な道をまっすぐに、吉田新田で吉田橋を渡ったところにある関門と番所をすぎるとようやく「関内」だ。

ここからは、いよいよ日本人が外国人と交易を行う開港場である。この年六月の開港を受けて、そろそろ店や住まいが立ち並び始めていた日本人町を進み、外国人町に向かった諭吉は、しかし、ここで驚きの事実を目の当たりにする。

そこここに描かれた文字が、まったく読めない。先ほども書いたように、いまだ掘立小屋のような建物しか並んでいなかったとはいえ、見まわせば商店らしき看板はたくさん掲げられている。ところが、何が書いてあるかまるでわからないのである。思わず通行中の外国人に話しかけてみても、こちらのいうことが全然通じず、相手のいうことも理解できない。まるで会話が成立せず、相手は申し訳なさそうに微笑して行きすぎるばかりだった。

――ちょいとも言葉が通じない。こっちの言うこともわからなければ、あっちの言うことももちろんわからない。店の看板も読めなければ、ビンの貼紙もわからない。何を見ても私の知っている文字というものはない。（ちくま新書『現代語訳 福翁自伝』より）

そう『自伝』にあるとおり、身につけたオランダ語の力を存分に試そうと、胸を躍らせてやってきた結果がこのありさまだ。アルファベットが並んでいることだけはわかっても、それが英語なのかフランス語なのかがまるで見当がつかず、わかるのはただ、オランダ語ではないということだけだった。

これでショックを受けないはずはない。諭吉は歩き回り、そして愕然として立ちすくんだ。当時、世界の覇権はすでにイギリスやフランス、そして急速な躍進を遂げたアメリカへと移っていた。長い鎖国の間に幕府が唯一交渉をもっていたオランダは国際競争に敗れて、一時はフランスの統治下におかれてしまう（この当時は再独立）など、とっくに没落していたのである。そのことを思い知らされた諭吉は、さっそく一軒の外国人商店へと飛び込み、そこにいたドイツ人店員とオランダ語で筆談したすえ、薄い蘭英会話書二冊を購入した。

その店こそは、第二章に登場する高島嘉右衛門と小判のヤミ相場で共犯関係となったのちに国外へと逃亡し、嘉右衛門が獄につながれる原因をつくったオランダ商人のルイス・クニフラーの「クニフラー商会」だった。だが、諭吉がそんなことを知るはずがない。諭吉は、ここでおそらくクニフラー自身と筆談をし、居留地にあふれる言葉が英語であることを理解したのだろう。とにかく、新たな出発となる貴重な洋書を手にしたのである。

この点、嘉右衛門のほうも明治初めの段階で英語の重要性をいち早く理解し、優秀な通訳を雇っているのを見るにつけても、両者に通じる優れた先見力に驚かずにはいられない。高島学校をめぐる、のちの二人の微妙な関係を思うと、そこに運命の不思議を感じる。

英学への果敢な挑戦が招いた海外渡航のチャンス

長年にわたって自分の学んだ学問が、時代遅れになったことをいきなり思い知らされたら、普通の人ならば越えられないほどの挫折感に、打ちひしがれてしまうだろう。ところが、諭吉はその瞬間からためらうことなく新たな勉学への志を立てている。そこにどんな葛藤があったかはわからないが、とにかく先へ進もうとするその意志の強さにはただ驚くばかり。その決意は『自伝』にある以下の一文にも明らかだ。

――今我国は条約を結んで開けかかっている。であればこの後は英語が必要になるに違いない。洋学者として英語を知らなければとても何にも通ずることができない。この後は英語を読むよりほかに仕方がない。横浜から帰った翌日に、一度は落胆したが同時にまた新たな志を発して、それから以来は一切万事は英語だ、と覚悟を決め……。（同書より）

これはたんなる学問への情熱などというレベルではない。ただ一度、横浜外国人居留地のありようを見聞しただけで、当時の国際情勢の動きを理解し、すでに支配的な国際語となりつつあった英語による世界認識の重要性を見通している。そのうえ、明治時代前期の重要な政治課題となる安政の不平等条約改正をも予見しているような部分には、思想家・福澤諭吉の鋭い先見性と深い識見に驚かされる。

その後の諭吉は、これまでのオランダ語をすっぱりと捨てて、ひたすら英語の習得へと突き進む。現実には、当時の日本ではオランダ語以外の本を購入することがかなわず、英語の本についてはオランダ語の翻訳を手に入れれば当座の知識を吸収できるのに、あえて易（やす）きに流れないのが福澤諭吉という男のすごさなのだ。

諭吉はまず、当時英語のできる数少ない日本人の一人であった幕府通詞（つうじ）（通訳）の森山多吉郎の門をたたき、教えを乞うた。森山からは夜しか時間がないといわれ、暗い夜道を提灯を手に通い詰めたが、公務が多忙でなかなか時間をとってもらえない。やむを得ず、独学での習得を決意するが、それにはどうしても辞書が必要になる。ちなみに、第三章に登場するヘボン博士による『和英語林集成』の完成は、残念ながらこの八年後のことである。

そこで、英蘭辞典欲しさに、蕃書調所（外交文書の翻訳や輸入洋書、翻訳書の検閲を行う幕府の教育機関）へも入所したが、辞書の持ち出しはできないと知って一日で退学。やむを得ず藩に頼み込んでこれを買ってもらい、以後は英語をひたすら独習していく。当時の苦心については、『自伝』のなかで「水練を学んでいた者が突如木登りの練習をはじめたようなもの」という意味のことを書いている。

しかし、その苦心の成果を発揮する機会は意外なほど早くやってくる。

万延元（一八六〇）年、幕府が日米修好通商条約批准のために使節をアメリカに派遣することになり、日本人乗組員による護衛艦「咸臨丸」の随行が決定。これを聞いた諭吉は、知り合いの蘭方医・桂川甫周の妻が同艦の総督・木村喜毅の姉であるという伝手だけを頼りに、乗船を頼み込んで許可されたのである。実際のところ、日本人による初めてのアメリカ渡航であり、主君に忠誠を誓った身でも行きたがらなかったようだ。諭吉のように熱望する者はむしろ歓迎という面もあったのだろう。そのあたりの雰囲気は、当時の渡航を「恐ろしい命がけのこと」であると綴る『自伝』中にも詳しく記されている。

それでも、蘭学から英学へ転じたばかりの諭吉には、アメリカはどうしても見聞したい国であり、この洋行での経験はじつに多くのものをもたらしたようだ。往路の暴風雨で損傷の激しい咸臨丸修理のため、目的地のサンフランシスコでは五十数日も滞在した。その間に見るもの聞くものすべて驚きと発見の連続で、のちの自己形成において深い意味のあったことが『自伝』には誇らしげに書かれている。

アメリカではさまざまな品も購入しているが、なかでも一番重要だったのが『ウェブスター辞書』と清(しん)の子卿(しけい)が著した『華英通語』であった。ウェブスターについては同行の通詞・中浜万次郎（ジョン万次郎）とともに手に入れたもので、これを日本人が買ったのはこの時が初めてのことである。『華英通語』のほうは中国語と英語の単語集と簡単な会話集で、日本に戻った諭吉はここに収められた英単語の発音をカタカナで表記し、中国語の訳語にカタカナで日本語の意味を付けた『増訂華英通語』として出版している。その「凡例」には「宜(よろ)しく焉(これ)を国家の急務に答ふべし」と記され、後で述べる「外国の学問は英語を主とする事」という諭吉の英語教育への強い思いが明らかだ。

慶應義塾開塾――「諸君らの戦場はここにある」

帰国後の諭吉は中津藩士のまま翻訳方として幕府に出仕し、文久二（一八六二）年、今度は幕府による遣欧使節団の一員としてこれに随行する。フランス、イギリス、オランダ、プロシア（現ドイツ）、ロシア、ポルトガルの各国をおよそ一年強をかけてめぐる視察である。

各地では選挙制度、郵便、徴兵、銀行、土地取引、病院など、先進国における社会インフラについて文献では知り得ない実態を見聞することができた。これらの経験を通じて洋学の必要性を痛感し、帰国後も西洋の文化や文物を広く深く研究した結果をまとめたのが、慶応二（一八六六）年に刊行の『西洋事情』初篇である。その後も、明治三（一八七〇）年までに各篇が次々に刊行された。

欧米諸国の歴史や地誌、文化、倫理や政治・経済・軍事・社会の諸制度までを広く詳しく紹介したこれら『西洋事情』各篇は、諸外国に対して国を開いたばかりの日本人にとって驚くべき内容だったに違いない。初篇の発行部数がじつに十五万部以上だったというから、西洋を広く知るための入門書として、当時いかに広く読まれたかがわかる。

背景には、諭吉自身が欧米諸国の実態を見聞きすることで抱いた、植民地化に対する危機意識があったのだろう。そして、これを回避するには一日でも早く彼らと肩を並べるしかない、という思いがあったのは想像に難くない。具体的には「富国強兵」「殖産興業」の重要性であり、その実現には洋学による優れた人材の育成こそを急ぐべきだという確信だ。『西洋事情』各篇が明治新政府の建設にあたっておおいに参考にされたのも、まさにこの点が評価されてのことである。

こうして、洋学とりわけ英学による優れた人材育成の実現に向け、諭吉は最初の渡米から戻ると、中津藩中屋敷の自分の蘭学塾を本格的な近代的学塾へと変革していく。

中津藩の制約を徐々に脱し、入学生を把握するための帳面「入社帳」を作る一方、故郷に学塾経営の助けとなる人材を求め、小幡篤次郎・甚三郎兄弟、浜野定四郎、三輪光五郎ら優秀な若者が門下生として新たに入塾する。このうち、のちに塾長を務めた篤次郎と弟・甚三郎の小幡兄弟は諭吉の片腕となり多くの著書を出版するなど、英語教育の曙(あけぼの)に大きな足跡を残すことになる。兄弟はまた、高島嘉右衛門が横浜伊勢山下に開いた「高島学校」へ師の諭吉の代わりに教員として出向くなど、横浜とも浅からぬ関係をもつ人物だ(第二章参照)。

慶応三(一八六七)年、諭吉は幕府の軍艦購入に関する委員として再びアメリカ渡航を果たす。この時の渡米では、米国内の学校を視察するとともに、用意した資金でニューヨークのアップルトン書店から大量の洋書を購入。これらは塾での教科書として用いられ、塾生たちが同じ本を手に講義を聞くことができるようになった。適塾時代、ひとつしかない辞書を奪い合うようにして勉強し、必要な本はすべて筆写するという苦労を経験した諭吉ならではの、現場重視の発想である。

翌慶応四（一八六八）年には、諭吉は鉄砲洲の塾を芝の新銭座（現港区浜松町付近）へ移して私塾とし、元号にちなんで「慶應義塾」と正式に名付けた。ここでよく知られているのが、移転直後の四月、官軍と幕府軍による上野戦争の際のエピソードである。その日、教室にいても間近で聞こえるアームストロング砲や鉄砲の轟音に、塾生たちは動揺を隠せなかった。なかには血気をもって立ち上がろうとする者もいたが、諭吉はウェーランドの経済書を手にしたまま、次のように諭したという。

「鉄砲、刀槍で戦うだけが国を思う者の選ぶ道ではあるまい。この混乱が終われば、必ずや新たな国の建設が始まる。西洋の科学や思想を学び、その文物を一刻も早くわが国に取り入れることもまた、戦いである。諸君らは、その戦いを担わねばならぬ。そのためにも、今は、ひたすら学べ。諸君らの戦場はここにある」

近代日本の夜明けにあって、何より英学の普及による西洋文化の吸収を心がけ、これを通じて日本の人心を文明の方向へ導くことに努めた福澤諭吉の、まさに真骨頂といえる場面だろう。そしてこの時、これを聞いていた塾生のなかに、のちのち諭吉とともに横浜での貿易振興事業に尽力する「丸善」の創業者・早矢仕有的（はやしゆうてき）や大蔵官僚となる小泉信吉（のぶきち）らもいたのである。

「実学」としての貿易、横浜へと続く道

初期の慶應義塾における教授法では、先にあげた洋書を教科書としての素読・講義・会読という蘭学塾伝来の方法が採用される。もっぱら読み、書き、話すための実践的なトレーニングが中心として行われた。そのため、一部の発音などはオランダ的な訛（なまり）(people をペオプル、vegetable をベゲテブルなど）で教えられたようだが、そうした細かな点にこだわりすぎない姿勢も、西欧文明の摂取を急がねばならないとの諭吉らの覚悟の表れだったといえよう。

背景にあったのは、明治五（一八七二）年に初篇が刊行された『学問のすゝめ』にうたわれている理念である。『学問のすゝめ』は足かけ五年にわたって全十七篇が出版され、初篇刊行から約二五年で三百四十万部が流布したという明治の一大ベストセラーだ。そのなかで諭吉は、学問がいかに重要であるかを論じ、独立した個々人が学問に励むことにより、近代国家としての隆盛がもたらされると説いている。この「一身独立して一国独立」のために学ぶべきが、「人間普通日用に近き実学」であり、これを身につけて初めて「身も独立し、家も独立し、天下国家も独立」できるという考えが、諭吉の思想の根本であり慶應義塾の建学の礎（いしずえ）なのだ。

初篇の冒頭、アメリカの「独立宣言」から採ったと思われる有名な一文がある。

「天は人の上に人を造らず人の下に人を造らずと云へり」

このフレーズは、人間は生まれながらにして平等であるという天賦人権論（てんぷじんけんろん）を説いたものと解されることが多いが、じつは、この後には次のようなくだりが続く。

「（中略）されば賢人と愚人との別は、学ぶと学ばざるとに由（よっ）て出来るものなり。（中略）人は生まれな

がらにして貴賤貧富の別なし。唯学問を勤て物事をよく知る者は貴人となり富人となり、無学なる者は貧人となり下人となるなり」

つまり諭吉は「人間はみな平等であるべきだが、学問に取り組むか否かによって差がつく、だから学問に励みなさい」といっているのであり、たんなる平等主義者ということではないのだ。

諭吉のいう「実学」とは、自然科学とりわけ物理学を中心とする合理的な認識のことであり、そのためにも洋学とりわけ英語を主として学ぶことが重要視された。が、その一方で欧米において英語が「商売の国」の言葉であるという一般的な見方を紹介したうえで、次のようにも説いている。

——今、英語は世界に通用する貿易のための言葉であり、そのうえ先端の学術を学ぶうえでも申し分がない。日本人であれば、海外の書物を読むにあたって、貿易・学術のどちらにも優れたこの英語を学ばず、どの国の言葉を学ぼうというのか。自国の置かれた状況を考えずにはおられまい。(明治一一年一月「外国の学問は英語を主とする事」より著者現代語訳)

つまり、貿易を通じての国家の富強をめざす当時の日本の事情を考えた場合、学術と同様に大切な貿易の便のためにも、英語を学ぶことが最も理にかなっている。その点で、貿易とそれに関する英語の習得もまた、諭吉には最重要の「実学」ととらえられていたことは間違いない。こうした認識が、諭吉をしてのちに国際貿易港としての横浜の充実へと情熱を向けさせたのだろう。

特に明治四(一八七一)年に慶應義塾を芝三田へ移転し、今日に至る基礎が固められた後、明治六

（一八七三）年からは「正則」（各分野を外国人教員が英語で教える授業、これに対し日本人による日本語の授業は「変則」とされた）課程が段階的に整備された。英語による専門教育が充実するとともに、諭吉の門下生は各地の英語教師をはじめ科学技術や医学、法曹、さらに金融・貿易などの経済分野へと優秀な人材を続々と送り込んでいく。

こうして、いやしくも英語を学ぼうと志す明治の青少年は、きそって慶應義塾をめざすようになった。その階層も当初は圧倒的に士族中心だったのが、廃藩置県や秩禄（ちつろく）処分によって士族階層が没落していくにつれて、平民の入塾者の割合がどんどん増えていくことになる。

横浜における橋頭堡「丸善」と早矢仕有的

この章の初めに、福澤諭吉が横浜において優れたスキルを備えたビジネスパーソンの育成と、国際金融拠点としての新銀行設立に力を注いだと書いた。しかし、その多くは諭吉自身が直接手をかけて行ったわけではなく、前述のような慶應義塾出身の優秀な人材――いわば〝福澤山脈〟に連なる人々が師の意を酌（く）むかたちで行われている。

なかでも、その先頭に立って汗をかいたのが、前に名前だけ触れた書店「丸善（現丸善雄松堂）」創業者の早矢仕有的である。

有的は天保八（一八三七）年、生まれるとすぐに母の養家で美濃国（みののくに）（現岐阜県）の苗字帯刀（みょうじたいとう）を許された庄屋の早矢仕家の籍に入っている。奇妙な苗字は、先祖の一人が弓術の名手だったことから、主君よりハヤ・ヤ・ツカマツルという意味で賜ったものだという。医師だった実父を生まれる前に亡くし、母方の祖父のもとで育てられた有的は、幼少時から学問に優れ、若くして医師を志すと各地で修業ののちに帰郷。一八歳で開業を果たしたというから、周囲からも優秀な若者と認められていたに違いない。

知人のすすめもあり、中央で自分の腕を磨きたいとの思いにかられた有的は、安政六(一八五九)年に江戸へと上る。当初はなかなか道が開けず、揉み療治の内職などをしていた。翌年、二三歳の時に浜町河岸の橘町に医院を開くと、高名な蘭方医の坪井信道に師事し蘭方医学も習得する。しかし同じころ、世の趨勢が蘭学から英語や英学へと転換していることに気づき、これを身につけるために横浜をめざそうとするあたり、のちに師となる諭吉に劣らぬ先見の明があったようだ。

そして、有的のそんな思いは、チャンスを得て山下町の居留地内にあるジェームス・カーティス・ヘボン(第三章参照)の診療所を訪ねたことで、一気に沸騰する。ヘボンの人柄と英学への憧れのままに、自分の医院の看板を下ろした有的は、英語辞書を購入して英語の勉強へ突き進む。三年ほどたった慶応三(一八六七)年、いよいよ英学者として世評の高い福澤諭吉の門をたたくと、翌年から新銭座の慶應義塾へ通うことになった。入塾にあたっては、毀誉褒貶(きよほうへん)の差の大きい諭吉の人格を自分の目で確かめようと直接面会したという話もあり、のちの名経営者はさすがに果断と慎重のバランスもよかったらしい。

その有的が、横浜において「丸屋商社」という店を出したのは、明治元(一八六八)年の一一月(正式な開業日は明治二年一月一日とされている)。場所は太田屋新田という埋め立て地の一角にできた新開地の新浜町で、ここは同じころに高島嘉右衛門が高級旅館の高島屋を出した場所と偶然にもかなり近い。開店当時の商品は、港に揚げられる洋書と書籍(和書・漢籍)、そして薬品・医療器具だった。

当時の横浜は開港以来、洋書が続々と輸入され、それらは運上所で検査を受けたうえで販売許可が出された。当然、居留地内には外国人による洋書の販売店が営まれており、有的はここに加わろうと考えたのだ。といっても、当初は自分が集めていた医書を並べるのがせいぜいだったというから、古書店に毛の生えた程度の店だったかもしれない。

それが、後述するように師・諭吉の著書や慶應義塾出版の本の委託販売を許されると、ほかの新聞や雑誌の販売も手がけ、ついにはそれまでの「翻刻書」(入手の難しい洋書を原書のまま国内で版に起こして出版した本)から「原書」と呼ばれる輸入洋書を扱うようになった。薬品と医療器具の扱いについては、居留地の外国人商館の要請があって始めたようだが、有的自身が洋学を極めた医師でもあり、店の一角では診療所も経営していたから当然といえば当然だろう。

もともと、医師である有的が会社を設立し、その一部門で洋書や書籍を扱うというのは、彼一人の発想ではなく、背後に師・諭吉のアイデアと支援があったのは間違いないところであろう。というのも、諭吉は先にも書いた二度目の渡米の折、購入した大量の洋書が怪しまれて横浜で〝洋書抑留〟の憂き目にあっている。その経験に懲りて自身の息のかかった輸入商社を起こそうとした節があるからだ。

早矢仕有的の肖像(丸善雄松堂株式会社所蔵)

師弟の関係とはいえ、二人の年齢はわずかに二歳違いであり、有的のほうは医師という職業と入塾以前に三年余りの英学習得のキャリアをもっている。諭吉にとっても、この弟子はほかの塾生とは別の、どこか年の近い兄弟のような感覚があったかもしれない。そうした間柄から、両者が相談して貿易会社を起こし、洋書やほかの西洋文物の輸入業務を行おうとするのはごく自然な流れである。そのあたりの事情を記した確かな資料は存在しないが、十分に考えられることだと思う。

定款が今に伝える日本近代実業の夜明け

この場合、ひとつの根拠となるのが丸屋（丸善）の発足にあたって起草された『丸屋商社之記』という設立趣意書の存在である。無署名ではあるが有的の文章に諭吉が手を入れたものと推測される。これに、定款である『丸屋商社々則』と社員の生命保険『丸屋商社死亡請合（うけあい）規則』がセットになって、日本最初の欧米流会社経営の基礎となった。日本史上、いわゆる「会社」のルーツと呼べる存在は坂本龍馬の亀山社中など、これ以前にもいろいろとある。しかし、今日において企業と呼ばれるものの理念は、この基礎があって初めて形づくられたといっていいだろう。

『丸屋商社之記』の冒頭には、次のように事業の理念が明らかにされている。

——およそ事業をなすには、まず自分の地位というものを考えないわけにはいかない。今、私の地位を考えてみると、官界で政治を行う責任があるわけではなく、また使われる身として他人に仕える務めがあるわけでもない。思うまま自由に、自分の欲するところを行うべき一人の日本人である。すでに日本人であるならば、日本人としての身分を考え、日本全体の繁栄を図り、国民すべての幸

福の一助とならぬわけにはいかない。（著者現代語訳）

これに続いて、「文明開化の域に進んだわが国にあっては、いたずらに武威や信義のみに陶酔せずに、貿易と商業の振興によって物質的幸福の基礎を固めることで、列国と肩を並べられる」と事業の目的を宣言する。「同志のうちに英書を理解し、薬品の知識を持ち合わせた者がいることから、これを扱い、商業実習学校のつもりで貿易の体験を積もうとする」との活動に関する説明をしたうえで合議による経営であることも表明している。

具体的には「其元金を出す」出資者を元金社中（株主にあたる）と呼び、「其身を容る、」社員を働社中（社員にあたる）と名付けるとあり、入社時に一口百円の資本金を募り、出資高に応じた配当が支払われることも定められていた。

まさしく、日本における近代実業の夜明けを告げる内容であり、諭吉と有的の師弟が手をたずさえて、この新事業を起こしたことがうかがえる。なかでも、株式会社の成り立ちについての部分には、先に上野戦争の際、塾生たちの前で講じたというウェーランドの経済書とそっくりの記述があり、諭吉が深く関わっていた可能性はますます高い。

実際、当初の丸屋にとって扱い書籍の目玉となる『西洋事情』は当時の大ベストセラーだったが、業界でも新参にすぎない丸屋が発売元の尚古堂・岡田屋嘉七から委託販売の許しを得たのには、諭吉による後押しがあったに違いない。この点をとっても、丸屋の背後に諭吉の存在があったことは十分に推理できるのではないだろうか。

この、西洋文物の輸入窓口という丸屋の役割は以後も変わることなく、現在の「丸善」が万年筆などの筆記具をはじめ輸入高級品を扱っているのには、こうしたルーツが影響しているのかとも思う。

ところで、早矢仕有的というとしばしば引き合いに出される「ハヤシライスの元祖」という説がある。真相は明治の洋食メニューとして人気のあったハッシュド・ビーフが、いつしかハヤシライスと訛ったらしいが、いずれにしろ有的が牛肉と野菜のごった煮を仲間にふるまっていたので、そんな話が生まれたのだろう。当時の丸屋が舶来や輸入というイメージと強く結びついていたことを思わせる。

日本の「商権」確立へ、横浜正金銀行の誕生

「丸屋」という屋号は、もともと「世界を相手にする」という意味であり、これに店主の名の「善八」を付けて「丸屋善八」を看板にしたものである。

善八というのは、有的が故郷で世話になった恩人の名にちなむものだが、新浜町の店がおおいに繁盛したことにより「丸屋善八」略して「丸善」の名はたちまち横浜の実業界に知られるようになった。実際、創業後二年もたたないうちに店が手狭になり、書店のほうを独立して相生町に出店（新浜町の店は「玉屋」として薬品・医療器具のみを扱った）。明治三（一八七〇）年には、東京の日本橋品川町裏河岸に支店を出すなど、その勢いには目を見張るものがあった。

こうした成功を追い風に、師・諭吉の思想をともに掲げる有的は、外国の商人・商社が主導権を握る横浜の貿易ビジネスで、国内の貿易商が商権を確立するため、積極的に行動していく。

なかでも特筆すべき出来事が、師と手をたずさえて力を尽くした「横浜正金銀行」の設立、直輸出の

ための「貿易商会」の創設、そして人材育成の場としての「横浜商法学校」の開校である。

明治一二（一八七九）年に国立銀行条例に基づいて設立された横浜正金銀行は、外国為替など対外貿易金融を主要業務にする特殊銀行であり、これは中央銀行である日本銀行の設立より三年余りも早い。背景にあったのは、当時の正貨だった一円銀貨と政府紙幣（正貨との交換が保証されない不換紙幣）の急激な格差の発生である。その原因は、明治一〇（一八七七）年に勃発した西南戦争の莫大な戦費を調達するための紙幣の増発が急激なインフレーションを招来したという当時の経済情勢にあった。これに加え、維新以来の輸入増で海外流出も重なったせいで銀貨が急騰し、横浜に集う貿易商たちの悩みの種となっていた。

いわば、外国為替システムが未確立だったために日本側に大きな不利益があったわけで、これを軽減するために現金（正金＝紙幣ではない）で貿易決済を行う金融機関の設立が急がれたのである。その際、政府側でこれを指揮、主導したのは参議大蔵卿（おおくらきょう）（現在の財務大臣）の職にあった大隈重信だが、民間にあって力強く連携したのが、ほかならぬ福澤諭吉と周囲の実業人、なかでも早矢仕有的の丸屋である。

そのことは、設立にあたっての資金および人材の供給について見ていくと一目瞭然である。資金面では設立当初の資本金三百万円のうち、民間分の二百万円の大口分を有的や岩崎弥太郎ら福澤人脈が提供している（諭吉自身も二百株・一万二千円を引き受けている）。人材面でも二十三人の発起人に有的やその片腕の中村道太らが名を連ねるとともに、中村が頭取、副頭取には大蔵官僚だった小泉信吉が就任するなど、慶應義塾出身者が運営に大きく関わっている。

なかでも実務担当の中心となった中村道太は、師・諭吉の信頼も厚く、有的にこれを引き合わせたのも諭吉のはからいだった。その関係は中村が豊橋（現愛知県）藩士だった当時、『西洋事情』に感激して諭吉を訪ねたのが始まりで、以後の中村は主に財政・経済・簿記を学び、特に近代経営に必須の複式簿記に関しては抜群の才能を発揮している。わが国で初めての西洋式簿記書『帳合之法』を翻訳出版した諭吉からも「頗る帳合に悉しく」と折り紙をつけられていたほどの英才だ。明治五（一八七二）年に丸屋へ入社してからは社長格を務めるなど、有的をよく補佐して、明治九（一八七六）年には郷里の豊橋で第八国立銀行の前身である六々社の開業にもたずさわっている。

――ついては、ここに一人の人物がおります。名を中村道太といい、旧豊橋藩の会計を務め、地元でもその人望が聞こえた男で、すでに豊橋に銀行を設立。私は長年、彼と懇意にし、その人物は非常に確かでありますので、このたびの一件もいよいよ着手される際には、学者のほかに実務に長けた人材が欠かせないことから、その任には中村道太が適任と考えます。（著者現代語訳）

これは、諭吉が大隈に宛てた書簡のなかで、中村を推薦しているくだりだが、師弟という以上に絶大な信頼を寄せられていることがよくわかる。事実、中村は資本金の三分の一を政府から特別に出資させるべく、大隈に法整備を働きかけるなど、横浜正金銀行の設立に大きな貢献を果たしたのである。

正金銀行設立、その隠された事情とは？

横浜正金銀行の具体的な設立の経緯については、銀貨の供給を促進することによってその急騰を収束

明治 37（1904）年、竣工当時の横浜正金銀行本店（現神奈川県立歴史博物館）（神奈川県立歴史博物館所蔵）

させようとする大隈と、多すぎる政府紙幣に問題があるとする諭吉の間で、アプローチの違いはあった。しかし、それが横浜における貿易で日本の立場を不利にしているという点では認識が一致していた。かねてより、薩長藩閥政治に距離を置くという点で関係のよかった二人が、連携するかたちで計画が進められたというのが定説だ。

具体的には、相場調整のための政府資金を貸し出す貿易金融機関の設立を「一種之常平局を設け、洋銀なり、貿易銀なり、終年注意して其調子を取らば、（中略）永年に平均して我貿易の為には大なる利益かと存候」との書簡にあるとおり、諭吉から進言している。これに応じるかたちで政府サイドの大隈が動いたとみられ、具体的なロードマップについても次のような諭吉の手紙が残っている。

――バンクの一条は、細かな点を小泉（信吉）へいい含め、彼からお話を申し上げるつもりでおります。この件については、先日のお話どおりに相違ござい

> ませんので、ほかへもまだお話しにならず、きっとお役に立ちますので、小泉はじめ中上川（彦次郎）も共に力を尽くして恥ずかしくないように成し遂げるべく、（中略）なおもって間違いのないところを小泉へおおせ聞かせくださいませ。すでに先日のお話を受けて、ごくごく信用できる人たちには内々に話もしておきたいと考えております。（著者現代語訳）

ここでいう「バンクの一条」こそ、横浜正金銀行の設立を表すもので、これを見ても両者の間に親密な協議が交わされていたのは明らかだろう。そのうえで、諭吉は小泉信吉や甥でもある中上川彦次郎らの腹心に実務を担当させ、事を進めていった様子がうかがえる。

設立に関しては、これとは別に、もともと早矢仕有的や中村道太らが構想した投機的な銀貨取引のための銀行設立計画があったところへ、師の諭吉がより大きな目的へとヴァージョンアップさせたという説もある。すなわち、この当時の急激なインフレーションの影響で経営不振に陥っていた丸屋が、その挽回のために紙幣と銀貨の貸借による日歩取を行うための銀行を立ち上げようとしていたというのだが、その真偽ははっきりしていない。

実際に、有的は横浜正金銀行設立と同じ年、東京で丸家銀行を創立して銀行経営に乗り出しており、同銀行内に正金銀行の創立事務所を設置するなど、そこには何らかの意図があったようにも思える。丸家銀行は書店業を背景に顧客の信用を得て、一時は資本や預金の獲得を成功させるが、明治一七（一八八四）年に経営が破綻し、その影響で有的自身も翌年に社長を退陣する結果となった。

いずれにせよ、諭吉にはもちろん、有的の丸屋側にも銀行設立の意思があったことは疑いなく、これにより日本初の貿易決済銀行は横浜の地に設立されることとなった。しかしながらその後、明治一五（一八八二）年の大蔵卿・松方正義によるデフレ政策により損失額が急増してしまう。責任を押し付けられるかたちで初代頭取の中村道太は辞任するが、正金銀行自体は以後も世界の主要都市に支店を置くなど、戦前を通じて日本の対外貿易金融の中心であり続けた。そして、その事業は第二次世界大戦後、東京銀行を経て現在の三菱ＵＦＪ銀行として今日まで継承されている。

内国物産の直輸出をめざした貿易商会

福澤諭吉と早矢仕有的の師弟による、横浜での日本の「商権」確立のための事業としては、明治一三（一八八〇）年に設立された貿易商会のことも忘れるわけにはいかない。

その目的は、内国物産の直輸出によって貿易・金融・運輸における日本側の不利益を挽回することにあり、有的が社長を務め、同じ諭吉門下の朝吹英二が元締役兼支配人に就任する。この朝吹は慶應義塾出版局を経て三菱商会に入社した優秀な人材であり、師・諭吉からの信任も厚かった。そんなことから、開業にあたって朝吹が行った次の演説も、諭吉が書き与えたものといわれている。

――政治の面から論ずれば、日本は依然として変わることなく、これまでわずかな領土をも失ってはいないが、貿易という点から見れば、わが国境ははなはだしい侵略を受けているといわざるを得ない。（著者現代語訳）

貿易商会における主な取り扱い商品は、国際競争力の高かった生糸や茶であり、開業初年の業績は好調だったようだ。そのことは、諭吉が旧三田藩（現兵庫県）主の九鬼隆義に貿易商会への投資をすすめていることからもうかがえる。

これがうまく軌道に乗れば、貿易における日本のアドバンテージになったと思われるが、ここでも松方デフレによる官製不況のあおりを受け、生糸や茶葉の価格が暴落してしまう。貿易商会の業績も伸び悩んで、明治一九（一八八六）年には事実上の活動停止を余儀なくされる。その理由のひとつとして、先行する三井物産のように〝御用商売〟を積極的に行わなかった点があげられるが、そこには藩閥のせめぎ合いから距離を置こうとする、諭吉師弟のプライドのようなものがあったかもしれない。

横浜正金銀行と貿易商会は相互に協力して、わが国の貿易振興を図ることをめざし、そこには諭吉の門下生が多数参加し活躍している。一方で諭吉は、第五章の主役・原三溪の義祖父で、当時すでに横浜の生糸取引の中心人物だった原善三郎と図り、明治一四（一八八一）年に「横浜商法会議所」を設立。これは現在の商工会議所に似た実業家たちによる経済団体である。欧米の商人が同様の組織を通じ、鉄壁の協力体制をつくっていたのに対抗すべく、諭吉が提言して原善三郎が初代頭取に就任している。

こうした事実は、日本貿易史において特筆大書すべき業績であることに、間違いはないだろう。

百年の計で人づくり、横浜商法学校開校

横浜での、早矢仕有的ら慶應義塾人脈の功績として最後にもうひとつ、横浜商法学校の設立についても触れておきたい。

明治一五（一八八二）年に設立された同校は、名前のとおり商業の専門教育機関で、横浜での貿易を優位に進めていた外国商人に対抗できる人材を養成し、有能な貿易業者の手で将来的に貿易の実権を奪い返すことを目的としていた。中心となったのは、当時、横浜貿易商組合総理であった小野光景（のちに横浜正金銀行頭取）で、その主張に賛同した三井物産横浜支店長・馬越恭平（のちに大日本麦酒社長）ら有力商人七人が創立委員となり、準備が進められた。

この馬越が慶應義塾出身だったことから、有的にも相談がもちかけられ、彼によって付けられた校名が「横浜商法学校」である。そして「校長にはぜひ、美沢進君に来てもらいたい」との要望が有的から小幡篤次郎を経て師・福澤諭吉に伝えられた。諭吉はこれを聞くなり「それはよい、美沢は聖の聖なるものだ」と答え、美沢進の校長就任が決まったという（一説には、校長推薦の要請に対して諭吉が美沢の名を挙げたともいわれる）。

有的より干支（えと）でひと回り下の同門である美沢進は、備中国（現岡山県）の豪農の家に生まれ、少年時代に藩校・興譲館で漢学を修めたのち、慶應義塾に入塾。同年にはのちの首相・犬養毅がいたほか、上級には〝憲政の神様〟尾崎行雄や前出の小泉信吉、中上川彦次郎がいるという環境のなかで、師の諭吉から英学を学んでいる。その後は諭吉の推薦で、わが国最古の商業学校である三菱商業学校の英学教師に就任していたのを、馬越が目をつけたということらしい。

学校設立当初は本町一丁目（現横浜市中区）の町会所の二階に仮教室を設けていたが、当時は商業専門の上級学校を志す者はまだ少なかった。初年度三月の入学はわずかに四名と、五名いる職員よりも少ないというありさまで、あわてて夜学部を開設し生徒十四名を集めた。一一月には北仲通に新築校舎が完成して、ようやく体裁が整ったという。

修業年限は予科二年、本科三年。授業科目には、英語、経済、商業簿記、漢文があり、商業については実践に重きを置く意味から、税関、郵便局、電信局、運送問屋、売込問屋、引取問屋、為替取引所、株式取引所、両替商、仲買店、小売店など各種商業機関の取引について実地演習を行い、知識を実際に活用する修練を積む。さらに、東京商法講習所（現一橋大学）、神戸商業講習所（現兵庫県立神戸商業高等学校）、大阪商業講習所（現大阪市立大学経済学部）と連携しての商業実習も行われたという。

特筆すべきは英学で、美沢校長自らが教壇に立ってヴィクトリア朝を代表する思想家サミュエル・スマイルズの名著『セルフ・ヘルプ（自助論）』を講義した。その序文にある「天は自らを助くる者を助く」は、師・諭吉が『学問のすゝめ』で説いた思想と通じるものがあり、なかなか興味深い。こののち美沢は、大正一二（一九二三）年に亡くなるまで四二年間の長きにわたって校長を務め、同校の発展に大きな貢献を果たしている。

こうした熱意ある教育方針もあり、開校数年で在学生数も百名を突破した同校は、明治二一（一八八八）年の初の商法制定に先立って、名称の混乱を避けるために「横浜商業学校」と改称した。大正六（一九一七）年には「横浜市立商業学校」（現市立横浜商業高等学校）と名前は変わりながらも、戦前から一貫して「Y校」の通称で市民から愛されている。

出身者の進路は、会社員、自営業、銀行員など圧倒的に実業界が多く、諭吉の願った有能なビジネスパーソンを多数輩出している点も頼もしい限りだ。その伝統は世代を超えて、今も確かに受け継がれている。

慶應義塾と神奈川、ペリー提督との縁

『学問のすゝめ』において「一身独立して一国独立」を掲げ、「身も独立し、家も独立し、天下国家も独立」することをめざすべきと説いた福澤諭吉は、自らも生涯を通じて時の政府にすり寄ることなく、自身の信ずる道を堂々と歩み続けた。横浜正金銀行の設立など、政府に働きかけることはあっても、これにのみ込まれることは避け、一身の独立を貫いた姿は誠に潔く感じられる。

それでこそ、一国独立に通じる正貨の調整にも躊躇せず挑むことができたのであり、生い立ちや環境が違うとはいえ、たとえば第二章で登場する高島嘉右衛門が自身の利益のためのマネーゲームに没入し、身を滅ぼしそうになったのとはかなり違いがあるように思う。

幕末から明治の近代国家建設に多大な貢献を果たした偉人・福澤諭吉。そのために英学、貿易、実学（起業）の重要性を説き、そして実践した諭吉が活躍したメインフィールドのひとつは、横浜の地であったといっても過言ではない。まさしく諭吉は、草創期の国際貿易都市横浜を拓いた男なのである。

さらに、諭吉は箱根の近代化にも多大な貢献をしている。二宮尊徳の高弟である福住正兄（ふくずみまさえ）と協力して道路を開拓し、弟子の山口仙之助に「富士屋ホテル」を開業させ、外国人観光の礎を築いた。国際観光地・箱根はまさに諭吉の指導によって誕生したといっても過言ではない。詳しくは、私の前著『破天荒力　箱根に命を吹き込んだ「奇妙人」たち』（講談社）を参照されたい。このように諭吉は神奈川の発展と近代化に多くの情熱を注ぎ、大きな功績を残している。

今日、福澤諭吉が創設した慶應義塾は発祥地の東京三田のキャンパスに加え、横浜の日吉と藤沢に大きなキャンパスをもち、とりわけ平成に入って開設した湘南藤沢キャンパス（通称ＳＦＣ）は時代の最

先端を行く学術研究が注目を浴びている。こうして今なお、この神奈川・横浜との深いつながりをもっている。

この本の中身といささか関係の深いエピソードを最後にひとつ、披露しておこう。

それは、第一章の主役として取り上げた横浜開港の立役者マシュー・カルブレイス・ペリー提督と、福澤諭吉そして慶應義塾との接点――トマス・サージェント・ペリーに関する挿話である。

トマス・サージェント・ペリーは、かのペリー提督の甥の子息であり、明治三一（一八九八）年から慶應義塾の英文学の教授として在任した。その深い学識と優雅な文学趣味で、大学の歴史に名を刻んだ人物だ。当時、五三歳のペリー教授に関して、還暦をすぎた諭吉が派遣先の米国の大学総長に宛てた書簡の一節に、以下のようなくだりがある。

――実に我々だけでなく、一般の人々も、これまでの日本の発展に大きく貢献した方として思い出されるペリー提督の有能な親戚を迎えることができ、感激しております。

これを綴ったとき、諭吉の目には幕末以来の発展する横浜と日本の姿、そして将来の姿がどのように映っていただろうか。

第五章 原三溪

生糸貿易で日本を先導

三溪園所蔵

三溪園内に建設された当時の「鶴翔閣」(三溪園所蔵)

岡倉天心の肖像(茨城県天心記念五浦美術館所蔵)

文人画の大家と庄屋、それぞれの血筋を受けて

皆さんは、原三溪（富太郎）という人物の名を耳にしたことがあるだろうか？

横浜や神奈川にお住まいの方なら、「三溪園」という本牧にある日本庭園を通じて知っている方も多いかもしれない。この章では、明治・大正期に横浜を拓いた偉大な経営者であり文化人である原三溪の物語を紹介しよう。

原富太郎、旧姓・青木富太郎は「明治」がやってくるちょうど半月前の慶応四（一八六八）年八月二三日に、父・青木久衛の長男として、美濃国（現岐阜県）安八郡神戸村にある母親の琴の実家で生を受けた。神戸は大垣の北へ一里の揖斐川の河畔の村である。

琴の父である高橋友吉（号は「杏村」）は、神戸村で私塾「鉄鼎学舎」を開いていた。美濃国きっての芸術家にして文化人であり、中国風の文人画（南画）をたしなむとともに、歴史家・思想家として名高い頼山陽から書と詩を学んでいた。この祖父は、富太郎が生まれる三カ月前に亡くなったため、直接の教えは受けられなかったが、少年時代の富太郎は「杏村先生の生まれ変わり」といわれることも多く、生まれながらに文化への深い素養があったことをうかがわせる。

一方、富太郎の父である青木久衛は、同じく美濃国厚見郡佐波村の庄屋であった。佐波村は、現在の岐阜市と大垣市の中間に位置し、近くを長良川と揖斐川が流れる。

もともと広大な田畑山林を所有する庄屋だった青木家は、久衛の祖父の代に一時没落寸前の縁に立つが、久衛の父（富太郎には祖父）の久八がこの危機に発奮。野良仕事に加え、特産の岐阜縮緬の行商で各地を走り回って、先代が失った田畑山林を次々と買い戻すと、筆頭庄屋にまでなっていく。そんな父

の奮闘を見ながら育った久衛は、その跡を継いで筆頭庄屋の責務を果たし、さらに農法の改良にも知恵をしぼった。そんな久衛の最初の妻は早くに亡くなり、二人の間にはますゑという長女がいた。ますゑのためにも新しい妻をもらわなければならない。久衛自身、のちには「心斎」と号して書画骨董に親しむ教養人だったことから、同郷の文人・高橋杏村に憧れ、その娘の琴に結婚を申し込んだのだろう。

こうして、久衛と琴は結婚した。

学びへの情熱に燃えた青春期、一六歳で家督を譲られる

琴と再婚した久衛が三二歳にして得た男の子は、「こんなに美しい赤ちゃんは見たことがない」と人々から感嘆された。その麗しいわが子・富太郎を腕に抱き、久衛はどのような教育を授ければよいか思案する。

富太郎は四歳のころにはすでに、「小倉百人一首」の歌がるたの歌人の肖像を見るとその名がいえたという。そこで久衛は、息子が六歳になり仮設小学校に入れたところ、成績は思っていたとおり優秀だった。

さらに小学校上等科に通った後の明治一三（一八八〇）年三月、一二歳になっていた富太郎は「三餘私塾」という塾に入門する。三餘私塾は、佐波村からほど近い厚見郡日置江村に青木俊之助（号は「東山」）が開いていた。この土地出身の東山は、儒学者であり書家だが、三餘私塾では主に日本と中国の歴史を教授したとある。

ところが、この塾に通って二年もすると、富太郎は突然「大垣の『鶏鳴塾』に通いたい」といい出し

た。塾頭の野村喜三郎（号は「藤陰」）は頼山陽に師事したのち、江戸の昌平坂学問所などで学び、明治時代になって学事を監督する文部省の「督学」という職員に指名されたが、母の病のために帰郷して鶏鳴塾を創設していた。

　鶏鳴塾への入塾が決まり、富太郎は寄宿生活のために青木の家を初めて出た。ところが、年末に帰宅した富太郎は「父上。私には、三餘私塾が合っているようです」などといい出す始末。

　再三の心変わりに、並みの父親ならば激怒して当然のところを、久衛は長男の願望をかなえるため東山に深々と頭を下げ、三餘私塾への再度の入塾の許可を願ってくれた。しかし、その東山は脚気からの心臓機能の低下でほどなく急死してしまう。

　真剣に学ぼうとする富太郎だが、不測の事態が重なって学業を極められない。久衛は、なんとか富太郎にふさわしい学びの場を確保したいと、頭を悩ませた。ところが当の富太郎は、今度は「私は、父上のお手伝いをします」といい始めた。家業を継いでくれるのに、父親として文句はない。

　それからの富太郎は農作業を進んで行い、屋敷の掃除もいとわなかった。庭造りや家の改装に際しては、基礎工事の作業から嬉々として取り組み、完了まで手を抜くということはなかったそうだ。

　また、このころから富太郎は、絵を描き始めている。子ども時代から、亡き祖父・杏村の絵画を鑑賞することを好み、叔父である高橋鎌吉（号は「抗水」）に絵の手ほどきを受けた。その富太郎が、絵に意欲をもち始めたのだ。師匠は、杏村の弟子であり親戚筋である高橋寿山である。

　富太郎は、みるみる絵の腕を上げ、ほどなく彼の絵は立派に値が付くようになった。久衛は、富太郎が画技や教養を磨きながら、当主の役割を果たしてくれるのではないかと期待し、数えで一六歳の富太郎への家督相続を行う。明治一六（一八八三）年一一月一〇日、富太郎は青木家の当主となり、久衛は四九歳にして隠居の身となったのである。

青木家には、長女のますゑと長男の富太郎の下に、その後、二人の弟と五人の妹が生まれていた。富太郎は長男として、これらの弟や妹たちを養い育てていく役割も自覚しなければならなかった。

東京専門学校へ入学、跡見学校の助教師を務める

ところが富太郎はほどなく、そんな当主としての気構えを大きく揺るがす経験をすることになる。

絵の師匠である高橋寿山は名古屋で製氷会社を経営していた。そこに久衛が融資をしていた関係で、家督を継いだ富太郎は事業視察を兼ねて寿山と名古屋に三週間の旅に出ることになった。この旅で大都会のエネルギーを体感した富太郎は、〝東京へ行きたい。故郷で平穏に暮らしているべき時代ではない〟との急速にふくれ上がる情熱を抑え切れなくなってしまう。

名古屋から戻った富太郎は、久衛に「東京専門学校で学びたい」と懇願した。ご承知のように「東京専門学校」は、明治の元勲の一人で佐賀藩出身の大隈重信が東京の早稲田に設立した教育機関で、現在の早稲田大学の前身である。

上京を強く望む富太郎に、久衛はもちろん動揺した。しかし、これほど有能なわが子が都会で学ぶことなく家業を継ぐというのは、虫のよい期待であろうとの思いは以前からあったようだ。

こうして明治一八（一八八五）年四月、富太郎は東京へ出発する。木曾川の笠松港で小型船に乗り、伊勢湾に出て、四日市から汽船に乗って東京に向かう、当時で四～五日を要した長旅であった。

念願の上京を果たし、東京専門学校に入学した富太郎は、いよいよ憧れの学園生活に入る。明治一五（一八八二）年の開学の折は、七十八名だった学生数も、三期生である富太郎の学年では三百八十名になっていた。

この国の次代を担う意欲に燃えた若者たちは、ここに薩長が手塩にかける官立の東京大学（旧）とは異なる知性の府を築こうとしていた。政治家としても大隈を力強く支えた政治学者の高田早苗をはじめ、教員も進取の気性に富んでいる。富太郎は、政治経済学科、法律学科、理学科の三学科のなかで法律学科を選び、意欲的に学んだ。

それと同時に富太郎は、女学校の歴史と漢詩・漢文の助教師という職を得ていた。勤めたのは明治八（一八七五）年に設立された「跡見学校」である。

跡見学校の創設者である跡見花蹊（かけい）は天保一一（一八四〇）年に摂津国（せっつのくに）（現大阪府）で生まれ、書や詩文、絵画などを学んだ才女である。私塾を開いていた父は、公卿の姉小路（あねがこうじ）家に仕えていた。同家の姉小路公知（きんとも）は、鎖国を維持しようとする攘夷（じょうい）派の若きリーダーであり、花蹊の姉はその世話をしていたいきがかりで、公知の子を産んでいる。公知は二三歳にして暗殺されるが、父と姉はその後も姉小路家に仕え続けた。

花蹊は、慶応二（一八六六）年に京都で私塾を開く。姉小路家との縁もあり、生徒には公家の子女が多かった。やがて明治維新によって公家たちは東京に移り、花蹊の父も東京に出る。花蹊自身も明治三（一八七〇）年に東京に移って、新しい時代が求める女子教育を実現するべく、神田猿楽町に跡見学校を開校したのである。これが、第三章で紹介した横浜の「アイザック・フェリス・セミナリー」と並ぶ日本最初の女子教育機関となった。

京都時代からの縁で、跡見学校には皇族や公家の姫君が多く、それに憧れて良家や資産家の娘たちが入学した。教科は、国語、算術、習字、裁縫に加え、歴史、漢文、漢詩、和歌、絵画など、その多くはそれまで女子に施されることのなかった教育課題だった。

富太郎と跡見花蹊との出会いの経緯には諸説あるが、儒学者の草場船山が縁を取り持ったという説が有力である。富太郎は、じつは東京へ行く前にしばらく京都で船山から儒学を学んでいた。いきなり東京でという決心がつかず、京都で予行演習をしたのかもしれない。この船山が花蹊と知り合いで、東京へ行きたいという富太郎に跡見学校の仕事を世話してくれたらしい。

新橋駅頭での運命的な出会い、原家へ婿入りする

この東京で富太郎は、妻となる女性と劇的な出会いをする。

第二章に紹介したように、明治時代に入ってすぐ新橋—横浜間に、政府によって鉄道が敷設され、明治五（一八七二）年九月一二日には明治天皇のお召し列車が往復して、開業式典が開催された。そしてこれ以後、この鉄道と横浜港が両輪となって、横浜の急速な発展に大きく寄与することになる。

明治二二（一八八九）年七月一日には、新橋—神戸間も全線開通した。この年の秋、富太郎は、初めて蒸気機関車で岐阜へと帰郷する。四年前に上京したときには、汽船で四～五日かかったところが、鉄道なら一四時間足らずの旅である。故郷から戻った富太郎は、にぎわう新橋駅構内を歩いていたが、ここに偶然にも運命のめぐり逢いが待っていた。

富太郎はまさにこの場所で、のちに妻となる一五歳の女学生・原屋寿（屋寿子とも）と出会う。その経緯には諸説あって、当時、跡見学校の生徒だった屋寿は富太郎を見知っていたが、富太郎は屋寿を認知していなかった可能性が高い。「新橋駅舎内で屋寿の下駄の鼻緒が切れ、これを富太郎が手ぬぐいで修繕をした」ことで恋が始まったというのが「定説」だが、「華族や富豪の子女が通う跡見学校は袴に革靴であり、下駄はあり得ない」という反論にも一理ある。いずれにしても、一六歳の屋寿と二一歳の富太郎が、秋の一日に新橋駅で運命的に出会ったのだ。

跡見学校において青木富太郎は、その端正な顔立ちと知的な雰囲気で、女学生の人気の的だった。してみれば、これは屋寿が「憧れの君」の心をとらえたということかもしれない。二人は急速に惹かれ合っていったが、この恋路には乗り越えなければならない壁があった。

屋寿の祖父である原善三郎は、生糸の貿易で財を成した横浜の豪商だが、一人娘を残して先妻に先立たれ、後妻にも先立たれるという悲しみを味わった。しかも愛娘の八重に元三郎という有能な婿を取ったのも束の間、八重は生来病弱で若死にし、後を追うように元三郎まで亡くなってしまう。原家を継ぐのは孫の屋寿だけであり、その夫は有能な実業家でなければならない。女学校の歴史の助教師では、いかにもまずかったのだ。

一方、富太郎の実家にしても、久衛がすでに家長の座を譲り、青木家の未来は富太郎に託されている。おいそれと婿養子に行ける境遇ではない。

この難題の解決に乗り出したのは、なんと跡見花蹊その人だった。

漢文から絵画まで幅広い分野に並々ならぬ才能を発揮する花蹊に対し、父親は「一生を教育に捧げ、跡見の家名を上げよ」と申し渡し、本人もそれを受け入れた。生涯独身を通し、教育の道を極めた自身の境遇があっただけに、この若いカップルの恋の成就に情熱を燃やしたのだろう。四〇代後半の花蹊に子どもがいれば、ちょうど富太郎や屋寿と同じくらいの年齢だったことも心を動かしたに違いない。

花蹊は、明治二四（一八九一）年五月に富太郎と青木家を訪ね、「富太郎さんが、原家に入ることをお許しいただきたい」と懇願した。愛情を注いで育てた長男が、他家の婿になることは納得し難い。しかし、父・久衛は富太郎の思いを受け入れた。

意を強くした花蹊は、善三郎と富太郎を引き合わせる段取りをする。善三郎は花蹊とは交流があり、跡見学校の価値も評価していた。しかも、還暦をすぎた善三郎には新たに跡継ぎを育てる十分な時間はない。そんな弱気も手伝ったのか、善三郎は花蹊の指定した場所に赴いている。

原善三郎の肖像（上）と原屋寿の肖像（下）（ともに三溪園所蔵）

花蹊の横に座る富太郎は緊張する風もなく、穏やかに挨拶をし会話をした。率直に自分の思いを語り、善三郎の言葉に耳を傾け、言葉のはしばしに教養をにじませた。善三郎は、すぐに富太郎を気に入り、〝私の事業を引き継いでほしい〟と思ったに違いない。

善三郎は、富太郎と屋寿がもう一軒の原家を興し、長男ができたら、その子を善三郎の養子にすることを提案した。善三郎の原家と富太郎の原家が、長男によってつながるという提案だ。富太郎に対して、独立した人間として付き合ってほしいという、善三郎の敬意の表れでもあった。

明治二四（一八九一）年六月一三日、原邸で二三歳の富太郎と一八歳の屋寿の婚礼が執り行われた。媒酌人は中島信行・俊子夫妻。土佐国（現高知県）出身の中島は第一回帝国議会で初代衆議院議長に選出された政治家で、妻の俊子は跡見学校の教師であり、女性解放運動家だった。

もちろん跡見花蹊は、この大きな祝宴の主賓の一人として参列した。

善きも悪しきも亀善の腹ひとつ、原善三郎という男

富太郎の義祖父となった原善三郎は、文政一〇（一八二七）年に武蔵国（現埼玉県）児玉郡渡瀬村で原太兵衛の長男として生まれた。渡瀬村は、神流川を隔て上野国（現群馬県）と接する、現在の埼玉県と群馬県の県境のあたりである。原家は、農業に軸足を置きながら、ほかにも醸造業や製材業、製糸業、蚕糸仲買業などを営む資産家だった。多くの事業を成功させた太兵衛には、生来の商才が備わっていたらしい。

その息子・善三郎は、五歳になると山寺の寺子屋に通い始めた。寺子屋での勉強が好きだったが、秀

才というほどではなく、しかも太兵衛としては一日も早く息子に家業の修業をさせたかった。そこで本人の思いとは裏腹に数え年一四歳で、学業を打ち切られてしまう。

善三郎は、特に蚕糸仲買に興味を示し、秩父地方で仕入れた絹布や生糸を、養蚕の一大産地だった上州（上野国）、さらには江戸の呉服屋に卸す仕事を始めた。早朝から馬を追い、毎日七～八里を歩く。礼儀正しく温厚な少年は、すぐに生産者や顧客の信頼を得ていった。生糸の品質を見抜く目を養い、自分に納得のいかない生糸や絹糸を買うことはなかったという。善三郎が二〇歳のころ、原家の商号「亀屋」は江戸でも知る人ぞ知るブランドに育っていた。

そして二一歳の時、親のすすめで郷士の名士である加藤嘉右衛門の次女もんと結婚し、三年後に長女が生まれ、八重と名付けられる。もんは評判の器量よしで、嫁姑の関係も巧みにこなす理想的な妻だったが、八重を産んだ後に病で他界してしまった。

安政六（一八五九）年六月に横浜が開港し、露仏米蘭英五カ国との自由交易が開始される。江戸や上州の一流商人たちと交流する善三郎は、黒船来航以降、乱高下した絹布相場ですでに大きな利益を得ていた。そして開港三カ月後には、横浜へと商いに出る。横浜と同時に長崎と箱館（函館）も開港したが、開港六年後の横浜の貿易額は、日本の全貿易額のじつに九三％を占めるほど圧倒的だった。

慶応元（一八六五）年に善三郎は、いよいよ横浜の日本人居住区の弁天通に店舗を構えた。その四年後には、横浜の生糸輸出額の二二％も扱っている。そして、その実績から善三郎は明治二（一八六九）年に設立された「横浜為替会社」の頭取に就任。明治六（一八七三）年には、同業組合である「横浜生糸改（あらため）会社」の社長に就任している。横浜為替会社は、ドル紙幣も含めた紙幣を扱う日本初の会社組織の金融機関であり、国立銀行条例により明治七（一八七四）年に「第二国立銀行」へと組織変更した。

一方、税率や利率などすべてが外国側に有利な不平等条約下での取引を、なんとかしなければならないという気持ちは善三郎にも強かったはずだ。外国の商人たちの横暴に立ち向かうには、横浜商人が団結する必要がある。ここで善三郎が知恵を借りたのは、本書の第四章でも取り上げた福澤諭吉だった。その善三郎に対し、諭吉は「商法会議所」の設立を提案する。横浜では、すでに欧米の商人たちが商法会議所をつくり、鉄壁な協力関係を保っていた。

往時の亀屋原善三郎商店（三溪園所蔵）

こうして諭吉の提言に従い、明治一四（一八八一）年に「横浜商法会議所」が設立され、初代頭取には善三郎が就任した。

明治二〇（一八八七）年、善三郎はかねて購入していた本牧の三之谷のおよそ六万坪の土地に山荘を築いた。還暦を迎えた善三郎は、忙しい日々の疲れをここで癒やしたという。この直後には、総理大臣の伊藤博文を招待しており、風光明媚なたたずまいに感動した伊藤は、この山荘を「松風閣」と命名している（のちに関東大震災で喪失）。

さらにその二年後、善三郎は横浜市会議員に当選し、初代市会議長に選出される。当時、「横浜は善きも悪しきも亀善の腹（原）ひとつにて事決まるなり」と戯れ歌に唄われた。富太郎が亀屋に入ったころ、〝亀善〟こと原善三郎はすでに横浜を制覇していたのである。

近代的商社へ脱皮し、生糸直輸出の夢を実現

亀屋の婿になった富太郎だったが、商売人としての経験はほとんどなく、まずは見習いの立場としてすべてを一から学ばなければならなかった。

物事を心を込めて、しかし淡々とこなす富太郎は、気苦労に翻弄されるタイプではなかったが、見習いは居心地のいい身分ではない。「岐阜の田舎者」「女学校の歴史教師」とレッテルを貼られ、「大旦那様（善三郎のこと）の才覚は望むべくもない」と陰口をたたかれた。

結婚の翌年、屋寿は長男の善一郎を産み、長女の良子、二男の良三郎を次々に産んだ。約束どおり、善一郎が善三郎の家督相続人である養嗣子となった。

七〇歳を超えても、善三郎の肩書きは三十を数え、人望も才覚もいささかも衰えなかった。しかし明治三二（一八九九）年、多くの人に惜しまれながら七一歳九カ月の生涯を閉じる。そして二人の妻と娘夫婦が眠る、横浜市西区久保山の円覚寺に埋葬された。

巨人・原善三郎が逝くと、富太郎はすぐさま店主となり、生糸売込商店と第二銀行の経営権、そして設備二百釜を誇る渡瀬製糸工場を継承することになった。

富太郎は八年間の修業の成果として、まず「亀屋原商店」を「原合名会社」へ改組し、生糸の直輸出のために輸出部を設ける。直輸出とは、日本人が直接海外で商品を売りさばく輸出のことだ。

これより少し前の日清戦争以降、政府は外貨獲得の武器として生糸輸出を推進している。明治三七（一九〇四）年には貿易額で中国をしのいで世界一になり、生糸が輸出品の八〇％以上を占有していた。しかしながら、外国銀行が為替を仕切り、外国企業が利益を独占している状況は変わらぬまま。福澤諭吉や早矢仕有的らが、外国為替取扱銀行である「横浜正金銀行」を設立したが（第四章参照）、これも十分には機能していない。そんななかで高い利益率を実現するには、海外市場に直接進出する必要があった。

生糸の直輸出を実現すべく、富太郎はまず明治三五（一九〇二）年に三井家から四つの製糸場を買い受けている。三井は明治二六（一八九三）年に国から富岡製糸所の払い下げを受けるとともに、名古屋、四日市、大嶹（宇都宮市）の製糸所を運営していたが、収益構造が改善できない状態が続いていた。

一方、義祖父の善三郎は、故郷の渡瀬で製糸所を運営している。富太郎は、この五カ所の製糸場に近代的な設備を投入して生産体制を強化する。そして、生産者と連携して繭の品質向上を図ろうと、良質な蚕種（カイコの卵）の無償配布も始めた。

こうして、名実ともに富太郎は、生糸商人から製糸業も営む生糸商社の経営者に脱皮していくのである。それはまた、現在では当たり前になっている「製販一体」経営のさきがけだったともいえるだろう。

この改革と同時に、富太郎は新しい業態に対応するための人員整理も断行したが、不要となる従業員に関しては退職後の生活を保障するのを忘れなかった。番頭クラスには「名誉店員」の称号と住居、年金、退職金などを与えている。そのうえで、大学卒や蚕糸専門学校出身の優秀な人材を積極的に採用していったのである。

こうした新たな経営方針はすぐに効果を上げ、善三郎が亡くなった年には新規採用したエリート社員たちが、ロシア、ヨーロッパ、アメリカを視察。翌年には、絹織物・生糸の輸出を開始できた。

明治三四（一九〇一）年、原合名会社が絹をロシア市場に投入すると、たちまち大変な人気商品となる。富太郎にとって初めての大きなプロジェクトは成功し、明治三七（一九〇四）年に日露戦争が勃発するまで莫大な利益を得た。ロシアに続き、フランスのリヨンにも代理店を置き、フランス、イタリア、イギリスの業者との直接交渉も行っている。一方、ニューヨークにおいた代理店も対米輸出のパイプを拡大してくれた。

世界各地に派遣された若くて優秀な社員たちは、外国語を駆使して、懸命に仕事に励んだ。全権大使として乗り込んだ、彼ら若者たちの意気込みと目の輝きは想像に難くない。明治時代に、代理店による直輸出を成功させたのは、世界初の養殖真珠で名をとどろかせた「御木本（みきもと）のパール」と「原の生糸」だけではあるまいか。

原合名会社は、こうして世界各地に代理店を設置し、駐在員を派遣して、直輸出を実現する「生糸輸出商社」に変貌する。冷静で慎重そうに見える富太郎は、誰も思いつかなかった新しいビジネスモデルを見事に成功させたのである。外見とは大きく異なる破天荒な力を、富太郎は秘めていたのだ。

縦横無尽の活躍、国を巻き込み業界の破綻を回避

大正三（一九一四）年に勃発した第一次世界大戦は、ヨーロッパを中心に二十カ国以上を巻き込み、日本も連合国側で参戦する。しかし日本は大きな戦闘に巻き込まれることなく、主戦場となって生産力・

輸出力をそがれたヨーロッパ先進国に代わり、日本製品を輸出することでかつてない好景気に沸いた。

とはいえ戦争の勃発直後には国際市場は混乱し、貿易は停止状態に陥った。しかも生糸は、生活必需品でも軍需品でもないので、戦中の好景気は期待できない。生糸業界は開戦後の需要減少に対応し、救済補償案をまとめて政府との交渉を開始した。

富太郎は、時の大蔵大臣・若槻禮次郎（のちの総理大臣）の私邸を訪れ、「資本金七百万円で救済組織を設立するが、五百万円の政府出資が必要」と要請する。この救済組織計画は難航したが、富太郎はねばり腰で「二百万円の出資組合を設立させ、国庫剰余金から五百万円の補助」という約束を政府から引き出した。これについて後日、若槻蔵相はこう語っている。


――「原の説明は、ゆったりと落ち着いており、しかも誠意をもって熱く、この救済案が万全であることを説明し、けして政府に損失の迷惑はかけないと断言をした。私は、この人物がいうことなら間違いあるまいと強く感じた」


翌年「帝国蚕糸株式会社」が設立され、富太郎は社長に就任した。帝国蚕糸は、価格が下落した生糸を二度にわたって大量に買い入れ、生糸の国際価格が上昇すると売り抜けた。これにより助成金五百万円の返納ばかりか、百七十万円を政府に納入し、あくる年の六月に解散する。

しかし大正七（一九一八）年に第一次世界大戦が終息すると、日本経済は戦中のような独り勝ちは望めず、やがて不景気が押し寄せる。これを見た富太郎は政府と横浜正金銀行を説得し、「第二次帝国蚕糸株式会社」を設立した。この第二次帝国蚕糸も、二年に及ぶ活動で戦後不況の危機を巧みに乗り切り、再び解散している。

この時は余剰金三百万円を稼ぎ、これを政府に寄付した。この余剰金が、生糸の相場安定に貢献する生糸・絹物専用倉庫の設置と横浜生糸検査所の拡張費に充てられたのである。帝蚕倉庫は、横浜の馬車道に近い北仲地区に建てられ、現在では歴史的建造物「北仲ＢＲＩＣＫ（ブリック）」として保存されている。一方の横浜生糸検査所は、現在の横浜第二合同庁舎として使用されている。

こうした富太郎の縦横無尽の活躍によって、横浜の生糸業界は戦争や経済不況をからくも乗り越えたのだった。

横浜市民の新聞を発行する

開港後の横浜では、居留地在住の外国人が英字新聞など各国語の新聞を発刊していたが、その後、アメリカ帰りのジョセフ・ヒコ（浜田彦蔵）が岸田吟香の協力を得て、初の日本語新聞「海外新聞」を創刊した（第三章参照）。横浜は、その意味で日本のジャーナリズム発祥の地でもあるわけだが、富太郎はその発展に関しても大きく貢献している。

そもそもは、富太郎がまだ亀屋原商店の見習い時代の明治二九（一八九六）年、善三郎の許可を得て年刊の「生糸貿易概況」を発行し、続いて「生糸日報」を発刊したことに始まる。これらは、三井物産の初代社長・益田孝が、明治九（一八七六）年に創刊した「中外物価新報」にならったものだった。「中外物価新報」は、明治二二（一八八九）年に「中外商業新報」となり、戦後に「日本経済新聞」として発展していく。

これまでにも本書中にたびたび登場し、横浜とは深い関係にある益田孝は、三井物産の創設者で、三井合名会社の理事長を務めた財界の大物である。のちに鈍翁と号して、茶人として、また古美術収集家としても名を馳せた。品川の御殿山にあった「応挙館」という自邸には、八千点に及ぶ美術コレクションがあり、そのうち重要文化財は二十点を数え、国宝は「源氏物語絵巻」「絹本著色十一面観音像」など六点に及んだ。益田は後日、富太郎の無二の親友となり、〝電力王〟と呼ばれた松永安左エ門とともに「近代の三大数寄者（茶人）」と称されることになる。

さらに富太郎の挑戦は続く。明治三四（一九〇一）年、「横浜毎夕新聞」を創刊。翌年には、佐藤虎次郎を社長に招き「横浜新報」としてあらためて発刊した。佐藤は、亀屋原商店に一時身を寄せ、のちに渡米してミシガン大学を卒業した人物で、世界情勢に通じていた。益田の「中外物価新報」と同様に、富太郎は新聞発行を通じてジャーナリズムにも一石を投じたのだ。「横浜新報」は長く横浜市民に愛読され、やがて「横浜貿易新報」と合併して「神奈川新聞」となり、現在に至っている。

横浜興信銀行を設立し、金融パニックを阻止する

富太郎はさらに、銀行業においても大きな実績を残している。

幕末の開港以来、外国の銀行は横浜に支店を開設していくが、明治時代になるまで日本の銀行はなかった。前述のとおり、明治二（一八六九）年に原善三郎が初代頭取を務めた横浜為替会社が設立され、これが五年後に第二国立銀行になる。さらに明治一一（一八七八）年に茂木惣兵衛が中心となり、「第

七十四国立銀行」が設立され、茂木が初代頭取となる。そして、その翌年には前述の横浜正金銀行が設立された。第二国立銀行、第七十四国立銀行は、のちに民間に下り、それぞれ「第二銀行」「七十四銀行」となる。

大正七（一九一八）年の第一次世界大戦終結後も、しばらくは戦時を上回る好景気が続いた。ところが大正九（一九二〇）年三月、東京株式市場の株価が暴落。横浜最大の生糸売込商である「茂木合名会社」の経営危機が報じられた。当時の経営者である三代目・茂木惣兵衛の祖父であり「野沢屋」の主人だった初代・茂木惣兵衛は、かつて原善三郎が目標とした横浜最大の生糸商だった。二人はライバルとして、同志として、貿易港・横浜の基盤をつくり、守り立ててきた。そうした基盤をもつ茂木合名会社が、五月にはあっけなく破産してしまう。しかも、この事件はさらなる金融恐慌の引き金となった。

茂木合名の関連企業であり、横浜最大の普通銀行である七十四銀行と系列の「横浜貯蓄銀行」も危機に陥って、三週間の休業を発表したものの、休業はどんどんと延長される。七十四銀行は、生糸業界の金融機関としても重要な役割を担っていただけに、富太郎は預金者救済対策に乗り出した。銀行家三人とともに第二銀行頭取を兼務する原富太郎が、整理相談役に就任したのである。

整理相談役の任務は、小口預金者への払い戻しなどの整理案を作成することだ。ただし、両行で払戻金を工面できないので新たな銀行を設立し、その銀行へ政府と日本銀行が融資するしかない。ところが、この方法に大蔵大臣の高橋是清（ヘボン塾出身、のちの総理大臣）は難色を示し、富太郎ら整理相談役は総理大臣・原敬に直接請願に出向いた。富太郎は、「預金者と地域経済を救わなければならない」と原総理を説得し、ようやく同年七月に政府と日本銀行の了承を得られたのである。

しかしながら、実際に金融機関と預金者の間で和議を成立させるには、なお全債権者から承諾を得る必要があった。対象は五万五千口以上もあり、何年かかるかわからない。ところが、預金者のために奔走する整理相談役たちの活動を注視していた預金者有志が「七十四銀行整理後援会」を結成し、協力を申し出てくれた。そしてなんと、その年の一二月には全承諾書を確保することができたのである。

こうして承諾書の徴収のメドが立った大正九（一九二〇）年一二月一〇日、神奈川県庁内において「横浜興信銀行」の設立が決定し、初代頭取には富太郎が選出された。整理された両行の行員の大半は新銀行が引き受け、従業員七十余名の陣容も固まって、一二月二五日に政府からの借入金千六百万円を受けての開業にこぎ着けている。

金融業におけるシステミック・リスクは、なにも現代に固有のものではない。富太郎は大正時代の横浜の金融危機を、その類まれなリーダーシップで見事に克服したのである。その、まさに破天荒な活躍ぶりには驚くほかない。

善三郎の遺した三之谷に、理想の庭園「三溪園」を築く

さて、先代の原善三郎は、横浜に自然庭園を造る夢を抱き続け、港に近いにもかかわらず起伏のある沼地、本牧の三之谷を明治元（一八六八）年に購入した。約二十万平方メートル（約六万坪）で東京ドームおよそ四個分という広大な土地。ここに明治二〇（一八八七）年に建てた山荘が、伊藤博文により「松風閣」と命名された件はすでに記した。

富太郎は、この三之谷の土地と山荘を善三郎から引き継ぎ、その後の造園についてもすべて委ねられ

ている。

明治三五（一九〇二）年、富太郎はこの庭園の池の近くに邸（やしき）を建てた。上から見ると鶴が羽を広げたように見えることから「鶴翔閣（かくしょうかく）」と名付けられ、藁葺（わらぶ）き屋根ながら風格のある建物である。

富太郎一家は、この鶴翔閣に引っ越し、本籍を善三郎の故郷である渡瀬から横浜に転籍する。そして自らの号を「三溪」とし、「原三溪」と名乗るようになった。「三溪」は「三之谷」であり、「溪」は「花蹊」に通じる。富太郎にとって跡見花蹊は、前述のとおり妻の屋寿との縁を紡いでくれた恩人である。本書もまた、ここからは富太郎ではなく「三溪」を使うこととしたい。

一家の引っ越しとともに、いよいよ三溪の本格的な庭園造りが始まる。松、梅、桜、藤、ツツジ、大池、蓮池、睡蓮池に遊ぶ野鳥たち。その広大さと起伏に富んだ地形も含め、全体は自然庭園と呼ぶにふさわしい風雅で雄大な庭園だ。

さらに、その中に隠れるようにたたずむ古建築物群が、この庭園のもうひとつの主役なのである。

三溪は、ここに移り住んだ直後に「旧天瑞寺寿塔覆堂（てんずいじじゅとうおおいどう）」という建物を移築する。豊臣秀吉が全国統一を果たした翌年、母の大政所（おおまんどころ）の病気平癒を祈って京都の大徳寺内に建立したのが天瑞寺であり、寿塔は母が回復したことを祝して建てられた。寿塔には、生者に与えられる墓の意味もある。

しかし、豊臣家が滅びると天瑞寺は廃寺となり、寿塔は洛北の瑞光院に移される。それが、明治になって大徳寺に戻ってきた。三溪はこの寿塔に心酔し、大徳寺に懇願して譲り受けたのだ。秀吉の建立が確認できる数少ない建築物であり、重要文化財に指定されている。

四坪ほどの覆堂だが、精緻な彫刻が扉とその周辺に施されており、蓮の花の中に「迦陵頻迦（かりょうびんが）」という極楽浄土に住む半人半鳥の美しい生き物が躍動する見事な図柄だ。全体を彫刻で飾るのではなく、要所のみに華麗な彫刻を施している。建立当時は彩色が施され、洗練されたデザインが目の覚めるような輝きを放っていたのだろう。三溪は、桃山文化の特徴である「派手」と「わび」が絶妙なバランスで引き立て合う、その意匠に魅了されたのである。

維新革命以降、古来の日本文化が軽んじられ、古建築が手に入りやすくなっていた。ならば、それらの至宝を庭園の主役にすればいい。明治三八（一九〇五）年、庭師を京都をはじめ関西方面に視察・研修で派遣した三溪は、彼らが帰ってくるのを待って、いよいよ造園を本格化させる。

「独占する権利はない」と、自らの邸の庭を無料で公開

驚くべきことに、三溪は明治三九（一九〇六）年五月一日、丹精した三溪園の外苑を無料で一般に開放している。

いくら広大な庭園であっても、いや広大だからこそ、自分たちが住む家の庭を公開する例は少ないであろう。しかも無料である。しかし三溪は、常々こういっていた。

「三之谷の土地は自分の所有物だが、その明媚な風景は借景（しゃっけい）も含め造物主の領域に属し、自分に独占する権利はない」

自然の景観を借りた庭園だから公開するのが当然、という三溪なればこその哲学であり「心の広さ」である。

これについて三溪の次男である良三郎も、こう語っている。

「三溪園の開放はかねてから相当の犠牲を覚悟していたことであるから、自分の死後も公開のことは永く継続してくれと父は戒(いまし)めていた」

そして、大正三（一九一四）年にはついに待望の三重塔がやってきた。総高約二十五メートルで、園内全域からながめられる。三溪園内の最も高台である中央丘に三重塔を建てるのは、三溪の長年の夢だった。

三溪が移築したのは、京都相楽郡加茂町にあった燈明寺の三重塔である。燈明寺は天平七（七三五）年に聖武天皇の勅願(ちょくがん)により観音寺として創建され、康正三（一四五七）年に天台宗の僧・忍禅が東明寺と改称した（その後、江戸時代に燈明寺へ再び改称）。三重塔はこの時期のものとされ、重要文化財に指定されている。

もうひとつ、徳川家光が元和(げんな)九（一六二三）年に、茶人でもあった武士・佐久間将監(しょうげん)に命じて二条城内に造らせた「三笠閣(さんりゅう)」。のちに春日局(かすがのつぼね)に下賜(かし)されたので、江戸の春日局の嫁ぎ先にあったが、明治一四（一八八一）年に新宿の牛込若松町の二条家の邸に移された。左右対称を嫌う利休の思いにかなう数寄屋風を、三溪はいたく気に入ってこれを移築し、「聴秋閣」と名付けている。三溪の移築計画は、重要文化財に指定されたこの秋聴閣をもって大正一一（一九二二）年に完了した。

三溪園内の古建築の数は全部で十七棟に及び、うち十棟が重要文化財、三棟は横浜市指定有形文化財に指定されている。三溪は、これらの貴重な歴史的建造物をただ集めたわけではなく、園内の地形や植生、眺望などを前提として、一つひとつの配置に美学的な必然性が考慮されている。

自然と文化が見事に調和し、風光明媚な光景を展開するこの素晴らしい庭園は、昭和二八（一九五三）

年に原家から「公益財団法人三溪園保勝会」に譲渡され、今も往時のままに管理運営されている。三溪が精魂込めて造り上げた庭園文化は、横浜市民の誇るべき貴重な財産なのである（現在は有料公開）。

千利休と美意識を共にしていた、大茶人・原三溪

原三溪の肩書きには、必ず「実業家」とともに「茶人」が付く。前出の益田鈍翁（孝）、松永耳庵（安左エ門）とともに「近代三茶人」といわれ、松永耳庵は三溪を「（本阿弥）光悦にも比肩すべき大茶人」と、江戸初期の大芸術家にたとえた。益田鈍翁にいたっては、三溪の茶の湯に敬意を表して箱根の別荘「白雲洞」を贈呈している。

しかし、原三溪が著名な茶道の師匠のもとで、この道を極めようとした形跡はない。

三溪が、茶の湯の初体験をしたのは一四歳の時だった。父の久衛が、姉のますゑと三溪（当時は富太郎）に薄茶（抹茶）の作法を教え、二人は客に点前を披露した。その点前の評判は高く、富太郎は若くして茶の湯というものに非常な興味を示し、それ以降も機会があれば茶を点てている。

茶人としての三溪の素養に関して、しばしばいわれるのは圧倒的な美意識の高さだ。高橋杏村を祖父にもち、絵画を杏村の高弟に学び、茶の湯を父に学んだ。そんな幼少年期のなかで、三溪は千利休が後世に伝えたかった美学を無理なく身につけていたのかもしれない。

三溪園で催された数多くの茶会のなかでも、特筆すべきなのが大師会である。

大師会は、益田鈍翁が弘法大師（空海）の徳をたたえるために、命日の三月二一日に催した茶会だ。狩野家伝来の弘法大師筆座右銘の書を手に入れた益田が、明治二六（一八九三）年に高野山から阿闍梨（高

位の僧）を招いて、法要と茶事を催したのが始まりである。そして鈍翁は、三溪と同じく実業家にして茶人の名も高い三井財閥の團琢磨、東武鉄道の根津嘉一郎の四人で順番に茶事を催すことを提案し、大正一二（一九二三）年四月二一日、二二日にわたって持ち回りの第一回大師会が三溪主催で行われている。十八の茶席は、三溪のほか、鈍翁、根津青山（嘉一郎）、梅沢松庵らが亭主を務め、自慢の名品を披露してもてなした。

その感想を、三井財閥の重鎮である高橋義雄は、『癸亥大正茶道記』に次のように記している。

――兎に角三溪園主が能く斯かる古建築物を保存して折々之を公共用に供し、今度の大師会にも奮って之を提供せられた其誠意に対しては、啻に大師会員のみならず国家も亦相当の敬意を払って然るべきものだろうと思う。

益田孝（鈍翁）の肖像（個人所蔵）

三溪は、このように茶の湯が求める「心の豊かさ」を表現し尽くした茶人であった。

愛し、収集した古美術の数々は惜しみなく公開

ところで明治時代には、成金が多数生まれた。一代で富を築いた富裕層は、古美術・骨董を珍重し、自らの格を高めるために、あるいは利殖や相続対策の目的で古美術品を

収集していた。

しかし、三溪の古美術の収集の目的は、これとはまったく異なっている。三溪は、日本美術振興のため優れた作品を評価しなければならないし、海外に散逸させてはならないと強く思っていた。

当時の日本には、ヨーロッパのように「美学」の教育課程はなく、美術館もなく、美術品を研究するための環境は皆無というしかなかった。それを危ぶんだ三溪は、美術の研究家を志し、各時代の各流派を代表する作品を偏（かたよ）りなく集めていく。

自分の趣味に合わない作品であっても、流派や時代を代表する作品と思えば、たとえ高額でも購入する。そして、望む者にはコレクションを広く公開し、鑑定家や美術家を招いて研究会をしばしば開いた。三溪は、一つひとつの作品を徹底的に調べ上げて、議論をすることを好み、その知識と鑑定眼の確かさに専門家たちはしばしば驚かされた。

また三溪は、一度入手したものを他者に売ることを嫌った。

三溪は、明治三六（一九〇三）年に「孔雀明王像」という仏画を、外務卿や大蔵大臣を歴任した井上馨から一万円で譲り受けた。この時代の貨幣価値では、一円が現在の五千円以上だから、およそ五千万円はする代物だ。孔雀明王は密教の信仰の対象であり、その仏画はきわめて精緻で色彩豊かに描かれている。

明治四〇年代に三溪園を三回訪れた米国の鉄道事業家チャールズ・ラング・フリーアは、この絵に魅せられて古美術商の野村洋三（後述）を通じて二十五万ドルで譲り受けたいと申し出た。一ドルが一円といった相場だから、現在なら十二億五千万円だ。

ところが三溪はこの申し出をきっぱり断った。これに対してフリーアが「三十五万ドル出す」といったが、これも断っている。野村は「五十万ドルなら売るといえば、フリーアも手を引くだろう」といったが、三溪はそれも拒否したという。おかげで、この「孔雀明王像」は海外に流出せず、現在も国宝として東京国立博物館に所蔵されている。

三溪はこのように、「本物を見極めて収集し、散逸を防ぐ」という、優れた美術品収集家のマインドをもった志の高い文化人であった。美術作品の収集を金銭目的にせず、純粋にその美しさを愛でるためにのみ集める姿勢は、茶人として磨き抜かれた美意識にもよるのだろう。一方で、海外への窓口である横浜という土地にいたからこそ、古来の日本文化がいたずらに失われていくことにリアルな危機感をもち得たともいえる。

真の国際化とは、単に海外の文化や思想を追いかけ、まねることではない。自分たちの文化的なルーツを十分わきまえてこそ、初めて対等な国際化が可能になる。その真理を、原三溪は明治の日本にあって、誰よりもよく知る一人だったのではないだろうか。

岡倉天心と出会い、日本美術振興のために乗り出す

先代の善三郎が亡くなった翌年、富太郎（当時）は「東京美術学校」（現東京藝術大学美術学部）の校長を辞職して間もない岡倉天心（覚三）に、善三郎の銅像をつくってくれるように依頼をする。

福井藩士だった天心の父・覚右衛門は、横浜で生糸貿易商の「石川屋」を経営していた。幕末に幕府から神奈川警備方を命じられた福井藩は、これを機に生糸貿易の収益力を察知して石川屋を開業。その

経営を、下級藩士の覚右衛門に任せたのだ。

文久二(一八六三)年生まれの天心は、このために幼少期から横浜で育ち、八歳にして横浜英学所(バラ塾とも)に通ってジェームス・ハミルトン・バラに英語を学んでいる。

その後の一時期、第二章で紹介した高島嘉右衛門の高島学校に籍を置き、一七歳で東京大学(旧)文学部を卒業。その後、文部省の音楽取調掛となるが、翌明治一四(一八八一)年、東洋美術史家の米国人アーネスト・フェノロサの通訳として近畿地方の寺社美術調査を行う。この旅の骨董市で、価値ある美術品が二束三文で売られているのをフェノロサは目の当たりにした。当時すでに日本の美術を最高峰と考えていたフェノロサには信じられない光景だった。

フェノロサはいった。「なぜ日本人は自分たちの宝物を大切にしないのか!」と。

天心はその意味を理解して、強い問題意識をもったのである。

さらに明治一九(一八八六)年には、フェノロサとともに欧米美術視察を行い、当地の美術の新潮流となっていた装飾性の強い表現様式「アール・ヌーヴォー」が、日本美術から強い刺激を受けていることを知り、日本画の価値をあらためて確信する。

そこで明治二一(一八八八)年、天心は文部省に美術学校創設を上申した。それを受けて創設された「東京美術学校」の事実上の初代校長となり、フェノロサが副校長となった。ところが明治三一(一八九八)年、東京美術学校で天心に対する排斥運動が起き、教え子で教員だった横山大観や下村観山らとともに学校を去ることになってしまう。

美術学校を辞職した直後に、天心は美術研究団体としての「日本美術院」を発足させ、原善三郎のもとを訪ねた。芸術に理解と造詣の深い、当代きっての実業家に支援を求めるためだった。しかも、生糸貿易を生業(なりわい)とした天心の父と善三郎とは旧知の間柄でもあった。

そうした縁もあって、三溪は天心に善三郎の銅像の制作を依頼した。完成した銅像は野毛の自宅庭園内の八幡祠境内に建立され、除幕式には天心が善三郎への思いを語ったそうだ。

天心は、多くの芸術家たちと交流をもち、東京美術学校で多くの教え子を得ていく。三溪と、五歳年上の天心は気が合った。天心は、有能な若い日本画家たちを三溪に次々に紹介した。その中心となったのは、東京美術学校での天心排斥運動に異を唱えて、ともに辞任した横山大観、下村観山、菱田春草ら十八人の画家や教授たちである。日本美術発展のためには、何より日本美術院に体力が必要だ。天心は、茨城の五浦(いづら)の別荘に「六角堂」を建て、日本美術院の画室として画家たちに創作の場所を提供する。資金はいくらあっても十分ではない。

幸いにして、実業家の大倉喜八郎、政治学者で衆議院議員の高田早苗、ジャーナリストで評論家の徳富蘇峰(そほう)、小説家の幸田露伴や尾崎紅葉、日本美術研究家のフェノロサやウィリアム・スタージス・ビゲローらが支援を表明してくれた。

下村観山、横山大観……若手画家たちを支援する喜び

多くの美術愛好家は、評価の定まらない若手美術家には目を向けようとしない。しかし美術を継承する者が育たなければ、美術の振興は期待できない。脱亜入欧の時代に日本画をはじめとする日本美術に人々が目を向けないならば、日本古来の美の世界は消滅してしまう。これは、美術だけではなくすべて

の文化についていえることだが、前述したように、三溪はこの点について特に強い危機意識をもっていたはずだ。

天心と出会い、日本美術を支える若手画家たちの才能と可能性を三溪は知ることができた。横山大観、下村観山、さらに川合玉堂、菱田春草、西郷孤月らの新進画家に注目し支援した。明治末年ころからは安田靫彦（ゆきひこ）や今村紫紅（しこう）が三溪園に通い、それに続いて小林古径、前田青邨（せいそん）、牛田雞村（けいそん）も出入りするようになった。三溪は、これらの青年画家に毎月の経済的援助を約束する。当然、彼らの作品も購入したが、経済支援のために気に入らない作品をあえて購入することはなかった。

そうした青年画家のなかで三溪が初めて惚れたのは下村観山だった。明治六（一八七三）年、能の小鼓（こつづみ）の家に生まれた観山は一三歳で〝近代日本画の父〟狩野芳崖（ほうがい）に師事し、フェノロサに見出されて東京美術学校の第一回生となる。

三溪はまず、『平家物語』の終幕をはかなくも美しく描いた傑作「大原御幸（ごこう）絵巻」を絶賛している。三溪は観山に新たな作品を求め、三溪園に隣接する本牧十二天海岸に家を用意する。ここで観山は、名品「金銀四季草花図」を完成させ、この作品は襖絵として前出の松風閣の一室を飾り、その部屋は「観山の間」と呼ばれた。観山は、本牧和田山に居を定めて以来、晩年まで三溪園をしばしば訪れては、多くの作品を描いている。三溪の所蔵となった大作も多く、その数は三十一点に及ぶ。

一方で三溪は、横山大観とも深く付き合っている。大観は明治元（一八六八）年に水戸藩士・酒井捨彦の長男として生まれ、当初は建築家志望だったが、フェノロサと天心に画才を見出され、東京美術学校の第一回生となった。

彼の作品のなかでも伝統的な山水画の画題である「瀟湘八景」のひとつ「煙寺晩鐘」は、水墨と金泥の併用など大観独自の絵画様式を示し、豪放磊落さが光る作品で三溪のお気に入りである。三溪は、大観にも横浜の近隣に移住することをすすめたが、束縛されるのを嫌って首を縦に振らなかったという。ただ、大観にも「柳蔭」など三溪園に逗留して描いた作品は多い。これ以外にも多くの作品を購入し、三溪のもとには三十五点の大観の作品が残った。

ほかには、速水御舟、今村紫紅、小林古径、前田青邨、菱田春草、安田靫彦らの購入作品が多い。収集家として、支援した画家たちが傑作を描き始めるときの心躍る思いは、大家の完成した作品を買うのとは感動の次元が違う。これこそは、まさに天心が三溪に教えてくれた「パトロンの愉悦」である。

三溪と天心の絆――ノーベル賞詩人タゴールとの出会い

岡倉天心は、さまざまな人物を三溪に紹介したが、なかでも飛び切りの大物は、インドの詩人タゴールである。

ラビンドラナート・タゴールは、一八六一年にカルカッタ（現コルカタ）の名門タゴール家に七人兄弟の末っ子として生まれた。一九一三年には詩集『ギーターンジャリ』でノーベル文学賞を受賞する。これは、アジア人に与えられた最初のノーベル賞だ。

日本美術院を発足させた後の明治三四（一九〇一）年一二月、天心はカルカッタへ旅立つ。目的はヒンドゥー教の指導者に会うことだったが、ここでタゴール家の人々と出会う。タゴール家は、インドのカースト制度の頂点であるバラモン階級であり、社会事業や宗教改革に取り組む進歩的な一族だった。

関東大震災で失われる前の「松風閣」（三溪園所蔵）

当時、イギリスの植民地であったインド人タゴールは、独立を守り、発展を続ける日本に強い興味を抱き、その文化にも関心を寄せる。天心は、なんと翌年の秋までという長期間、インドに滞在してタゴールとさまざまな会話を交わし、敬意を抱き友情を育んだ。

その後、天心はボストン美術館の依頼で、日本の伝統美術を紹介する役割を担い、一九一〇年にはボストン美術館の東洋部長になる。イギリスやアメリカを旅していたタゴールが、一九一三年二月にボストンを訪れ、二人は一一年ぶりに旧交を温めた。

ところが、四月になると天心の体調が悪化して急遽帰国。八月に入ると腎臓病に心臓病を併発して重体に陥り、九月二日に五〇年の生涯を閉じてしまう。皮肉なことに、天心はこの年の秋に決定したタゴールのノーベル文学賞受賞を知らずに逝ったのだった。

そして大正五（一九一六）年、タゴールが初めて来日する。アメリカへの講演旅行の途中に立ち寄ったのだが、主たる目的は天心の慰霊であった。

五月に来日したタゴール一行は、当初、横山大観宅に滞在したが、手狭なことから三溪園の松風閣に移った。インドの独立を支持するノーベル賞受賞者は、当時は国際的に少々厄介な存在だったはずだが、天心の朋友の受け入れを三溪は快諾する。六月一八日に三溪園を訪れたタゴールは、天心の命日である九月二日に日本を発つまで二カ月半にわたりここに滞在した。

それは、天心が二人にくれた素晴らしいプレゼントだった。

タゴールは、三溪のコレクションを心ゆくまで堪能し、三溪と同じく下村観山の作品を高く評価した。観山の代表作に「弱法師（よろぼし）」（重要文化財、東京国立博物館所蔵）がある。有名な謡曲を題材にしたもので、父を求めて摂津（現大阪府）の天王寺にさまよう目の見えない俊徳丸（しゅんとくまる）が、梅花の下で見えないはずの日輪を拝んでいる。タゴールは、この絵を観て植民地インドの独立に奔走するマハトマ・ガンジーらのことを思ったという。

三溪は、タゴールに贈呈するために「弱法師」の模写を画家の荒井寛方（かんぽう）に依頼した。これが縁で、寛方はのちにタゴールに招かれてインドで美術学校教授を務め、アジャンター石窟群の壁画などを模写している。日本美術院の公募展である「院展」は、大正期にインド的趣向を特色のひとつとしていたが、これを牽引したのが寛方だった。

一方、タゴール自身は三溪園滞在中に詩集『さまよえる鳥（Stray Birds）』を執筆した。松風閣が、彼にこの作品を書かせたという。アメリカに到着してすぐに出版社からの発行が決まった『さまよえる鳥』は、タゴールの代表作のひとつになる。

日本美術界の巨匠である岡倉天心と横浜を代表する文化人・美術家であった原三溪の深い絆は、三溪園の発展だけでなく、近代日本美術の発展の原動力となったといっても過言ではない。二人の日本美術発展に向けての破天荒な生きざまには、誠に清々しいものがある。

関東大震災、焼け野原となった横浜へ必死の帰還

大正一二（一九二三）年八月三一日から、原三溪は前出の古美術商・野村洋三を誘い、箱根芦の湯の別荘「去来山房」に出かけている。三溪の二歳年下にあたる野村は同郷岐阜の出身で、京都の古美術商に奉公した経験をもつ人物。英語の学習にも力を入れ、渡米を経て、横浜に外国人相手の古美術店「サムライ商会」を開業していた。

ちなみに、野村洋三はその後も三溪の盟友として横浜経済の発展に尽くす。関東大震災後には、有吉忠一・横浜市長の指導のもとで「ホテルニューグランド」の創設に参画し、三溪そして後出の井坂孝とともに経営陣に加わった。のちには会長も務めて、横浜の観光振興や国際交流に大きな功績を残している。

さて翌九月一日、三溪は同じ箱根の強羅「白雲洞」に滞在していた。ここは益田孝が三溪に贈呈した別荘だった。昼時、縁側にいた三溪はわけもわからず、突然、庭先へ放り出された。関東大震災の勃発である。大きな被害を予感した三溪は、すぐに横浜に帰ることにした。見れば、付近の旅館にもかなりの被害が出ているようだ。

しかし、混乱のなか車の手配などまったくつかない。それどころか、あちこちで道路が崩れたり、土砂に覆われたりして、歩くのすら危険な状態だ。近くには益田の後継として三井財閥の総帥となった團

琢磨の別荘があり、訪ねると家人が握り飯を作ってくれた。こんな調子で、湯本、小田原、平塚、藤沢……と知人宅に立ち寄っては、食事や宿を恵んでもらいながら三溪は必死に横浜へ向かった。

道なき東海道で行き交う人々は、「横浜も東京も壊滅的な被害」と語り合っている。そんな時、運よく原家から来た運転手に出会うことができた。聞けば「原家の皆様は全員ご無事です」とのことだったが、横浜が壊滅的な状態にあることはその話を聞いてもわかった。

二日目、三溪は足にマメができたことで歩行困難に陥っている。大八車と人員を確保して運んだが、それでもかなり骨が折れた。最後は、漁師に頼んで相模湾から三溪園のある本牧の海岸まで舟を使っている。自宅にたどり着いたのは、箱根を出発してまる三日後の九月四日午後のことだった。

横浜では九割の家屋が被災しており、その多くは火災で焼失し、焼け野原が広がっている。九月四日には治安の不安定化によって戒厳令が発令され、軍隊も出動している。三溪園の建物もそれぞれに被害を受け、なかでも善三郎以来の松風閣は三溪が愛した観山の間とともに失われてしまっていた。

「一週間後に生糸市場を再開」という奇跡を起こす

九月七日、横浜の貿易商たちは横浜公園に集結して「蚕糸貿易を一日も早く復活することに決死の努力を期す」と決議する。そして三溪園に出向き、「横浜貿易復興会」の結成と三溪の理事長就任を要請した。

しかし、場合が場合だけに三溪も安請け合いはできない。報道機関も壊滅的な状況に陥っており、社会情勢や政治情勢が容易に把握できないからだ。

さらに、横浜商工会議所会頭の井坂孝からの強い要請も受けた。井坂は「横浜海上火災保険」の社長を経て、三溪が頭取を務めた前述の横浜興信銀行の副頭取を務め、その後に頭取となった実業家である。その井坂に強く背中を押され、三溪は横浜貿易復興会理事長と横浜絹業協会の新会長に就任する。

開港から六四年間、横浜は年々発展を続け、特に生糸貿易では圧倒的な取り扱い量を誇ってきた。しかし、横浜の復興には時間がかかるという予測から、外国商社や生糸輸出商は、早くも神戸への移転準備を始めている。井坂は、その懸念を払拭するために、政府援助の意向を帝国大学同窓生の大蔵大臣・井上準之助に打診。その井上は、横浜復興の経済的支援を約束する。

三溪は、生糸輸出業界をリードする三井物産が横浜にとどまってくれれば、横浜の権益は守れると判断し、理事長拝命の直後に三井物産に赴き井上治兵衛支店長に「九月一七日に横浜生糸市場を再開するから、横浜にとどまってほしい」と懇願した。

だが、井上は「そんな早期の復旧は無理だろう」と信用しない。

「いや、必ず一七日には市場を再開する。もしできなかったら、ただちに割腹して罪を償う」と三溪はとんでもないことを、表情も変えずにいってのける。

「その決意なら、全力で協力させてもらおう」と、これを聞いた井上は明言したそうだ。

井上支店長はただちに東京本社に出向き、当面の様子を見る承認を上層部から取り付ける。翌朝、三井物産東京本社、大蔵省、交通・通信・電気行政を扱う逓信省、そして横浜正金銀行を訪問し、三溪たちの意向に沿って説得する役割を担ってくれた。

そして九月一〇日、関内の三井物産支店内で横浜貿易復興会が開催され、冒頭、理事長の三溪が力を込めて、こう発破（はっぱ）をかけた。

「横浜は生糸によって生まれ、発展してきた。生糸は、わが横浜の生命である。生糸貿易が、他都市に移転するようなことがあったら、横浜存亡の危機だ」

そして「一週間後に生糸市場を再開する」と宣言した。

もちろん神戸港にとっては、貿易額トップ奪還の千載一遇の好機であり、神戸商業会議所は緊急総会で「生糸輸出機関設置実行委員会」を設け、関西製糸業者は神戸港からの輸出を決議する。

これに対抗して横浜市長の渡辺勝三郎は、関西製糸業者に「横浜生糸市場の復興確立」の公式電報をいち早く送り、四～五日中に生糸取引を開始することを宣言。横浜貿易復興会事務所が突貫工事で建設され、九月一七日午後には宣言どおり、生糸の取引が再開された。

横浜市復興会会長として訴えた「三つの光明」

こうして奇跡的に再開した生糸市場だったが、横浜市全体をみれば震災からの復興について、まったくメドが立たなかった。九月一九日、桜木町駅前に建造されたバラックの市役所仮庁舎で復興協議会が開催され、「横浜市復興会」が発足。そしてなんと、満場一致で三溪が横浜市復興会会長に指名されたのである。

横浜市復興会の創立総会で、会長である三溪は次のように挨拶した。

「今回の事変は横浜開港以来の未曾有(みぞう)の災害だが、半面、幾多の光明も見出すことができる。横浜の外形は焼き尽くされても、横浜市の本体は、厳然として存在している」

三溪による、この「光明」の提起は、市民の復興への意欲を強く喚起することとなった。第一の光明は「意気軒昂な市民の存在」であり、第二の光明は「最新の文化を利用して街づくりを行う千載一遇の機会」であり、第三の光明は「四十万市民の勤勉、節約の伝統」である。

三溪の呼びかけに応じた市民は自らの役割を自覚して、救済活動に参加し、行政や企業とも協力して期待以上の奮闘を見せた。そして翌年九月の創立一周年記念総会において、渡辺市長は「横浜市民の本領が発揮され、復興を危ぶむ思いは消え去った」と語り、三溪と市民をおおいに称賛した。結果的に三溪が求めた「三つの光明」は現実のものとなり、発足三年目の大正一五（一九二六）年九月には横浜市復興会を解散できたのである。

なお、この震災復興にあたっては、第六章で取り上げる浅野総一郎も彼らしい意気込みで市民を勇気づけている。というのも、所有する「神奈川コークス工場」の被害が甚大で、なかでも目印の大煙突がポッキリ折れてしまっているのを「まず、あの大煙突から建て直せ」と強く命じたというのである。

周囲が「効率よく無駄なく修理をするには、煙突は後回しで……」というのにも耳を貸さず、費用が余計にかかっても大煙突の再建からという厳命。そこには、遠くからでも目につき、街のシンボルとなっている大煙突を最初に再建することで、市民の復興への勇気を守り立てられるとの総一郎らしいアイデアがあったのではなかろうか。

この時、総一郎は七五歳で三溪より二〇歳上という二人だが、そこは横浜の近代を拓いた破天荒な男たちである。期せずして同じ気持ちを抱いていたとしても、いささかも不思議ではないはずだ。

中央にも響く名声「三溪なら期待以上の成果を上げる」

震災による港湾施設の損害は甚大だったが、政府は外貨獲得の何よりの武器である横浜港の復旧は緊急課題であるとして、震災後五〇日目に復旧工事に着手し、二年後に完了させている。震災で中断した横浜港築港第三期工事の再開に加え、第四期築港工事の実施を横浜港は強く希望していた。

これは鶴見川河口を埋め立てて一大工業地帯をつくり、さらに鶴見川河口と本牧を結ぶ大防波堤を築くという壮大な計画だ。「鶴見川の埋め立ては横浜市が行い、大防波堤については政府の予算で行う」という嘆願書と設計見積書を三溪が政府に提出すると、予算案は国会で可決された。

一方の鶴見川河口の埋め立て計画も、震災前に神奈川県の許可が下りなかったのが、横浜市再生の切り札という認識を県知事も共有し、逆に計画を拡張して着手できることになった。折も折、第一次世界大戦前から浅野総一郎が取り組んできた京浜間の大規模埋め立て工事は佳境を迎えていた時期であり（第六章参照）、これとの相乗効果を県が期待したのは想像に難くない。

そしてもうひとつ、震災復旧事業充当資金としてニューヨークで募集した公債の利子拡大という問題があった。昭和四（一九二九）年ごろから対米為替相場が悪化し、この元利支払額が市財政を圧迫していた。そこで三溪が陳情に行くと、大蔵次官より「国から利子補給の措置をする」という約束が得られた。このころには原三溪の名は、霞が関にも鳴り響くようになっていたのである。

震災以降の諸問題を、まさに八面六臂（はちめんろっぴ）の活躍で解決した三溪に対する評価は、高まる一方だった。明治三六（一九〇三）年に、生糸・絹織物業者の各地の同業組合を統合する「日本輸出絹物同業組合連合会」が発足したが、三溪は震災後にこの連合会長に選出されたほか、絹物貿易の復興のために設立された「日本絹業協会」の協会長にも就任している。

さらに、震災で被害を受けた中小商工業者は十分な資金確保が難しく、特別な融資のシステムが不可欠であった。そこで大蔵省が横浜市に融資し、それを中小商工業者に用立てる「横浜市復興信用組合」が震災の翌々年に設立された。この組合は三溪を組合長として、震災後の中小商工業者の復興に多大な貢献を果たしている。

三溪への期待は、産業界からばかりではなかった。関東大震災の翌年、被災した乳幼児救済のため、社会事業家・黒川直胤によって「財団法人神奈川県乳児保護協会」が創立されるが、黒川の強い希望で三溪は会長を引き受けている。母子保護の重要性を唱える黒川に対し、三溪は「人々があまり気づかない慈善事業だからおおいに助力しよう」と明言。乳児保護事業が世の注目を浴びる契機をつくるとともに、乳児院を設立し、虚弱乳幼児のための母子保護施設も経営した。

こうして「自分たちの業界への我田引水を自戒し、論理的・人道的に考えてぜひ必要という結論に至れば、すぐに行動を起こす」という、三溪の指導力が人々の幅広い支持を得ていった。三溪は、これらの活動の会合の後には、きまって関係者を三溪園に招待して慰労の宴を開いたという。

「三溪に頼めば、期待以上の成果を上げてくれる」と誰もが信じて疑わなかった。

博愛の精神に支えられた地道な社会・福祉活動

三溪は、震災以前から社会活動、福祉活動にじつに積極的に参加している。

たとえば、明治四四（一九一一）年、明治天皇の下賜により、生活に困った人々に対する医療保護事業などのために設立された「恩賜財団済生会（現社会福祉法人）」では、三溪が理事に就任し寄付を続けている。各方面からの義援金も集まり、全国に病院や診療所などを設置し、巡回看護制度など救済事業が進められた。

また、自身は経営者の立場にありながら、労働問題にも積極的に関わった。大正時代になると、企業による利益追求が優先され、これに反発する労働争議は増加していく。そこで労使間の協調を図るために政財界有志が立ち上がり、広く基金を募って大正八（一九一九）年に「財団法人協調会」が創設された。三溪はこの評議員を務めて研究成果を政府に提言し、事業主や労働者の研修も行い、協調会の発展に大きく寄与している。

さらに、この前年の米価暴騰で全国に広がったいわゆる「米騒動」への対応として、神奈川県は社会救済事業に関する団体として「社団法人神奈川県救済協会」（のちに神奈川県匡済会）を設立し、三溪も理事になっている。三溪が主導して救済事業を進め、昭和四（一九二九）年に自ら会長に就任した。

一方、大正一〇（一九二一）年に創立した「横浜衛生組合連合会」は三溪が会長を務め、市民の健康増進を図るためのさまざまな事業に取り組んだ。

このように、三溪の社会福祉活動はその分野を問わず、じつに博愛精神にあふれている。最たるものは、明治三七（一九〇四）年に組織された「出獄人保護会」だろう。三溪はこの会の理事就任を引き受け、釈放者の保護や受刑者家族の救護を行い、しばしば出獄者を三溪園に招待し慰安会や運動会を主催している。

人のため、横浜のために寿命を捧げた三溪の生涯

前述のように順調に進んでいた横浜興信銀行の預金者対策も、震災で再び危機に陥った。本店と横浜市内のほぼすべての支店を失い、銀行の帳簿も預金者の通帳も大部分が焼失してしまう。

頭取の三溪は、預金者救済のため預金者の記憶による申し出に応じて、その半額はすぐに支払い、残額は早急に調査するという対応を指示する。また預金支払いに重点を置くことを決断して、政府と日本銀行に返済猶予を請願し了承された。

さらに昭和四（一九二九）年には昭和大恐慌が襲い、横浜興信銀行の債務返済計画は、またまた履行不能な状況に陥った。三溪は、この恐慌以降も横浜興信銀行頭取の職にとどまるが、負債の返済に加え、神奈川県内に本店を有する普通銀行との合併も延々と続き、多忙を極めた。

そうした負担も災いして、三溪は十二指腸潰瘍を患い、昭和一〇（一九三五）年七月の任期満了に伴って頭取を退任し、その立場を井坂副頭取に譲っている。この間の一連の激務が、三溪の寿命をじわじわと縮めたのかもしれない。

横浜興信銀行は、発足二〇年となる同年に一般債権者への債務返済は完了し、七十四銀行の整理に関わる日本銀行からの借入金の返済も昭和二五（一九五〇）年に終了。そしてその七年後に「横浜銀行」と改称し、現在では地方銀行第一位の預金量をもつ銀行として発展している。

頭取を退任して二年後、あろうことか長男の善一郎が、四六歳の若さで脳溢血により急死した。三溪の跡継ぎとして原合名会社の副社長や横浜興信銀行の役員として奮闘していた矢先の悲報である。このことは、父の三溪をさぞ落胆させたに違いない。

そして、その二年後の昭和一四（一九三九）年八月一六日に、三溪も息子を追うように七〇歳でこの世を去った。病床に雪舟作とされる長大な「四季山水図」を広げ、お気に入りだった四季の景観をながめた後に、静かに息を引き取ったという。

葬儀の際には、園内の蓮の花だけが棺の前に飾られた。横浜市議会はすぐに生前の功績に感謝する決議を行い、その感謝状には「市政の君に負ふ所頗る多く、市民の信頼世の常を絶す」と記されていた。

こうして見ると、たしかに三溪は事業に成功した実業家の悠々自適とは無縁である。三溪園という理想の空間を築き、美術の収集や画家たちとの交流を行いながらも、隠居して自分の世界に閉じこもることは少しもなく、生涯人に尽くし続けるという特異で破天荒な生き方を貫いて逝った。

原三溪は、偉大な実業家であり、優れた美術家にして茶人であり、そして地域福祉向上のために尽力した社会貢献の人でもあった。このような高い徳をもった人物を、私はほかに知らない。

三溪園は昭和二〇（一九四五）年五月二九日の横浜大空襲の被害は免れたが、六月一〇日の空襲で大きな被害を受けた。しかし、終戦から八年目に前述の財団法人三溪園保勝会が設立され、原家から庭園の大部分を譲り受けると、復旧工事が本格的に開始される。そして翌年に外苑を公開し、さらに昭和三三（一九五八）年には内苑も公開。内苑の公開は初めてだった。平成元（一九八九）年には資料や収集品を展示する「三溪記念館」が開館され、その後も三溪の住居だった鶴翔閣が整備・復元、平成一九（二〇〇七）年には庭園全体が国の名勝にも指定された。

原三溪の美学は二一世紀に至ってなお、往時に劣らない光彩を放っている。

第六章 九転十起の事業の鬼

浅野総一郎

左）東洋汽船の「日本丸」
右）第一期築港工事が完了した当時の大桟橋（横浜開港資料館所蔵）

日本のさらなる発展のため、野心を志に変える

〝横浜を拓いた男たち〟の最後に取り上げるのは、浅野総一郎である。彼を知る人が異口同音に〝九転十起の男〟と呼ぶほどの人生を送った、近代日本屈指の大実業家。皆さんは、この破天荒な実業家の生涯をどこまでご存じだろうか？

明治から昭和初期にかけて、セメントを中核事業に石炭や石油、海運など七十以上の大事業を手がけ、一代で浅野財閥を築いた浅野総一郎。なかでも総一郎を有名にしたのが、現在の京浜工業地帯の基礎を築くことになった神奈川県鶴見・川崎沿岸の埋め立て事業である。百五十万坪の広大な土地の埋め立て造成を一五年の歳月をかけて完成させたこのプロジェクトは、まさに世紀の一大事業といっても過言ではない。

総一郎がさまざまな事業を手がけるときに、常に自分にいい聞かせていたこと、それは「努力と度胸があるかどうか」である。精一杯努力をしても、それが実を結ばないことはある。そんな時こそ、石にかじりついてでも、その苦境からはい上がる強い意思があるかどうかが問われる。そして、その源になるのが勇気である。総一郎は故郷にいたときも、横浜をはじめ全国各地で事業に挑戦したときも何度も失敗したが、その都度立ち上がってきた。その波瀾万丈の生涯が、総一郎を七転び八起きならぬ〝九転十起の男〟と呼ばせるゆえんになっている。

総一郎が数々の事業を手がけてきた背景には、若いころはもっぱら野心があったのだろう。しかし、経営者として経験を積み、自らを研鑽し、さまざまな人々と交わって内外の経済・社会情勢に精通していくうち、総一郎の意識は大きく変わる。すなわち、日本が今以上に発展するためには、どんな事業が

必要かという視点で判断し、事業に取り組むようになっていく。

そのように大きな志をもって事業に突き進んだからこそ、実業家や財閥の先達である、あの渋沢栄一や安田善次郎（ともに後述）も総一郎に惜しみない協力や援助を行ったのであろう。

「ほらふき野郎」「損一郎」と呼ばれた青年時代

浅野総一郎は能登半島の内浦側のつけ根に位置する越中国（現富山県）氷見郡藪田村に、父・泰順、母・リセの長男として嘉永元（一八四八）年三月一〇日に生まれる。幼名は泰治郎といい、代々続く医師の家に生を受けたが、家業を継ごうとせずに商売に手をつけては失敗ばかりを繰り返していたようだ。

藪田村では、村人は総一郎のことを「借金をつくった、ほらふき野郎」と呼び、「総一郎ではなく、損一郎だ」というあだ名までつけて冷たくあたる。そんな時、救いの手をさしのべたのが、土地の名望家・山崎善次郎の息子である山崎善之丞だった。総一郎は早速、善之丞から資金を出してもらい、氷見の中心部に「浅野商店」を開業する。総一郎二二歳、明治三（一八七〇）年のことである。

ところが、やはり一年もたたぬうちに経営が徐々にうまくいかなくなり、起死回生をかけて新潟に米の買い付けに行くが、俵の中身はほとんどが籾ばかり。利益を上げるどころか損失が増えるばかりだった。そこで総一郎は、それまでの損を埋めて今後の事業運営の資金を確保するために、能登では有名な高利貸しのお熊という女性から三百両の借金をする。当時の三百両といえば、相当の大金である。この借金で一時的に経営は持ち直したが、それも結局は長く続かなかった。

借りた三百両の期日は迫ってくる。しかし、総一郎にはもはや返済する術がなかった。これはもう夜逃げしかない、と腹をくくった総一郎は「浅野商店」をたたんで、夜逃げ同然で故郷を後にする。明治四（一八七一）年五月五日、明治維新直後の混乱の時代のことである。

横浜での再挑戦と、働き者同士の結婚

一念発起して、東京に移り住んだ総一郎が目をつけた商売、それは「水売り」であった。「ひやっこい屋」と称して湯飲み茶碗一杯一銭の冷たい砂糖水を売り歩き、初日は二十銭を得た。やってみるとこれがけっこう人気になり、平均すると一日の売り上げは四十銭ほどになったという。

しかし、夏の間は冷たい砂糖水もそれなりに商売になったが、秋になるとさっぱり売れなくなってしまい、総一郎は次の仕事を探す必要に迫られる。そこで思い出したのが、故郷の氷見で海産物を売っていた「小倉屋」の放蕩息子のことだった。なんでも横浜で商売をしているらしい、と知り合いから聞いて訪ねていくと、放蕩息子は同じ小倉屋という名の味噌・醤油・酒店を開いていた。総一郎はまず、この小倉屋で住み込みの仕事をすることになる。いよいよ、総一郎の横浜進出である。

小倉屋では、味噌を竹の皮に包んで売っていたが、その竹の皮を用意する手間が大変だった。だが、総一郎はそこに目をつける。「自分のように資本はないが、時間がたっぷりある者にとってはうってつけの商売ではないか」と放蕩息子に相談をして、竹の皮の仕入れ先を紹介してもらう。そうして横浜の住吉町に住居兼仕事場を構えると、竹の皮の製造・販売へと乗り出していく。屋号は「大塚屋」と称した。

そんな時、総一郎の目にとまったのが、大塚屋の真向かいにある貸し布団も扱う古着屋で働いていたサク（佐久とも）という一六歳の少女であった。大きな布団を山のように肩に担いで配達する小柄なサ

クは、町内では評判の「よく働く少女」だった。

総一郎は常々、「嫁にするなら働き者の女性」という考えであったから、町の有力者である山本京平なる人物に自分の気持ちを伝え、媒酌（ばいしゃく）の労をとってもらうように頼み込んだ。総一郎もまた、「一生懸命に働く男」という評判を呼んでいたため、働き者同士の夫婦縁組は何の問題もなく、めでたくまとまる。山本の仲人で二人が結婚したのは、総一郎二五歳、サク一六歳の時だった。

結婚当初、二人の生活は貧しく苦しかったが、サクの笑顔に助けられて総一郎はますます仕事に精を出すようになった。そんな総一郎にひとつの転機が訪れたのは、明治六（一八七三）年五月上旬のこと。竹の皮の仕入れ先を紹介してくれた人から、こう諭されたのがきっかけだった。

「ここは竹の皮もたくさん取れるが、薪や炭も安く手に入るんですよ。いつまでも竹の皮ばかりを売っていても、商売は大きくなりません。一度、考えてみたらいかがですか？」

当時、日本のエネルギー資源の中心は薪や炭だった。今でいうところのバイオマス（生物資源）エネルギーである。当然ながら、薪や炭は日常生活には欠かせないもので、銭湯などでは薪を大量に必要としていた。

薪、炭から石炭へ、成功したエネルギービジネス

総一郎は、早速に薪や炭を大量に買い付けて、横浜港に運んだ。当時の横浜は、第二章で紹介した新橋との間の鉄道が前年に開通した直後で、めざましい発展を遂げていた時期である。しかし、総一郎が薪や炭を買い付けたとき、その売り先はまだ決まっていなかった。当然、大量の薪や炭を貯蔵しておく

納屋などはなく、品物はすぐに処分しなければならない。

そんな必死の思いで訪ねたのは、神奈川県庁の調度課だった。応対に出てきた宮川と名乗る担当者は、いきなり薪や炭を買ってくれと頼み込む総一郎に最初は面を食らうが、若い総一郎の熱意と将来性を買って、すべての薪や炭を買い入れてくれたという。その後、宮川の紹介で裁判所や警察、病院でも総一郎の薪や炭を買ってくれるようになり、薪炭商売はみるみる成長していく。これを受けて、総一郎は明治六（一八七三）年一〇月に「薪炭商大塚屋」を新たに立ち上げることになる。

薪炭商売は順調に売り上げを伸ばした。そうなってくると、総一郎のなかでは持ち前の新しいビジネスへの挑戦欲が頭をもたげてくる。次に考えたのは、ずばり石炭であった。当時、日本のエネルギーの九〇%は依然、薪や炭に頼っていた。だが、近代工業化への道を着々と進んでおり、やがてエネルギー資源も薪や炭から石炭の時代に移らざるを得ない——そう予測をしていた総一郎は、いつかは石炭も取り扱いたいと考えていたのである。そんなところへ、耳寄りの話が飛び込んできた。

横浜の元町に住む石炭商の岸田という人物が総一郎を訪ねてきて、こう申し出たのである。

「石炭商を辞めようと思っているので、手持ちの石炭が千二百五十トンあるのだが、買ってもらえませんか。ただ、その石炭は水びたしになっていて、使うには乾燥させなければなりませんが……」

渡りに船とはこのことで、総一郎は内心で小躍りしたかったが、それはおくびにも出さず価格交渉に入る。岸田石炭商は一トン五円で引き取ってほしいというが、それでは高いと交渉を続けた結果、一トン三円五十銭で落ち着いた。資金は薪炭商の儲けを貯めた蓄えで賄（まかな）うことができた。

大量の石炭を買い入れたからには、買い手を見つけなければならなかったが、これも幸運なことにすぐに見つかる。横浜の船会社である「郵便汽船」が所有する敦賀丸の出航のため、燃料の石炭を求めていたのだ。当時は石炭不足で価格が上昇しており、郵便汽船としてはできるだけ安く石炭を仕入れたい。そこで、総一郎が石炭を買ったという話を聞いて打診をしてきたのである。総一郎は、一トン七円で二百トン売却し、一気に千四百円を売り上げた。利益はなんと七百円と大儲けである。

この話があってから、総一郎は薪炭からいったん手を引き、石炭一本にしぼって商いを続けることにした。得意先も電信郵便局や裁判所、巡査病院、第三章にも紹介した県立の十全医院、税関、町会所などへ次々に広がり、やがては横浜だけではなく東京にも足を運んで、ついには一万円もの財産を築き上げることになる。当時の一万円といえば、現在の貨幣価値で億単位ともいえる額であり、総一郎はすでに押しも押されもせぬ横浜の新興商人となった。

強盗、弟の死、火事——重なる不幸を乗り越えて

しかし、好事魔多しである。まず、正体不明の熱病が妻のサクや弟の寛一を襲った。さらに、五〜六人組の強盗に押し入られ、母に返そうと貯めていた小判七枚が盗まれてしまう。不幸は続き、明治七(一八七四)年七月二一日、熱病がもとで弟の寛一が二五歳で逝去。ただ一人の弟である寛一は忙しくなった店を手伝うため、故郷から横浜へ出てきてくれたのであった。そんな家族の温情に報いることができず、この時の総一郎の悔しさはいかばかりだったろうか。

そのうえに、年が明けて二月の風の強い夜、隣家から出火したあおりを食って、総一郎の家は全焼してしまう。これまで一生懸命働いて貯めてきた全財産三万円も、この災難ですべて失った。

もはや茫然自失となった総一郎だったが、そんな夫をほかならぬサクが勇気づける。

「家が燃えるのを見ながら、私は俄然やる気になりました。あなたはこんなことで負けるような人ではありません。一緒にまた頑張りましょう」

妻のこの言葉に、総一郎ははっと我に返った。

「こんなことで負けてたまるか！　苦労をかけるが頼むぞ、サク！」

二人は心機一転、横浜の石川町に小さな家を借りて石炭商を再開する。その日から夫婦は寝食を忘れて働いた。財産をなくしても、総一郎がこれまで培ってきた信用が失われたわけではない。横浜や東京の得意先はどこも協力を申し出て、石炭の発注量は以前にも増して多くなった。そして、明治八（一八七五）年九月一三日、総一郎・サク夫婦に待望の第一子が誕生する。女の子で、名前をマツとつけた。

さらに、総一郎に願ってもない話が舞い込んでくる。神奈川県庁の宮川からの新たな相談であった。

「吉田新田（のちの寿町）にアメリカ人が出資した土地があるが、買い手が見つからない。三年間無償で貸し出すので、借りてみたらどうか」

総一郎は一も二もなくその土地を借りて、石炭置き場と住居を新たに建築した。

こうして火災で失った財産を取り戻していく総一郎だったが、石炭商としてもうワンステップ大きくなるには、大口の取引先が必要であった。そこで目をつけたのが、横浜市営の横浜瓦斯（ガス）局である。当時のガスは石炭をコークス炉と呼ばれる炉に入れ、周囲から千℃以上の高温で加熱して製造していたため、当然ながら石炭を大量に必要とする。横浜瓦斯局は第二章で触れたとおり、もとは実業家の高島嘉右衛門が経営をしていた横浜瓦斯会社の経営が苦しくなったのを、この年、横浜市が一万三千五百円ほどで買い上げたものだ。

総一郎は、横浜瓦斯局に石炭納入の売り込みに行ったが、長期契約を別にしているので無理だと断られてしまう。だが、ここでそのまま帰っては、せっかくの縁が元も子もない。そう思った総一郎がふと目を工場の庭に転ずると、そこにはコークスの山とコールタールの海が広がり、異臭をはなっていた。コークスとコールタールは、石炭を加熱してガスを発生させた後に残るもので、担当者によると扱いにほとほと困っているという。

総一郎は「この世にわくものに無駄なものはない!」という信念をもっていたので、コークスもコールタールもきっと役に立つとの思いで、これを買い付けることにした。水売りから竹の皮づくりと、他人の思いもよらぬ商売でのし上がってきた総一郎の〝第六感〟が、そうさせたのであろう。

コークスとコールタールをめぐる、大物たちとの出会い

まず、コールタールを買い付けたいと担当者に申し出ると「コールタールは高島時代に捨てたものだから、高島に聞いてください」という返答しかない。そこで、総一郎は早速、高島嘉右衛門のもとへと出向いた。これがのちにセメント事業をめぐって競争することになる、総一郎と嘉右衛門の初めての出会いであった。

当時の嘉右衛門はすでにすべての事業から半ば身を引く決意をしていたが（第二章参照）、この交渉の結果、総一郎は手持ちの二百円を払ってコールタールを三年間買い取るという契約を結んだ。この時はまだ、コールタールの用途は決まっていなかったが、後にこのコールタールで総一郎は大儲けをする

ことになる。この点は、先見の明において嘉右衛門より一五歳以上若い総一郎に分があったといわざるを得ない。

一方、コークスについては、当時、東京の深川にあった工部省（太政官制下でインフラ整備と殖産興業を主管する官庁）セメント製造所の三等技師・鈴木儀六を訪ねて、その使い道を相談する。鈴木はもと加賀藩の御典医であり、同藩の領内にあった氷見郡出身の総一郎とは、いわば同郷のよしみであった。

この時代、セメントの製造は石灰岩を千℃以上の高温で焼成したものを粉砕して原料にしていたが、総一郎は海外では焼成の際、石炭ではなくコークスが使われていることを聞いていた。しかも、コークスは石炭よりも熱量がはるかに大きい。そこで、官営セメント製造所で実証実験をしてほしいと依頼してみたのである。

これを聞いた鈴木は、総一郎のいうことに一理あると考え、石炭に代わってコークスを燃料に使ったセメントの製造実証実験をしたところ、石炭を使ったときと同じようなセメントができあがることがわかった。ここに、総一郎はコークスを納入することになり、早速、横浜瓦斯局との間に一トンあたり五十銭でコークスを買い取る契約を結ぶことになる。

総一郎にとって幸運なことに、「横浜瓦斯局のコークスを深川の工部省セメント製造所で燃料として使っている」というニュースを思わぬ人物が耳にしていた。第一国立銀行や東京証券取引所をはじめ、多種多様な企業や機関の設立に関わり、のちに〝日本資本主義の父〟といわれた渋沢栄一である。

数年前に大蔵省を退官していた渋沢は、このころ、東京府瓦斯局と製紙会社（のちの王子製紙）を経営していた。だが、東京府瓦斯局も横浜と同じくコークスとコールタールの処理に困っており、製紙会社のほうは燃料の石炭のコストが高いことに悩んでいたのである。

そこで渋沢は総一郎のやり方にならい、こう考えた。

「瓦斯局での製造工程で出るコークスを石炭の代わりに製紙会社の燃料にできないか、それができれば異臭に悩む住民からの苦情も減り、製紙工場の燃料コスト減にもつながるのではないか」

早速、部下にその旨を指示したが、製紙会社の工場ではコークスは思うように燃焼しない。原因はわからなかったが、製紙会社の倉庫にはたちまち大量のコークスが山積みとなってしまう。

これには渋沢もたまらず、総一郎に助けを求める。相談を受けた総一郎は、東京府瓦斯局のコークスを引き取る代わりに、製紙工場への石炭の納入をもちかけ、首尾よく契約が成立する。こうして総一郎は、明治財界の大立者に顔を売るとともに、石炭商として大口顧客を得ることができた。まさに一石二鳥の大成功である。その結果、商売は急速に拡大していった。

ちなみに、総一郎が納めていた石炭は常磐炭であり、これをきっかけに東京や横浜に近い常磐炭田は大正・昭和にかけておおいに繁栄することとなる。

公衆便所にコールタール――廃物利用で社会に貢献

コークスという石炭の残骸――廃棄物をものの見事に有用な燃料へと変え、石炭の納入では朝から晩まで先頭になって汗まみれで働く浅野総一郎。その名前は、横浜では誰もが知るところとなった。当然、時の県令・野村靖とも知り合いになり、ある日、こんなことを頼まれた。
「人間の残骸を処理できませんか？」

人間の残骸とは糞尿のことである。国際都市になりつつあった当時の横浜は、市内に公衆便所が八十三カ所もあったが、その設備は至ってお粗末だった。今日からすると驚きだが、地面に四斗樽を埋めて周囲を板塀で囲っただけ、というのが当時の公衆便所の標準形である。当然、糞尿はすぐにあふれ出して近隣の住民に迷惑をかけるほか、お粗末な公衆便所で用を足すより路上のほうが快適だと、あたり構わず小用を足す輩(やから)が後を絶たない。そんな劣悪な環境だった。

この状況を一刻も早く解消したいというのが、野村県令の望みだったのである。頼まれた総一郎は「三日ください」と答え、なんと三日後には、三方に出入り口があり、大便所と小便所が設置された六角形の西洋式公衆便所の設計図を提出した。これには、野村も驚いたであろう。

総一郎設計の、おしゃれなデザインの公衆便所の工事が始まったのは、明治一二(一八七九)年早々から。市内の六十三カ所に設置されて、人々の評判も上々。総一郎は「日本で最初に西洋式公衆便所をつくった男」と称えられることになった。

しかし、問題はまだあった。便所に溜まった糞尿の処理である。これも結局は総一郎が処理する羽目になったが、この糞尿処理がけっこういい商売になった。月に二百円で糞尿溜所(ためしょ)に売って糞尿を処理し、年間では二千四百円の収入になったという。公衆便所の建設費用の二千円は一年で元が取れて、あとはすべて売り上げに直結するから大儲けである。しかも、この糞尿処理事業は、その後、公共下水道が整備されるまで一〇年間も続いたのだった。

残骸、廃棄物の処理という面では、先に高島嘉右衛門から三年契約で購入を決めたまま用途が定まらなかったコールタールにも、この時期ようやくメドがつくことになる。

明治一一（一八七八）年一一月、総一郎は嘉右衛門との契約の終了後も、横浜瓦斯局に頼まれ、コールタールの引き取り契約を五年間、五千円で結んでいた。その後、二年余りの間、大ぶりの徳利（とっくり）にコールタールを入れ、その用途を求めて横浜市内をかけずり回ってみたが、解決策はなかなか見出すことができない。

そこへ明治一四（一八八一）年になり、思わぬところでコールタールの需要が一気にふくれあがった。コレラの流行である。当時、コレラの消毒には石炭酸（フェノール）が用いられ、その石炭酸はコールタールを原料にして作られるからだ。神奈川県庁からの要請に、総一郎はまず二千樽を契約し、その後は六十樽を毎日、数カ月にわたって出荷した。これをきっかけにコールタールの用途が明らかになるにつれ、以後は防腐剤や絵具用、消毒用としての需要も増えていく。

こうして総一郎は、ただ同然で入手した廃物であるコークスやコールタールの用途を開発し、さらに公衆便所や糞尿処理もビジネスにしたことで「廃物利用の名人」という評価を一段と高めたことになる。

常識を覆し、官営セメント製造所の払い下げを受ける

すべての事業がうまく回りだした総一郎にとって、ひとつの大きな夢があった。それはセメント業への進出である。コークスを燃料として納めている深川の官営セメント製造所には頻繁に顔を出し、その運営や工程をつぶさに観察していた。そこで総一郎は考えた。

「私ならもっとコストを下げて、いいセメントをつくることができる、私に経営を任せてほしい」

深川の官営セメント製造所は明治六（一八七三）年、深川にあった仙台藩の江戸屋敷跡に建設された

ものであ、工部省は「文明開化の第一歩はセメントだ」という方針のもとにセメントづくりに着手している。明治政府の近代工業化政策もあって、セメントは灯台や鉄道、港湾、軍施設、工場など新時代のインフラ構築になくてはならないものとなり、その需要はどんどん高まるばかりであった。

しかし、コスト意識の薄いお役所仕事のままで経営がうまくいくわけがない。こうしてセメント需要が見込まれるにもかかわらず、深川の官営セメント製造所は明治一二（一八七九）年春に、採算が取れずに操業停止に追い込まれてしまう。これは当時、大ニュースとなって日本全国を駆けめぐった。当然、総一郎はこのニュースに接し、あらためてセメント業への進出を心に誓ったはずだ。

「国産セメントは日本の近代化に不可欠で大事な要素なのに、操業停止とはいかなることか！　俺が経営にたずさわって、セメント製造所に活を入れてやる」

総一郎のすごいところは、心に思うだけでなく、それを即座に行動に移すことだ。これが総一郎の取り柄であり、大きな魅力でもある。

こうして総一郎は明治一三（一八八〇）年、当時すでに知己となっていた渋沢栄一のもとへ「深川の官営セメント製造所の経営に乗り出したいので力を貸してほしい」と頼みにいく。これを聞いた渋沢は、その場で馬車を用意し一緒に工部卿（きょう）の山尾庸三に「セメント製造所の払い下げ」の陳情に赴いてくれた。席上、渋沢栄一は山尾に対してこう太鼓判を押している。

「浅野は三井、三菱のような大財閥ではないが、大変な努力家で、彼に任せれば昼夜の別なく働き、セメントの生産が今よりも増えることは、私が保証します」

二時間余りの会談だったが、この時に総一郎が山尾に与えた印象は悪いものではなかった。山尾は帰り際に二人に伝えている。

「三井、三菱は払い下げた土地に別荘や倉庫を建てるという心づもりです。政府としてはなんとかセメント製造所をもう一度復活させたいと思っているので、浅野さんの申し出は願ってもないことです」

この言葉を聞いた渋沢は、総一郎に「間違いなく浅野さんに払い下げになりますよ」と告げたそうだ。渋沢の予言どおり、明治一六（一八八三）年四月、明治政府は総一郎に深川のセメント製造所を「貸し下げ」た。この「貸し下げ」とは「払い下げ」のひとつ前の措置で、民間に工場を払い下げても経営がうまくいかなければ撤退することもできるが、事業がうまくいくと判断された場合には、正式に「払い下げ」となる。

セメント製造所が正式に総一郎に払い下げられたのは、翌年七月八日。払い下げ価格は、同時に引き取った白レンガ工場と合わせて六万千七百四十一円である。官営の工場が三井や三菱のような大財閥ではなく、一介の〝薪、炭、コークス、コールタール、石炭を扱う燃料商人〟に払い下げになったことは、世間でもおおいに注目を浴びるところとなった。

目ざましい事業発展、日本の〝セメント王〟へ

こうして既成概念を変える男、浅野総一郎の名前は官界、経済界、そして庶民の間にも浸透していく。しかも、総一郎は払い下げが決まった際に、従業員を集めた集会で「社内積立金制度」の導入を発表する。今でこそ、民間企業が社内積立預金制度を取り入れるのは当たり前のようになっているが、日本が明治維新を迎えて近代化の道を歩もうとしている折、そんな発想をする経営者は皆無だった。

それだけに、総一郎は「民間企業で初めて社内預金制度を実施した男」とのちに称されるようにもなる。今日とかく批判も多い日本式経営だが、明治・大正・昭和を通じて日本経済を足もとで支えたことは否定できない。総一郎には、こうした面での先駆者としても評価すべきではないかと思う。

払い下げを受けてからの浅野セメントの工場はフル回転となり、需要に生産が追いつかなくなったため、明治二〇（一八八七）年に早くも第一次増設工事を実施する。これによって、生産能力は当初の三倍、月産三千樽（五百四十トン）に増えた。さらに販売網拡充のため、初めて「東京日日新聞」にセメントの広告を出している。

そして、この年に行われた東京府工芸品共進会で、浅野セメントは一等賞を受賞し、技術的な評価を一気に高めることになった。その勢いを駆って、フィリピンのマニラ港築港のためにセメントの輸出も開始する。

総一郎の事業拡大はまだまだ続く。販路拡張をねらって西日本に「浅野セメント工場」の設置を計画し、その場所として選んだのが北九州の門司であった。「日本輸出米商社」が経営をしていた五百坪の精米工場の敷地を譲ってもらい、これをセメント工場に衣替えしたのである。

浅野セメント門司工場が完成したのは、明治二六（一八九三）年九月二日のことであった。門司工場の当初の生産量は月産七百三十樽（百三十三トン）だったが、セメント需要の急増に対応するために、すぐに設備増強を行った。さらに、経営難に陥っていた愛知の「三河セメント」の経営権も引き継いでいく。

国内ばかりにとどまらず、総一郎は海外へも目を向けていった。マニラ港築港のためのセメントの輸出に続いて、ロシアへの輸出も開始する。当時のロシアは大規模公共事業を進めており、まずはウラジオストク港とウスリー鉄道の工事のために、大量のセメントを輸出した。

そうした挑戦を続け、浅野セメントは国内随一のセメントメーカーに成長し、総一郎自身はいつしか「セメント王」とも呼ばれるようになっていた。浅野セメントはこののち「日本セメント」を経て、現在の「太平洋セメント」に継承されていく。その発展の過程において、最も重要な商機となったのが、ほかならぬ横浜港築港工事への参加であり、セメント王・浅野総一郎はその名を天下に知らしめるのである。

横浜港築港工事に参加、圧倒的な存在感を見せつける

横浜港には、日米修好通商条約によって開港されて三〇年を経た当時も、開港時に設けられた「イギリス波止場」と呼ばれる東波止場や「税関波止場」と呼ばれた西波止場（第一章参照、のちに波止場が湾曲した形状に変更され「象の鼻」と呼ばれた）、そしてその東側に元治元（一八六四）年に建設された「フランス波止場」と呼ばれる艀（はしけ）用の小さな船溜まりしかなかった。

ちなみに、このフランス波止場は現在ホテルニューグランドに近い「氷川丸」が係留されているあたりにあり、こちらを「東波止場」と呼び、イギリス波止場と税関波止場をまとめて「西波止場」ということもある。イギリス波止場のほうは、のちにアメリカからの貨物を多く扱ったことから「メリケン波止場」とも呼ばれるようになった。

接岸埠頭や桟橋は未整備のままで、大型蒸気船は沖合に停泊せざるを得ず、乗客や荷物は艀による運

搬に頼るしかない。これでは国際都市にふさわしい港湾とはいえないと、憂慮した内外の貿易商らが中心となって明治一九（一八八六）年八月二六日、「横浜桟橋会社」の設立を企画した。

横浜桟橋会社は早速、神奈川県で雇われていたイギリス陸軍工兵大佐であるヘンリー・スペンサー・パーマーに港湾整備計画を依頼し、その計画書を内務省土木局に上申したが却下されてしまう。

そうした曲折はあったものの、「横浜港湾整備計画」は明治二一（一八八八）年二月からいよいよ動き始める。第一次伊藤博文内閣の外務大臣に就任した大隈重信が、横浜港湾整備拡充計画を内閣に建言したからである。これを受けて、伊藤は翌年四月五日（当時は黒田内閣）、鉄桟橋建築を含む横浜港湾整備拡充計画を官営工事に指定し、神奈川県知事の沖守固（おきもりかた）に対して横浜港湾整備拡充計画を命じた。事業の責任者は、前述のヘンリー・スペンサー・パーマーが務めた。

横浜港を真の国際港とすることを目的とした国家的プロジェクトは、第一期の工事予算二百万円でスタートする。その内容は、港の東と北にそれぞれ防波堤を造るというものだ。東に造る防波堤は全長千六百メートル、北は千八百メートルという大堤防で、さらに八百二十メートルもの鉄桟橋「大桟橋」（現在の大さん橋埠頭の前身）を「象の鼻」の背後に建造するという一大計画。必要なセメント量は一万五千トンとはじき出された。

工事に関する入札が行われたのは明治二四（一八九一）年三月一日で、セメント納入の入札業者には月産四百トン以上のセメント生産能力のあることが条件として課せられる。入札結果が総一郎のもとにもたらされたのは、八カ月後の一一月一日だった。結果は三社が選定され「浅野セメント」のほかには「大阪セメント」、そして高島嘉右衛門が経営の実権を握る「愛知セメント」が新興企業ながら入札を勝ち取る。本命のひとつと見られていた「小野田セメント」は、入札を途中で棄権していた。

この入札に関してパーマー大佐は当初、イギリスの「サミュエル商会」を通して海外のセメントの使用を提案した。しかし、内務省は国内産業の振興のためにパーマーの案を却下し、国内のセメント業者を使う方針が出されている。

ここで総一郎を喜ばせたのは、新聞に掲載された「満足のいく製品だったのは浅野セメントだけで、愛知セメントも大阪セメントも品質には問題があった」とのパーマーのコメントだった。結局、三社で一樽三円八十銭で入札することになったが、技術力と生産能力において、浅野セメントがほかの二社を大きく引き離していたのは明らかである。これについては入札直後から、「検査対象のセメント以外は粗悪品を納入した業者もあった」との報道もあり、その不安はやがてとんでもないかたちで爆発する。

三社による工事が行われ、竣工間近と思われた翌年の一一月、防波堤をつくるために海底に投入されたコンクリートブロックに多数の亀裂が発見された。予期せぬ事件が起こったのである。亀裂は北の防波堤で千九十四カ所、東の防波堤で七百二カ所という、あまりの多さに責任者のパーマーは激怒した。

この事実が発表されると、新聞や雑誌には業者のなかでも最も多くを納めていた浅野セメントを中傷、批判する記事が多数掲載される。総一郎も今回ばかりは「浅野商店存亡の危機」ととらえ、従業員に対してこう訓辞した。

「くよくよしても始まらない。私どもは高品質のセメントづくりに全力を傾注しながら、結果が出るのを待とう」

事態を重く見た政府はすぐに調査委員会を設置して原因究明にあたったが、その調査により「亀裂の原因はセメントにあるのではなく、防波堤の施工方法とコンクリートブロックの製造方法にある」という結論が出る。亀裂は浅野セメントの責任ではなく、あやうく事なきを得たのである。

そこで、パーマーはコンクリートブロックの製造方法とセメント納入における条件を変更し、以降の入札条件には入札の際に作ったテスト用ブロックの堅牢性も加味されることになった。

明治二七（一八九四）年四月二九日に工事は再開となり、第一期工事が完了したのは、翌々年五月二一日。使用されたセメントの量はじつに二万二千トンに達した。技術力ではるかにまさる浅野セメントはその半数を占める一万千トンを納入し、愛知セメントや大阪セメントを足もとにも寄せつけなかった。政商として伊藤博文や大隈重信とのパイプがある高島嘉右衛門も、この事業においては総一郎にとうてい及ばなかったのである。まさに、愛知セメントと浅野セメントの力量がはっきりと表れたプロジェクトでもあった。

この後、総一郎は横浜港だけではなく、大阪港の築港工事でも存在感を見せつけている。大阪港の築港はオランダ人技師のヨハネス・デ・レーケが行い、明治三〇（一八九七）年一〇月に着工するが、ここでも浅野セメントが落札し、セメントは完成間もない門司工場から納入した。

さまざまな事業家の顔

本業としてのセメント業と併行するかたちで、総一郎は明治一五（一八八二）年、北海道炭を一五年扱う契約を北海道の炭鉱と交わす。しかし、この契約はいまだ途中の明治二二（一八八九）年、突如、北海道庁長官によって破棄通告を受ける。代わって北海道炭を扱ったのは、「北海道炭礦鉄道会社」で、そこの二代社長に納まったのが高島嘉右衛門であった。

　この時ばかりは総一郎は非常に悔しい思いをし、怒りを渋沢栄一にぶつけたという。だが、そこには何らかの政治的な取引があったのだろう。「北海道炭はあきらめなさい」と諭されてしまい、総一郎としてはそうせざるを得なかった。その意味で、このすぐ後の横浜港築港工事における嘉右衛門との競り合いでの勝利は、まさに「江戸（北海道）の仇（かたき）を長崎（横浜）で討つ」を地でいくものだったのだ。

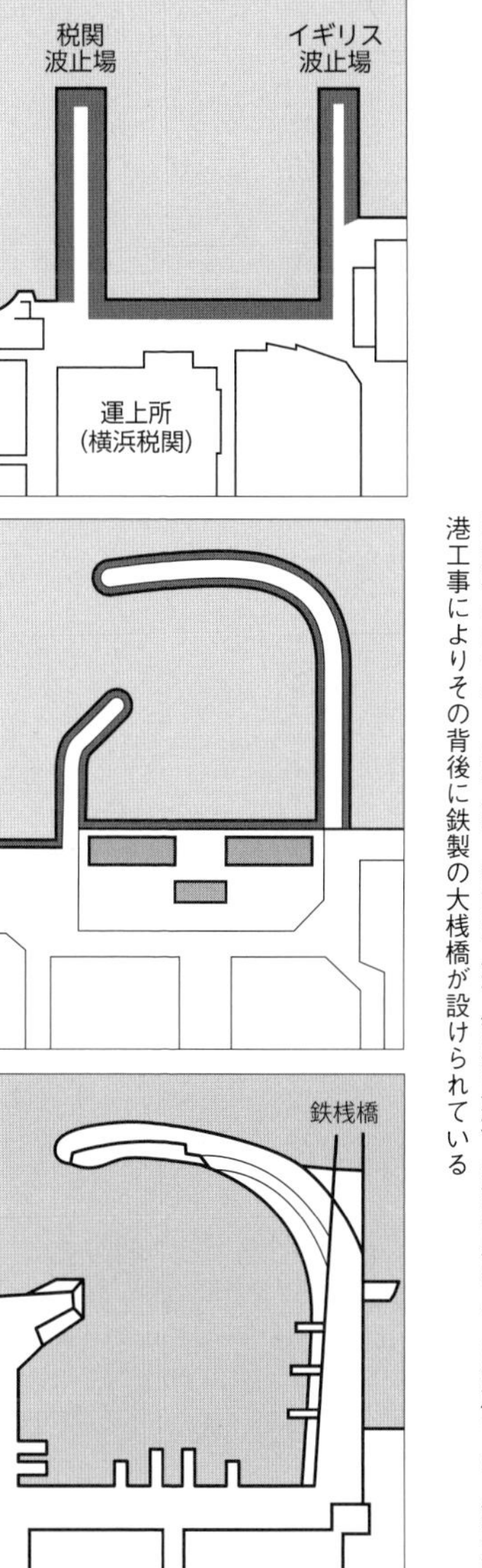

横浜港の波止場「象の鼻」付近の変遷（上から安政開港期、明治元年ごろ、明治二九年ごろ）。明治初めにイギリス波止場と税関波止場（西波止場）が象の鼻のように延伸され、第一期築港工事によりその背後に鉄製の大桟橋が設けられている

この北海道炭礦鉄道会社をめぐっては、総一郎にひとつの出会いがあったことも触れておきたい。それは当時、同社に勤めていた福澤桃介との関係である。桃介は、第四章で取り上げた福澤諭吉の娘婿であり、財界のプリンスともいうべき存在だった。桃介は総一郎のたたき上げの強さに好感をもち、総一郎の側も年下の桃介の聡明さに惹かれたようだ。

「私が炭鉱の支配人をしていたころ、石炭ブローカーをしていた浅野氏は石炭の交渉に、必ず朝の五時半ごろ来る。そんな時分に私は寝ているが、ちゃんと玄関のところに上がって待っていた」

これは、当時を振り返って桃介が述べたという言葉だが、不思議にうまの合った二人はしばしば行動をともにした。桃介は総一郎から石炭に関する専門知識や遊びの作法を教えられたらしい。実業界の先輩後輩ともいうべき関係は、こののちも末永く続くことになる。

ほかにも石炭事業では、明治一六（一八八三）年に発足した「磐城炭礦会社」で、総一郎は社長に就任。さらにこの前年、海運会社の「共同運輸会社」が誕生するが、総一郎はここでも第一回株主総会で幹事（事務長）を引き受けている。

明治一八（一八八五）年には、東京府知事より東京府瓦斯局の払い下げを受けて民間企業の「東京瓦斯会社」が発足し、総一郎は渋沢栄一らとともに五人の取締役に名を連ねた。

こうして、この時期までに総一郎はセメントと石炭販売、炭鉱開発、海運事務、木材伐採、さらにガス会社などさまざまな事業を手がけ、近代実業家としての地位を盤石にしていく。総一郎が実業家として大成していけたのは、持ち前の何事にも躊躇しない進取の精神があったからである。日本のため、人のためになるのであれば、どんなことにも挑戦するという意気込みで、総一郎の進撃はさらに続く。

岩崎弥太郎と大喧嘩、花開く千石船の夢

総一郎の少年時代の夢は「千石船を縦横に走らせる」というものだったという。その夢がかなったのが、前述した共同運輸への関与だった。当時の国内の海運業界は、岩崎弥太郎の「三菱汽船」の独壇場。国内の中小の船会社は市場から追い出され、独占的な地位を得ていた三菱汽船は、運賃を思うままに操って大きな利益を上げていた。

これに対して、財界有志が殴り込みをかけた。総一郎をはじめ、渋沢栄一、元外務卿の井上馨（かおる）、三井の大番頭・益田孝、元幕臣ながら明治政府の要職を歴任した榎本武揚（たけあき）ら錚々（そうそう）たる顔ぶれの連合軍である。彼らは三菱汽船に対抗し、明治一五（一八八二）年七月、「東京風帆船」と「北海道運輸」および「越中風帆船」の三社を結集して共同運輸会社を設立。初代社長には現役海軍少将の伊藤雋吉（しゅんきち）が就任した。

共同運輸が翌年一月から営業を開始すると、三菱汽船は運賃を二割引いて、早速に対抗してきた。共同運輸側も対抗上値引きをせざるを得ない。これ以降二年間、両社は運賃のダンピング競争に明け暮れ、熾烈な闘いを演じることになる。大御所・岩崎弥太郎にしてみれば新参者の総一郎に負けるわけにはいかない。一方の総一郎も生来の負けん気で一歩も引かなかった。この争いは、時の農商務卿・西郷従道（つぐみち）が仲裁に入り、いったんは苛烈な競争が沈静化するが、しばらくすると再び激烈なダンピング競争や船の航行時間を競う闘いが始まる。

しかし、闘いは明治一八（一八八五）年二月、岩崎がいまだ五〇歳の若さで急死したことで、終止符が打たれる。政府が仲介に乗り出し、三菱汽船と共同運輸は合併して、同年のうちに「日本郵船」として生まれ変わることになったのだ。

この時、当の総一郎は「ああ、面白かった」といって、周囲を煙にまいたというが、海運への夢がついえ去ったわけではない。その証拠に、翌年九月一一日には「浅野回漕部」を設立し、海運事業に乗り出している。「自分の荷物は自分で運ぶ」を実践するためであり、ドイツ製の中古船ベロナ号（千百三十八トン）を購入すると、これを「日の出丸」と名付けた。

「日の出丸」の最初の仕事は、北海道開拓のための屯田兵の現地への輸送である。総一郎は輸送費を二千円と試算して、実際には五千円と申請した。これに対し日本郵船は一万円と強気であり、屯田兵本部は値引き交渉をしたが聞き入れてもらえない。そこで総一郎に対して「七千円で引き受けろ」と命令する。しかし、総一郎は最初に提示した五千円で引き受けるという線を譲らなかった。

この「日の出丸」は、磐城炭鉱で採掘された石炭のほか、北海道や福岡の石炭、そして故郷である越中伏木（現高岡市）の米の輸送など、八面六臂のフル回転となり、浅野回漕部は順調なすべり出しを見せる。総一郎のモットーは「どこよりも安く、早く、親切に」で、これを従業員にも徹底させた。

石油業界へ参入するも、手痛い失敗に終わる

事業家としての総一郎の事業欲はとどまるところを知らない。薪、石炭、コークスと日本エネルギー産業界に着実な地歩を築いてきた総一郎が、次にねらったのは新たなエネルギーとして注目されつつあった「石油」である。しかも、まず始めたのがロシア産石油の輸入からだった。

誰もが思いつかないことを手がけるのは、総一郎の独創力のなせる業だ。明治二四（一八九一）年の末、前出のイギリス商社サミュエル商会と提携し、向こう一〇年間にわたるロシア産石油の輸入契約を

締結すると「浅野石油部」を設立。平沼（現横浜市西区、帷子川と石崎川にはさまれた地域）に一時貯蔵のための油槽所(ゆそうじょ)をつくり、横浜を基盤として販売網を全国に展開していく。その一方、石油のバラ売りで容器費用を節約するなど、消費者の購入コストを引き下げるために販売方法の革新も行い、業績と利益を伸ばしていった。

ロシア産石油の利益をもとに、総一郎が続いてねらったのが、このころ石油ブームに沸いていた新潟の石油業界への参入だった。総一郎自ら新潟の石油市場を視察し、明治三一（一八九八）年、長岡に「北越石油会社」を創設すると、翌年には「日本送油会社」を設立。あわせて「長峰鉄道」を買収して、鎌田油田から柏崎間にパイプラインを敷設し、柏崎に精油所を建設した。こうして、鎌田油田から石油をパイプラインで柏崎精油所に運んで精製し、その精製した石油を北越石油会社で販売するという画期的なシステムをつくり上げたのである。

新潟の石油ブームは明治三六（一九〇三）年の末ごろまで続くが、総一郎は国産石油の将来性に不安を感じ、その三年余りのちに浅野石油部は同地から撤退する。

国産石油の限界を予期した総一郎が、次に手がけたのが「外国からの原油の直輸入と精製」である。先のロシア産石油の場合、イギリスの商社を間に入れての輸入だったのを、産地から原油を直接買い付け、国内で精製しようと企てたのである。

明治三九（一九〇六）年五月、アメリカのカリフォルニア州グラシオサ石油から原油の売り込みがあったのをきっかけに、総一郎は同社と毎月九万バーレルの輸入契約を結ぶ。当時、灯油の輸入税は高かったが、原油の輸入税は非常に安かった点に目をつけたのである。

そのうえで同年九月には、神奈川県知事の周布公平（すふこうへい）に保土ヶ谷への精油所設置願いを提出。総一郎の計画は、タンカーで輸入した原油を平沼の油槽所に運び、保土ヶ谷に新たに建設する精油所で精製して、できた灯油や重油を販売するというものだった。

翌年一〇月、いよいよグラシオサ石油から六千トンの原油が横浜港に入港し、保土ヶ谷の精油所へ運ばれた。これが、日本における外国産油のタンカーによる原油輸入の始まりである。しかし、ここで思わぬ事態が発生する。それは、国内の産油業者の猛烈な反対運動であった。

安い輸入関税の海外原油から精製される灯油や重油は、当然ながら国内産油と比べると価格がかなり安くなる。それが市場に出回ると、国内産油業者は大きな痛手を受けてしまう。そこで、反対派は輸入原油の関税率引き上げという法改正に訴えてきた。これに対して総一郎は、原油輸入関税率引き上げ反対運動を展開し、石油業界だけでなく、世論も巻き込んだ大論争になっていく。

一一月には、保土ヶ谷精油所で原油の精製が始まったが、ここでさらなる問題が起きる。蒸留装置から悪臭が出て住民に被害が及び、火災も発生したのだ。これで反対派が勢いづき、明治四一（一九〇八）年四月、衆議院は原油輸入関税率の引き上げを決め、その翌年から実施されることになった。総一郎の完敗である。原油輸入関税率の引き上げと、グラシオサ石油からの輸入ストップなどが重なって、三年後には平沼の精油所が閉鎖に追い込まれてしまう。石油事業は事実上、姿を消すことになった。

東洋汽船誕生、念願の外国航路へ乗り出す

原油輸入は失敗に終わったが、総一郎の外国海運への取り組みはいよいよ熱を帯びる。明治二九

（一八九六）年二月、総一郎は渋沢栄一や安田善次郎らを招いて、外国航路の新会社「東洋汽船」設立準備のための会合を開き、出席者全会一致で新会社設立が承認された。

四月には、総一郎ほか三十七名が東洋汽船発起人協議会を開催し、資本金は五百万円と決定。その内訳は総一郎が一万株、そのほか七名が二千五百株ずつを持つことになった。そして六月二日、東洋汽船創立総会の席上で総一郎の社長就任が決まり、ここに念願だった外国航路への道が開かれたのだった。

この時、取締役兼営業部長として抜てきされたのが、帝国大学卒のエリート井坂孝である。第五章にも登場した井坂は、総一郎の薫陶を受けて東洋汽船を発展させたのち、横浜興信銀行頭取、横浜商業会議所会頭、ホテルニューグランド社長などを歴任。これらの事業を通じて原三溪と協力し、関東大震災からの復興に尽力している。井坂こそ、原三溪と浅野総一郎の接点に立つ実業家といっていいだろう。

こうして動き出した東洋汽船だが、ここでも思わぬ問題が発生した。この年に制定されたばかりの航海奨励金（日本船の遠洋航海促進を目的とした政府奨励金）の予算額が低かったため、そのままでは経営に支障が出てしまう。政府にかけあったが、らちがあかない。

結局、この問題を解決してくれたのは、当時、臨時陸軍検疫部の事務官長を務め、のちに閣僚や東京市長を歴任することになる後藤新平だった。そのスケールの大きさから〝大風呂敷〟とも呼ばれることになる後藤の働きかけで、航海奨励金の予算は百五十万円から三百五十万円へと増額され、東洋汽船には毎期五十万円台の補助金がおりることになったのである。

新生東洋汽船の航路の候補に挙がったのは、太平洋航路と南米航路、そしてロシア産石油の積み出しで知られた黒海沿岸のバツーム（バトゥミ）からの航路である。なかでもドル箱といえる太平洋航路は、経営上どうしてもほしい航路だった。だが、アメリカやイギリスの汽船会社がすでに八隻も走らせていて、新規参入は難しそうに見える。しかし、そんなことでひるむ総一郎ではなかった。

総一郎は船舶の発注も兼ねて、当時、太平洋航路（横浜―サンフランシスコ）で六隻の汽船を走らせていたイギリスの「Ｐ＆Ｏ（ペニンシュラ＆オリエンタル）汽船会社」と直談判をするために、この年の七月、サンフランシスコへ旅立つ。ところが、サンフランシスコでは「社長はいないから交渉には応じられない」と門前払いを食らい、すぐさま社長がいるニューヨークへ飛び、経営者同士一対一の交渉に臨んだ。

総一郎の不思議なところは、どんな相手でも最後には総一郎の提案を受け入れるようになることである。これは、人を魅了する総一郎の天性の資質なのだろう。交渉の結果は、Ｐ＆Ｏ汽船が走らせていた六隻のうち、なんと三隻を東洋汽船が受け持つことで落着した。交渉の後、Ｐ＆Ｏ汽船の社長ハンチントンは「君の熱意に惚れた。今まで君のような人物に会ったことはない」と絶賛したそうだ。

困難な交渉をまとめた総一郎は、イギリスに渡ってサミュエル商会と汽船の発注契約を結んだ。翌年一月には再びアメリカに戻り、三月にはＰ＆Ｏ汽船と正式契約を結ぶ。ハワイへ立ち寄ってから、総一郎が日本に帰ってきたのは四月一九日のことだった。この外遊の途上、総一郎はカナダやドイツ、ロシアなどへも足を運び、海外の経済事情を広く視察している。

明治三一（一八九八）年一〇月、ついに東洋汽船の「日本丸」が第一回の横浜―サンフランシスコの航海に船出した。翌年からは「亜米利加（あめりか）丸」に四百人から五百人の日本人移民を乗せて、ハワイのホノルル港との間を何度も往復する。さらに、この年には新たにマニラ航路の就航も決定した。

鉄鋼会社に始まる渋沢・大倉との起業ラッシュ

明治二〇（一八八七）年二月一日、総一郎は大倉喜八郎、渋沢栄一らと「東京製鋼会社」を創立する。資本金七万円の中堅企業だが、これによって鋼鉄製品の製造にも乗り出した。

ちなみに大倉喜八郎は、貿易、建設、化学、製鉄、繊維、食品などの企業を数多く興した実業家であり、中堅財閥である大倉財閥の創設者である。総一郎が一〇歳も年上の大倉喜八郎とビジネスを共にするのはこの時からで、渋沢を含めた三人はやがて毎月のように共同で会社を興すほどの盟友関係を結び、後世に残る企業群を数多く世に送っていく。

ただ、東京製綱会社についていえば、本格的な鋼鉄製品の製造を始めるのは兵庫工場が完成してからで、明治二八（一八九五）年ごろのこと。当時、日本の製鉄業はなお発展途上にあり、東洋一をうたわれた官営「八幡製鐵所」が産声（うぶごえ）を上げるのは明治三四（一九〇一）年と、まだまだ先の話である。

一方、前述のように、総一郎はすでに東洋汽船を興し海運業に進出していた。海運業の経営には造船業との密接な関係が不可欠と感じた総一郎は、自前の造船所の建設も企画する。

そこで、大正五（一九一六）年に「横浜造船」（直後に「浅野造船所」と改名）を鶴見の地に設立。第一次世界大戦時の好況により、短期間で船台六基を有する造船所へと成長するが、戦争終了後の造船不況にさらされ、規模縮小を迫られる。その後は「鶴見製鉄造船」「日本鋼管鶴見造船所」となり、現在では「ユニバーサル造船京浜事業所」と名称を変えている。

総一郎にとって、製鋼業への進出は、娘婿の白石元治郎との出会いを抜きには語れない。

明治二五（一八九二）年、帝国大学を卒業した白石は浅野商店に入社。間もなく総一郎の娘・マンと結婚して娘婿となり、明治二九（一八九六）年には前述の東洋汽船設立とともに支配人を任される。明治四五（一九一二）年、帝大時代の友人で官営八幡製鐵所出身の技術者・今泉嘉一郎と協力し「日本鋼管株式会社」を設立して社長となり、民間製鉄業界をリードしていく存在となった。

昭和一五（一九四〇）年には、日本鋼管と浅野系の鶴見製鉄造船が合併し、戦後の発展への道を築く。日本鋼管はその後「ＮＫＫ」を経て、平成一五（二〇〇三）年に川崎製鉄と合併し、現在の「ＪＦＥスチール」へと成長を続けている。

総一郎は、娘婿の白石をかわいがり、白石は浅野同族の一員として浅野財閥系企業の役員も多く務めた。総一郎と協力して日本鋼管を育てた白石元治郎もまた、京浜工業地帯形成の立役者の一人といっていいだろう。

総一郎いわく「ビールを飲むならサッポロ！」

総一郎と渋沢栄一、大倉喜八郎の三人は、東京製綱会社設立以来、多くの企業を共同で興していくが、そのひとつに「サッポロビール株式会社」がある。明治二〇（一八八七）年のクリスマスイブの夜、グラスを手に顔を合わせた三人の合意により、サッポロビール株式会社設立が決まった。

事の起こりは、この二年ほど前、総一郎が民営ビール会社設立に向けて渋沢を口説いたことに始まる。総一郎の妻サクの兄・鈴木恒吉は、横浜で商社勤務をしていた関係から輸入ビールの状況に詳しかった。そこから得た情報で総一郎自身もまた当時のビールの消費量や輸入量を正確に把握していた。近い将来、十分な商機を見込めると予想していたのだ。

早速に工場敷地の物色や原料の手当て、技術者の獲得などが進められ、ホップや大麦の生産に最適な地として北海道での製造が決まる。そこへ折よく、札幌の官営ビール工場の払い下げを決めていた大倉が加わって、とんとん拍子に話が進んだのだった。

札幌の官営ビール工場は、もともと開拓使が明治の初めに設立し「開拓使麦酒」などと呼ばれていた。ところが、最新の醸造技術をもつ外国人技師は高給で雇われる立場にいたため、その技術をなかなか日本人技師に教えようとせず、長い間、経営はうまくいかなかった。そのため、払い下げが決まったのを好機として、総一郎ら三人は民営ビール会社設立を画策したのである。

こうして明治二〇（一八八七）年、サッポロビール株式会社は資本金七万円で設立される。商標には札幌開拓使団時代の星のマーク（北の夜空に輝く北極星、また函館五稜郭をデザインしたものともされる）が用いられ、初代社長には前出の鈴木恒吉が就任。これ以後、総一郎が生涯「ビールを飲むならサッポロ！」といい続けたのは、こうした物語が背景にあったからである。

世紀の大事業〝東京湾埋め立て〟に突き進む

明治二九（一八九六）年から翌年にかけての海外視察の旅で、総一郎が痛感したことがあった。それは、東京や横浜など日本を代表する都市が抱える港湾が、諸外国の港湾と比べて、あまりにも不便で貧弱だということだ。

艦船の急速な大型化の時代にあって、国際港湾になろうとしている横浜港の欠点は、岸壁の水深が浅いことだった。海が浅く、前述の第一期の築港工事が完了したのちもなお、大型船は岸壁に近づくことができない。そのために大型船は沖合に停泊し、艀で乗客や荷物を岸壁まで運んでくるしかなかった。それを何度も繰り返すのだが、この艀の手間賃は非常に高価であった。総一郎自身もアメリカから帰国したときに乗船したP&O汽船の船上で、外国人に「あの小さな船は何だ?」と聞かれ、艀について身振り手振りで説明をしたが、その時の屈辱感は相当なものだったらしい。

総一郎の脳裏にはハワイやロシア、ドイツで見聞した港湾の光景が焼き付いていた。ハワイでは大型船が岸壁に着岸し、荷物は待機していた貨物列車に積み込まれて、すぐに移動する。ロシアでは、山の畑からベルトコンベアが港まで敷設されており、収穫した小麦を直接ベルトコンベアに載せて港に運び、接岸している大型船に積み込む。三千トンの小麦の積み込みがわずか一日で終わるという便利さだ。さらに総一郎が驚いたのはドイツでの光景である。岸壁には三十両もの貨車が待機して、大型船が運んできた六千トンの小麦を、人の手を介さないで自動で貨車に積み込んでいた。

海外視察をする前は立派だと思えた横浜港の施設も、帰国して眺めると、欧米諸国との差は歴然としていることがわかった。どこの港湾も効率的なインフラシステムを整備しており、その先進性に総一郎は大きく驚かされると同時に、強い危機感を抱いたのである。

そこで総一郎は動く。まず、明治三二(一八九九)年四月、東京府知事宛てに「品川沖埋め立て計画」を提出し、裁可を仰いだ。この埋め立て計画の規模はなんと二十一万坪。当時の埋め立て事業といえばせいぜい一万坪が上限だったので、知事をはじめ関係者は驚いたに違いない。しかし「こんな計画は民間でやれるものではない」と、すぐに却下される。

一度や二度、却下されたところで、総一郎には痛くもかゆくもない。総一郎が次に埋め立て計画を提出したのは明治三八（一九〇五）年。この「東京築港計画」は、前の計画以上に前例のないものだった。なんと幅三百メートル、水深十メートルまで運河を掘り、一万トン以上の大型船舶が岸壁に接岸できる港湾をつくる。しかも、掘り終わった後の土砂は再利用して、六百万坪の工業団地造成のための埋め立てに使うという画期的な計画である。

数人の産業人の協力を得て作成したこの計画に対して、東京府知事や東京市長は賛成の意を示すが、東京市議会がこれに反対を表明する。結果は「このような大規模な築港・埋め立て工事は民間にやらせるべきではない」という前回と同じような弁明。内容について詳しい議論をすることもなく、役所の体面だけを重んじた判断による却下であった。

この決定には、さすがの総一郎も憤慨するが、そこは冷静になって自分の理想とする埋め立て事業をもう一度思い描いてみた。

「まず、大運河の開拓を京浜間で行い、大型船の出入りを自由に行えるようにし、鶴見と川崎付近一帯の遠浅の海岸を埋め立てて、その埋め立て地に理想的な工業地帯をつくる。そこで製造した製品は運河に停泊する大型船に、あまり人手を使わずに積み込まれて、内外各地へ輸送される。それが世界的な東京湾の姿である」

総一郎はそんな壮大な構想を描いて、五度にわたって東京から神奈川の海岸の現地調査を実施する。なかでも鶴見川から多摩川の海岸までは、念入りに調査した。なぜなら、この地域一帯は、両河川から流れ出した土砂が堆積（たいせき）し、干潮時になると約一里の沖合まで、堆積した土砂が見えるほどの浅瀬になるからだ。この地域一帯を埋め立てるには、最新の工法を採用して、沖合の海底から掘削（くっさく）した土砂を使えばよい。そうすれば埋め立て地の岸壁に大型船が着岸できる。しかも、横浜―新橋間は東海道線の鉄道が走っており、水陸両用で物資輸送の面もたやすい。工業立地としては申し分のない適地だと、総一郎は五回の調査で確信をもった。

しかし、それだけではまだ役所の壁を取り払うことはできない。打破するには学問的なお墨付きが必要と考え、総一郎は東京帝国大学教授で日本における港湾工学の権威であった広井勇に調査を依頼する。総一郎と一緒に三回の実地調査を行った広井教授は、次のように結論づけた。

「埋め立て地として有望であり、コストも埋築(まいちく)費がほとんどで、施工も簡単にすむので利点が大きい。さらに、この事業は国家としても大きな利益につながる」

こうした学術的なバックアップも得たうえで、総一郎は今回は神奈川県庁にとりあえず埋め立て許可の願い書を提出して、権利の獲得に努めることにした。しかしながら、やはりなかなか認可がおりない。

画期的な〝京浜工業地帯〟を生んだ破天荒力

明治四一(一九〇八)年、総一郎はさらに検討を重ね、鶴見川河口から川崎在田島村(現川崎市)沿岸に至る延長約四千五百四十五メートル、幅員千四百五十五メートル、埋め立て面積百五十万坪の大計画を立てる。埋め立て計画の設計は、台湾総督府技師で同地の高雄港建設事務局長だった山形要助工学博士に依頼した。

総一郎は、この埋め立て大計画を神奈川県庁に提出して裁可を仰いだが、神奈川県知事・周布公平は「かかる大計画の事業には、金融機関の確かなる人が連署しなければ許可し難い」とまたしても難色を示す。

そこで総一郎は県庁を出たその足で、同郷の先輩であり銀行家の安田善次郎を訪ね、計画について相談をしている。安田善次郎は計画書を一読するなり「この事業は国家経済に及ぼす大問題で、一日もおろそかにできぬ大事業のように思われる。早速実地を踏査してみます」と即答した。

この時、安田善次郎は八〇歳になろうとしていた。その老齢に鞭打って、技師二人を連れ、川崎在若尾新田（現川崎市）の宿屋に逗留し、三日三晩、早朝から夜遅くまで調査を実施する。そして次のように結論づけ、総一郎にアドバイスをした。

「十分見込みのある仕事だから投資をしましょう。ただし、あなた（総一郎）がいい出したことだから、一番多くの株式を持ちなさい」

安田善次郎の熱心な調査が奏功したのか、総一郎のこの計画には、安田のほかにも渋沢栄一、安部幸兵衛、渡辺福三郎、大谷嘉兵衛らの実業家が出資をし、明治四五（一九一二）年三月、資本金三百五十万円で「鶴見埋立組合」が創立される。この鶴見埋立組合は、二年後には「鶴見埋築株式会社」となり、大正九（一九二〇）年には「東京湾埋立株式会社」となり、規模と内容を拡大していく。ちなみに、現在では「東亜建設工業」として発展している。

大正二（一九一三）年一月、ようやく神奈川県から埋め立ての認可がおりた。着工当初、工事は順調に進むと思われたが、海底の土砂を掘削する三百五十馬力のサンドポンプ船（カッター付き電動ポンプ船）の構造が土質に合わず、工事は一時頓挫する。しかし、改良を加えて七百五十馬力の第二号船を完成させてからは順調に進み、ついに昭和三（一九二八）年六月に埋め立て工事は完成した。

計画のスタートから、なんと二〇年を要していた。ねばり強い交渉力、豪快な実行力……総一郎がも

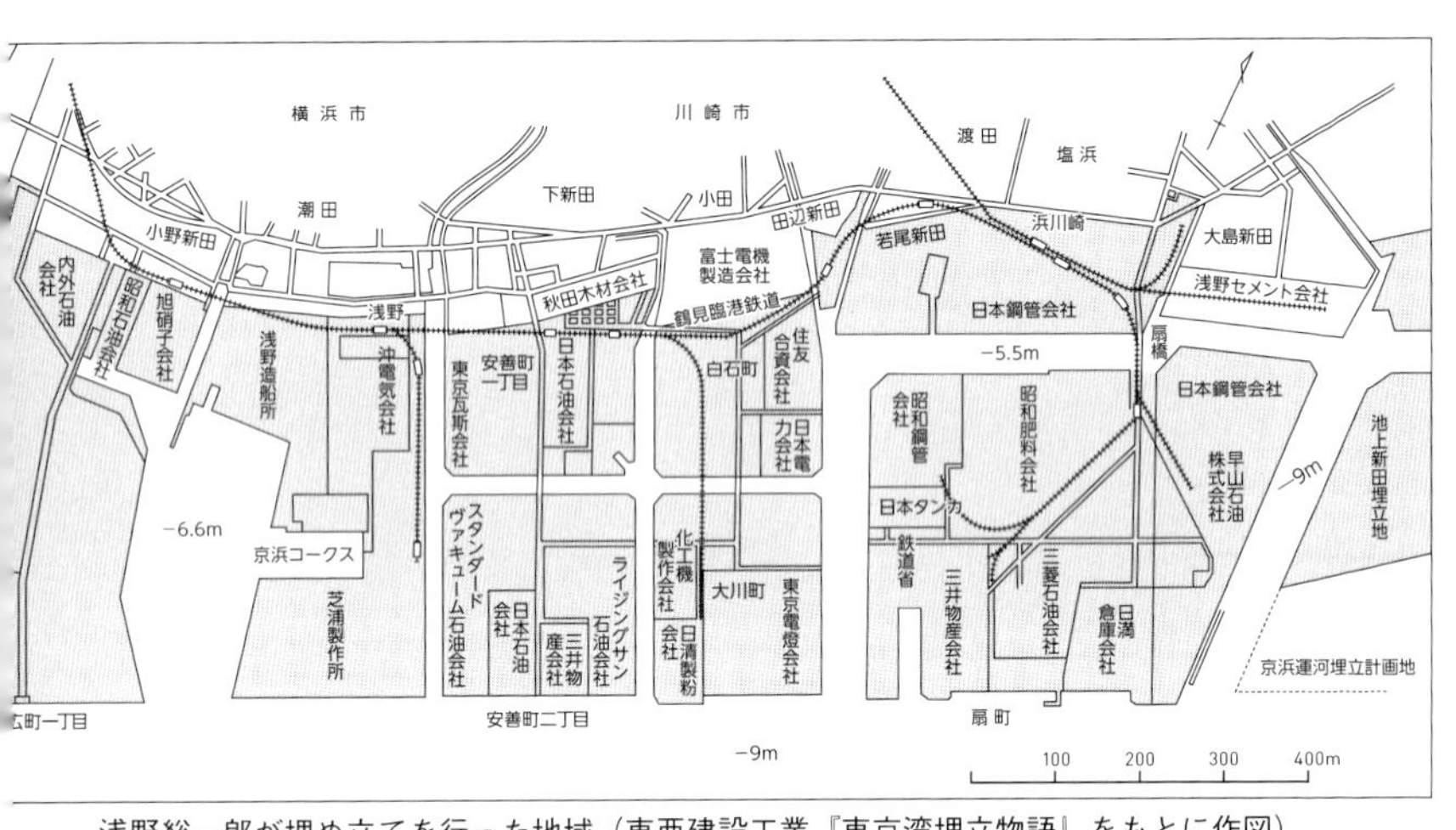

浅野総一郎が埋め立てを行った地域（東亜建設工業『東京湾埋立物語』をもとに作図）

つ、こうした破天荒な力が、この世紀の大事業を成就させたのである。まさに執念がもたらした偉業だといえるだろう。

総一郎が実行した埋め立て事業は、じつはそれまでにない特色をもっていた。以前の埋め立て工事がたんなる土地の提供で終わっていたのに対して、総一郎はこの埋め立て地に各種のインフラを整備して、積極的に企業誘致を図った。

まず、神奈川県西部を流れる酒匂（さかわ）川上流に「落合発電所」を建設し、工場地帯に不可欠な電力の供給を行う。次に、臨海工業地帯の物資輸送を円滑にするため、大正一五（一九二六）年に「鶴見臨港鉄道」を開業し、さらに昭和二（一九二七）年には工業用水提供のために「橘樹（たちばな）水道株式会社」を発足させる。

つまり、総一郎は埋め立て事業をただの土地開発ととらえるのではなく、工業地帯造成から工場誘致までを見据えた総合開発事業として実践したのである。まさに奇想天外の発想力と実現力としかいいようがない。

こうして、完成した埋め立て地には第一次世界大戦期までに、日本鋼管、浅野造船所、浅野セメントなどの浅野系企業が進出。その後、関東大震災をはさんで、スタンダード石油、ライジングサン石油、芝浦製作所、沖電気などの重化学関連工場が続々と集まってきた。

ちなみに鶴見臨港鉄道は、現在は「JR鶴見線」となっているが、そこには「浅野駅」「安善駅」「武蔵白石駅」がある。これらは浅野総一郎、安田善次郎、白石元治郎の功績をたたえ、彼らの名前からつけられた駅名ということだ。

さらに一九三〇年代には、鶴見川をはさんだ対岸の横浜市営埋立地が完成するに及んで、多摩川河口から横浜港へと連なる現在の京浜工業地帯の原型がつくられていった。総一郎が〝京浜工業地帯の生みの親〟といわれる理由はここにある。工業地帯などの産業基盤の整備は、国や県などの公共団体にしかできない、民間には不可能だと思われていた常識を打ち破った総一郎の破天荒力には驚かざるを得ない。

こうしたなかで、総一郎を物心両面にわたって応援した安田善次郎は、この工事の完成を見ることなく大正一〇（一九二一）年に大磯の別邸で国粋主義者の暴漢に暗殺され、この世を去った。総一郎の愛妻サクも工事完成の二カ月前の昭和二（一九二七）年四月に他界した。

総一郎は八〇歳近くになっていたが、事業への意欲はとどまることを知らず、この後も悲願だった造船業やダム建設などへ注力するなど、老いてなお意気盛んな働きぶりを示していくことになる。

実践教育による「人づくり」浅野総合中学校の創設

晩年近くになって、総一郎が特に力を入れたのが「人づくり」すなわち「教育」である。総一郎は、明治期に欧米を視察し、フォード・モーターなどの有力企業で何より人材教育が重視され、実践されていることに驚くとともに、当時の日本の教育が座学中心の極端な教養主義にかたよっていることを憂いていた。

人材こそ、企業や社会の発展に不可欠な要素だと考えた総一郎は、同志社大学の水崎基一教授にアメリカの実践教育システムの調査研究を依頼。水崎は、アメリカにおける教育システムの先進事例として「ゲーリー・システム」の有効性を総一郎に提言する。ゲーリー・システムとは、学校施設利用の効率化による勤労主義と実学教育をもとに、広い視野の獲得を目的とした教育方針を意図したものだ。

この提案に共鳴した総一郎は、大正八（一九一九）年、文部大臣に学校設立の請願書を提出し、その翌年、横浜の新子安の丘の上に「浅野総合中学校」を創設する。学校内に実習工場を設置し、実践的指導力を身につける科学技術教育と実用的な語学教育を特色とした。

浅野総合中学校の「総合」には、教養主義に陥らない幅広い知識と実践的指導力を身につけるという意味が込められている。このような実践主義に基づく幅広いバランスのとれた教育を行う、という新しい理念をもって創立された学校なのである。教養と高度な職業能力をあわせもち、リーダーシップを発揮しうる有為の人材を浅野財閥の各企業へ供給することを意図していたのだろう。

初代校長には水崎基一が就任し、陣頭指揮をとった。現在では「浅野学園」と改称し、中高一貫教育の進学校として神奈川の私学教育をリードしている、丘の上には、浅野総一郎の銅像がそびえ立ち、静かに学校の発展を見守っている。こうして、実業家・浅野総一郎は自らの実践哲学を教育理念とした学校を創設するという、夢を果たすことができたのだった。

「腕で飯を食う」生涯の指南役・渋沢栄一の教え

稀代(きだい)の「起業家」である総一郎を支援し、援助し、相談にのって支えた人物といえば、なんといっても実業家の渋沢栄一と銀行家の安田善次郎であろう。

生涯三百とも五百ともいわれる企業と関わりをもち、日本の産業育成に心血を注いだ渋沢が総一郎と出会ったのは、総一郎が二九歳の時で、渋沢は九つ年上の三八歳である。当時の総一郎は横浜瓦斯局から出る廃物のコークスを、深川のセメント工場の燃料として納めて大成功。それを聞いた渋沢が、王子製紙の燃料にコークスを使おうと試みながらうまくいかず、石炭の納入と引き換えに不要となったコークスの処理を頼んだいきさつは、すでに述べた。

渋沢は、毎朝船で石炭を載せてやってきては、半纏(はんてん)に股引(ももひき)姿で先頭に立ち、真っ黒になって作業をしている総一郎を目の当たりにして「自分でも荷を運ぶのだな、見上げた男だ。一度会って話をしてみたい」と感心する。王子製紙の事務長を通して、その意向を伝えたところ、総一郎は「一分一秒無駄なく働く者にとって、昼間から無駄話をしている暇はありません」とつっけんどんに答える。これに対し渋沢は「仕事のことで何か相談事があれば、夜分でもかまわないから訪ねてきなさい」と伝えたそうだ。

ある夏の夜一〇時すぎ、総一郎は思い立って渋沢邸を訪ねた。渋沢はすでに就寝していたが、起きて総一郎を歓待した。総一郎は渋沢と話をしていて、相手が醸し出す大人の風格やすべてを包み込む度量の大きさ、そして自分のような者に対しても公平無私に接してくれる態度に感銘を受けた。渋沢は別れ際に、総一郎に対してこういっている。

「あなたは腕で飯を食うように仕事をされているが、これからもそれを心がけてください。偉くなると自分が動かずに、部下に指示ばかりをしている人が多くなるが、人の上に立っても自分で行動することが大事ですよ」

この言葉は、常に先頭に立って身を粉にして働く総一郎にとって何よりもありがたかった。自分のこれまでの生き方が認められ、評価されたからである。これ以降「腕で飯を食う」は総一郎の座右の銘となった。

この日を境に、総一郎は事業を発案すると真っ先に渋沢に相談するようになる。渋沢も明朗闊達(かったつ)で覇気のある総一郎の性格を愛した。渋沢と知り合ったことで、総一郎は深川のセメント製造所の払い下げも受けることができ、磐城炭礦会社や東洋汽船を創設することもできた。一介の石炭商から大実業家に転身できたのも、渋沢の協力と支援が大きかったのである。

死後も続いた、安田善次郎との深い関係

渋沢栄一が総一郎にとって経営の指南役だとすると、事業の運転資金など財政・金融面で総一郎を支えていたのは、四三歳の時に安田銀行（のちの富士銀行、現みずほ銀行）を開設した安田善次郎である。総一郎と安田は富山県出身の同郷同士で、渋沢が主宰していた商工会議所で早くから顔を合わせていた。当初はそれほど親しくはなかったが、一介の両替商から銀行家になった安田の品のよさと、チャンスを逃さないビジネス感覚に総一郎は尊敬の念を抱いていた。

安田と総一郎の間に金融面で深い関係ができたのは、浅野セメント工場が合資会社になった明治三一（一八九八）年からである。それ以降、二人の蜜月関係は続いた。

たとえば、東洋汽船が資金繰りのピンチに見舞われた際、かつて渋沢栄一が頭取をしていた第一国立銀行（のちの第一勧業銀行、現みずほ銀行）に融資の申し込みをしたが、新しい頭取に断られてしまう。そこで総一郎が頼ったのが同郷の安田である。安田は東洋汽船の発起人でもあり、出資もしてくれていた。

総一郎は人力車を走らせて安田銀行に出向き、「外国航路に参入したのは日本のために貢献できると思ったからですが、今は経営危機に陥っています。なんとか五百万円の融資をしていただけないでしょうか」と頼み込むと、「私に任せてください。東洋汽船が所有している船舶を担保に八百万円用立てましょう」とあっさりと答えた。安田は総一郎の実業家としての手腕と志を、それだけ認めていたのであろう。

また、前述した神奈川の鶴見・川崎の埋め立て工事の申請の時にも、安田が融資を引き受け、財政的にバックアップしたことで、工事は無事にスタートできた。

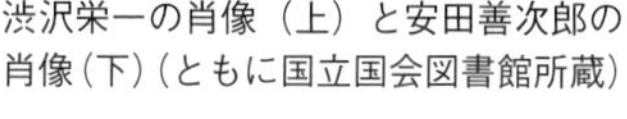

渋沢栄一の肖像（上）と安田善次郎の肖像（下）（ともに国立国会図書館所蔵）

このように、総一郎の財政面の支援には常に安田善次郎がいた。では、なぜこれほど安田は総一郎を援助し続けたのか。そのことについて、安田が後藤新平に話した内容が心境を物語っている。

「浅野総一郎という男はなかなか大胆な事業を計画し、展開しています。あれだけの事業をする男を援助して、たとえば焦げ付いても遺憾と思いません。大きな仕事をする人に大きな援助をするのは、国家的におおいに意義があります」

事実、敗戦による財閥解体の直前、昭和二〇（一九四五）年九月一日の時点で、安田銀行から浅野系列会社十五社に対する融資額は八億円にのぼっている。同じ時期の安田銀行自体の系列への融資が二億四千万円余り。いかに浅野系列企業の財政面を支えていたのかがわかる。安田善次郎自身の死後も、総一郎に対する支援は安田銀行内に受け継がれていたということだろう。

一代で築き上げた浅野財閥を残して――

総一郎が生涯、誰よりも大切にした妻のサクは、昭和二（一九二七）年正月から体調を崩し、その間、総一郎は付きっきりで看病をした。四月一〇日午後一時五六分、愛するサクがその生涯を閉じたとき、総一郎は人目もはばからず号泣したという。百戦錬磨を誇った男が体をふるわせ大声を上げて泣きじゃくったのだ。

そして「私の妻サクは、やさしい偉大な女でした」と、あふれる涙をぬぐいながら総一郎は親戚や医師に静かに礼を述べたそうだ。

浅野財閥が三菱財閥や三井財閥と異なるところは、総一郎が約六五年間にわたって一代で築き上げ、その後は財閥化しなかったという点である。三菱財閥も三井財閥も、そして古河財閥も安田財閥も、代替わりをしながら拡大していった。そこが浅野財閥との決定的な違いである。

これまで述べてきたように、総一郎は誰よりも好奇心が強く、人よりも数十倍いや数百倍、起業力と実行力に富んでいたため、日本で初めてとなる先進的で画期的な事業を数限りなく手がけている。当然、何度も失敗した。しかし、必ず起き上がり、次なる挑戦を始めている。その執念たるや、他人にまねのできるものではない。

この〝九転十起の男〟のベンチャー精神と破天荒な行動力こそが、横浜の工業化を拓いたといっても過言ではない。実業界広しといえども、総一郎のような実業家はもう現れないだろう。

生涯で七十を超える事業会社の社長や会長、取締役、監査役を務めた〝事業の鬼〟浅野総一郎。晩年の昭和五（一九三〇）年五月、八二歳を迎えて欧米視察に赴いたが、六月二六日にベルリンで食道癌と診断され、急遽アメリカ回りで八月二日に帰国する。

その後、別邸がある大磯町で療養していたが、一一月九日午前零時五二分、食道癌と急性肺炎のためその生涯を閉じた。墓は横浜市鶴見区の總持寺にある。

終章

魅力あふれる「横浜力」を創造しよう

新天地を求め、横浜港から旅立った海外移住者たち

安政六（一八五九）年に開港した横浜には、この本で取り上げた人々以外にも多くのさまざまな人々が来港し、またここから出港して、さまざまな人生ドラマをつくっていったことは想像に難くない。

じつは、横浜から出港していった最大の勢力は「移民＝海外移住者」である。日本からは多くの海外移住者が、ここ横浜を旅立っていった。

横浜港は北米航路と南米航路の日本最終港であったために、ハワイやアメリカ、カナダ、ペルーなどへの渡航者の多くは横浜から出発する。横浜には、全国からたくさんの海外渡航者が集まり、渡航準備のために数日間、長ければ一週間以上横浜に滞在した。こうした人々が宿泊した旅館を「外航旅館」といい、俗に「移民宿」とも呼ばれていた。

この移民宿の最盛期は、日露戦争後と関東大震災の直後だった。日清・日露戦争の戦勝は、日本人の海外への関心を高め、また、より高い賃金と海外での成功を夢見て、多くの若者や家族連れが海を渡るために横浜に集まってきた。多くの移民宿は、当時の大桟橋や新港埠頭、そして海岸通り付近にあり、多い時期には二十軒以上あったという。

そこでは乗船予約、荷物の運送、予防接種などのほか、乗船日までの約一週間、あれこれと移民の世話をして、彼らを送り出した。

当時の横浜港には、北太平洋航路だけで四航路三十隻が就航し、毎月十隻以上が発着していた。明治末ごろには、一万トンを超える大型船が次々と就航する。船の大型化の大きな要因は、日本人と中国人の移民の増加であった。

戦前のアメリカへの移民数は十万人を超え、特にハワイへは二十三万人にも達している。ほかにも、カナダ、オーストラリア、ペルー、ブラジルなどへ向けて大勢の移民が海を渡った。その多くは横浜から出発し、そうした人々に横浜の移民宿は支えられていたのである。

第二次世界大戦の終戦直後にも、新たな海外移民が横浜に集まるようになった。その中心は、南米ブラジルやアルゼンチンなどへの渡航者であった。彼らの多くは終戦後の貧困から抜け出すため、海外に新天地を求めたのである。

この時期、ブラジルのサンパウロやアルゼンチンのブエノスアイレスに向けて海外移住者を運ぶ船は、ほぼ月に一隻ずつのペースで横浜港を後にした。

彼らの多くは、家も土地も日本国内の財産はすべて処分して、一家を挙げて新天地をめざした。事情があって旅立つ者と残る者、そして家族が離れ離れになるケースもあったであろう。移民船が出航する日、横浜港ではさまざまなドラマが繰り広げられたのである。もう古い映画だが、石原裕次郎主演の「俺は待ってるぜ」では、そんな光景が描かれている。

その後、日本は高度経済成長期に入り、昭和四八（一九七三）年、最後の移民船が出航して、百年を超える海外移住者の歴史にピリオドが打たれた。

そして今では、世界各地に移住した移民たちは、日系人として何世代にもわたって地域社会にとけ込み、さまざまな分野で活躍し、日本との親善にも大きな役割を果たしている。

こうした海外移住者の多くを送り出した窓口こそ横浜港であり、彼らはここから大きな夢を抱いて旅立っていったのである。そう考えると、海外移住者の皆さんもまた、横浜を拓いた人々といえるのではないだろうか。

一二年にわたる英仏軍の駐屯が横浜に及ぼしたもの

近代において、横浜という都市が日本のほかの都市と異なる点のひとつは、他国の軍隊の駐留を二度にわたって経験していることであろう。

最初は開港直後の英仏軍の駐屯であり、二度目は第二次世界大戦終戦後のアメリカ軍の進駐である。こうした外国の軍隊の駐留は、横浜にどのような影響を与えたのだろうか。

文久三(一八六三)年、横浜の山手の丘にイギリスとフランスの軍隊が駐屯した。イギリス軍は現在の「港の見える丘公園」と「岩崎博物館」(旧ゲーテ座跡地)がある一帯に、フランス軍は「フランス山地区」に兵舎を構えた。イギリスは青い制服、フランスは赤い制服だったことから、それぞれ青軍、赤軍と呼ばれたそうだ。

それでは、なぜ英仏軍が進駐してきたのだろうか?

両国の軍隊が横浜に駐屯するきっかけとなったのは、前年に起きた「生麦事件」である。

この当時、日本人のなかには、外国人が日本に住み商売をすることを快く思わない人々、すなわち攘夷派も多く、彼らによる外国人殺傷事件が相次ぎ、外国人居留地襲撃の噂も絶えなかった。

そんな状況のなかで、文久二（一八六二）年八月二一日、生麦事件が発生する。生麦村（現横浜市鶴見区）の東海道を南下していた薩摩藩の島津久光一行が、通りかかった外国人が無礼をはたらいたとして切りつけたのだ。イギリス人一人を殺害し、二人に重傷を負わせ、居留地は大混乱に陥る。ちなみに、かつぎ込まれた二人の負傷者を宣教医師のヘボンが手当てし、一命をとりとめたことは本書の第三章でも紹介した。

この生麦事件によって薩摩と英国の対立は、翌年の「薩英戦争」にまで広がっていく。横浜近郊で発生したこの一大事件は、居留地の外国人たちの危機感をあおり、軍隊駐留につながっていく。幕府は英仏の公使と会談し、横浜防衛権移譲を記した書簡を英仏両海軍提督へ送ることが合意され、ここに英仏軍の駐屯が決まった。

駐屯軍の兵数は、ピーク時でイギリス軍千八百名、フランス軍三百名ほどであったが、彼らは元治元（一八六四）年に英仏米蘭の四カ国連合艦隊と長州藩の間で勃発した「下関戦争」にも参加している。

生麦事件以後、居留民の生命と財産を守るために軍隊が呼び寄せられ、英仏の軍隊は約一二年間もの長きにわたって横浜に駐屯することになった。独立国である日本の国内に外国の軍隊がいることは日本の主権に関わる問題で、それ自体が好ましいものではない。一歩間違えれば植民地化の足がかりにもなりかねない。徳川幕府やのちの明治政府は、何度も駐屯軍撤退を申し入れたが拒否され、明治八（一八七五）年、両国の駐屯軍はようやく横浜の地から去っていった。

しかしながら、この時代の大転換期に英仏の軍隊が約一二年間も駐屯したことは、横浜という街にさまざまな影響を及ぼすことになる。

まず、軍隊によるレクリエーションが、居留民のみならず、横浜の人々に西洋の文化を広めることになった。競馬会（幕末に開設された「根岸競馬場」のちの「横浜競馬場」）の開催、音楽隊による演奏、演劇上演などの文化活動は、娯楽の少なかった当時、人々に歓迎された。これらは日本兵士の洋式化、軍楽隊の創設にもつながった。

明治に入ってからは、海兵隊が居留地警察の一員として警備活動を展開し、街の治安維持も大きく向上した。さらに、駐屯軍の物資、食糧を日本人の業者が調達したため、地域経済の活性化にもつながった。今でいう「基地経済」の効果である。

加えていうならば、食文化の西洋化にも大きく寄与した。フランス軍からは、豊富な食材を使ったフランス料理のノウハウも授けられた。

そしてもうひとつ、イギリス軍から広まったのが「カレー」である。横浜に住んでいた居留外国人数のトップはイギリスであり、商人たちが植民地のインドから大量のカレー粉を取り寄せていた。肉や野菜に牛乳を混ぜてごった煮にしたイギリス人の常食であるシチュー。これにカレー粉を入れたのが、植民地インドのそれとは異なるイギリス人によるカレーの始まりとされている。

さらに、イギリス海軍によって、これに小麦粉を加えてとろみをつけるレシピがつくられる。揺れる船の上ではサラサラの液体よりもこぼれにくく、好まれたからだそうだ。このカレーをご飯にかけて食べる「カレーライス」が、日本のハイカラな一品料理の代表として急速に広まっていく。明治の中ごろの話である。

カレーは、まさに横浜開港がもたらした西洋料理の象徴ともいうべきもの。そして、カレーライスは横浜から、明治時代後期にはすでに全国津々浦々（つつうらうら）にまで広まっていた。

このように、英仏軍の横浜駐屯は、日本の主権行使の面で問題を抱えながらも、新しい西洋文化の普及に大きな役割を果たし、横浜の街を拓いていったのである。

アメリカ軍の進駐——占領と接収のアメリカ文化

時代は流れ、昭和二〇（一九四五）年五月二九日朝、横浜は米軍の大空襲によって壊滅的な被害を受ける。「横浜大空襲」である。三十五万発にもおよぶ焼夷（しょうい）弾が投下され、市街地は焼き尽くされた。

そして同年八月一五日、日本がポツダム宣言を受諾し降伏したことによって、占領軍が日本各地に進駐することになり、その本土進駐は神奈川県から始まった。

連合国軍最高司令官に任命されたダグラス・マッカーサー米陸軍元帥は、八月三〇日に厚木飛行場に降り立ち、その日のうちに横浜のホテルニューグランドに入る。各部隊も、厚木飛行場や横須賀港から上陸を開始し、九月になると横浜港への上陸も始まった。そして、総司令部が横浜税関におかれることになった。

その後、総司令部は東京に移されるが、占領期間中、横浜は日本の占領と軍政の中心を担うことになる。横浜には翌昭和二一（一九四六）年二月末までに、なんと九万四千人を超す米軍兵士が進駐してきた。

大規模な部隊の駐留には、当然、相応の宿舎が必要となる。焼け残ったホテルや洋風家屋、工場などが兵士らの宿舎にあてられ、その後、宿舎の建設も進んだ。将校らは家族を呼び寄せることが許され、家族住宅も山下公園や本牧、根岸に新たに建築されていった。

こうして横浜市中心部の主要な建物や焼け跡の土地は、米軍部隊の施設や宿舎のために接収されてしまった。関内地区では「香港上海銀行」や「日本郵船横浜支店」「開港記念会館」、さらに「横浜公園」「山下公園」などである。伊勢佐木町で焼け残った「松屋」「野沢屋」「不二家」などのデパートや店舗も接収され、軍の購買部やクラブなどとして利用された。また、港湾施設のほとんども同じように接収されてしまう。

しかも横浜には、在日兵站(へいたん)司令部があったため、接収施設・土地の返還が遅れ、中心部の接収解除が実現するのは、昭和三〇年代以後になってしまう。

この長引いた米軍の駐留と接収が横浜市民を物心両面で苦しめ、横浜の戦後復興を大きく立ち遅らせた。横浜は名古屋などのように戦後の都市再生計画を強力に進めることができなかった。これが、米軍進駐が横浜にもたらした大きな負の側面である。

しかし一方で、米軍進駐と施設の接収は、アメリカ文化を横浜に根付かせる契機ともなった。

米軍施設の特徴は、日常生活を営むためのあらゆる施設がそろっているところにある。しかも、家族住宅などは本国の基準をもとに建設されたため、広くてゴージャスなものだった。

将兵とその家族の需要に応えるために、アイスクリームやコーラの工場などもつくり、クリーニング工場までも整備された。そして、物品を供給する補給部隊だけでなく、娯楽を提供するスペシャル・サービス部隊も編成され、スポーツ施設のほかに映画やショーなどを提供するホールやクラブなどの娯楽施設も整えられた。

やがて、これらのクラブに出演した日本人や、各施設で働く日本人従業員などを通じて、アメリカの生活文化が伝わり、受け入れられていく。そして街のなかにも、アメリカ人を相手にした店舗が続々と生まれ、交流が深まっていった。

こうしてアメリカの豊かで自由な暮らし、〝アメリカン・ウェイ・オブ・ライフ〟が横浜で広まっていく。まさに民主主義の象徴的な姿である。戦前戦中の軍国主義から解放された、豊かで自由な民主主義を市民は実感することになった。

そう考えると、終戦後、米軍によって横浜市民の意識が解放され、アメリカの民主主義の価値が日本中に広まっていったともいえよう。その意味で、終戦後の横浜は、米軍によるアメリカ文化によって拓かれた、といえるかもしれない。

英語を吸収し、英語とともに発展してきた横浜の伝統

このように、二度にわたってイギリスやアメリカの軍隊が横浜に駐留したことは、横浜の西洋化という文化面で大きな影響を与えた。と同時に、英語の普及につながったことも忘れてはならない。

本書で何度も取り上げたが、横浜は英語との関係が深い街である。

ペリーやハリスとの開港に向けての外交交渉では、アメリカ帰りのジョン万次郎（中浜万次郎）のアドバイスやジョセフ・ヒコ（浜田彦蔵）による通訳が功を奏し、交渉を成立させた。開港直後は、多くの外国人商人が横浜に入って商売を始めるが、イギリス人とアメリカ人が主流であったため、居留地は

英語によって支配される。その姿を見て、福澤諭吉はそれまで学んできたオランダ語をきっぱりとあきらめ、英学の道に進む決断をした。その居留地のなかで、高島嘉右衛門は横山孫一郎という天才通訳を雇ってビジネスを成功させる。

続いてやってきたアメリカ人宣教師たちも英語教育に熱心であり、「ヘボン塾」や「バラ学校」などの日本初の英語塾を創設し、そこで英語を学んだ多くの逸材が巣立っていった。すでに紹介したように、益田孝、高橋是清、岡倉天心らは、横浜で英語を学んだのち、世界をまたにかけて活躍していく。まさしく、横浜は英語教育発祥の地なのである。

さらにヘボンは、一〇年以上の歳月をかけて初の和英辞典『和英語林集成』を完成させ、英語習得のための必需品を日本国民に提供した。その過程で「ヘボン式ローマ字」を編み出し、これは今日でも広く使われている。そして、宣教師たちの布教と教育は、多くのミッション・スクール創設につながっていく。そうした学校でも、英語教育が重視されたのはいうまでもない。

それと同じころにはまた、英国領事館の通訳アーネスト・サトウが『英和口語辞典』の編集を開始。横浜で外務省通訳の石橋政方と協力し、明治九（一八七六）年に刊行している。

一方で、福澤諭吉が開いた慶應義塾や横浜商法学校、高島嘉右衛門が創設した横浜町学校（高島学校）、浅野総一郎が開設した浅野学園、こうした横浜に関わる多くの私立学校は、実学としての英語教育に力を入れた。英語のコミュニケーション能力を習得し、外国人とのビジネスを実践する。そうした人材育成をめざしたのである。

横浜の歴史をひもとくと、このように英語との接点は非常に多い。横浜という街は、英語を吸収し、英語とともに発展してきたといっても過言ではない。これからの時代、英語は国際共通語として、その価値はますます高まっていくだろう。この横浜独自の英語文化を継承し、よりよき伝統として、未来の横浜の発展につなげていってほしい。

破天荒な起業力、そして企業力こそ横浜発展の原動力

本書でもたびたび紹介してきたように、開港以来、横浜には国の内外からビジネスチャンスを求めて、さまざまな人々がやってきた。イギリス、フランスをはじめとする欧州諸国、アメリカ、中国などから商人たちが一攫千金（いっかくせんきん）を夢見て海を渡ってきたのである。

一方、日本国内からも横浜開港のニュースを聞いて、下級武士や商人・農民たちが様子見も含めて横浜をめざした。江戸からも関東一円からも、いや、全国から新しい商機を求めて集まってきた。本書でも、そうした人物を数多く紹介した。

それとともに、開港場には世界中、日本中からヒト、カネ、モノ、そして情報が集まり、横浜はビジネスの可能性があふれる街となっていったのである。貿易でひと儲けをねらう者、飲食・宿泊・物販などのサービスを生業（なりわい）とする者、そして建設・土木工事など街づくりでひと旗揚げようとする者。さまざまな野心を抱いた人々によって、さまざまな事業が起業されていく。これが横浜の活力であった。

本書では、そうした起業家のなかでも特筆すべき破天荒な人物を取り上げて、その生きざまを紹介してきた。

高島嘉右衛門は、開港地の建築業で財を成し、高島屋旅館の経営、ガス灯の建設、高島学校の創設、

鉄道のための埋め立て事業、さらには遊郭の誘致に至るまで、政治や行政を動かし、資金を巧みに集めながら事業を進めていった。もちろん失敗もあったが、同時期にいくつも事業を動かす起業力には驚かざるを得ない。

福澤諭吉も、横浜で先駆的な起業力を発揮している。貿易を振興するために、横浜正金銀行の設立や横浜商法学校の創設に尽力した。さらに、盟友の早矢仕有的を支援して、丸善という貿易商社を設立。日本の株式会社の原型をつくった。

さらに、原三溪（富太郎）の存在は興味深い。先代の原善三郎が築いた生糸商を受け継ぎ、その海外向けの売込商に満足するだけではなく、製糸業や輸出業にも進出し、生糸商社の原合名会社を創り上げていく。三溪はまた経済危機に対応すべく金融機関を再建し、横浜新報という新聞社も創設、加えて日本文化の粋を集めた庭園・三溪園を造り、一般市民に開放したことはすでに述べたとおりである。

極めつきは〝九転十起の男〟浅野総一郎であろう。横浜に出て薪炭や石炭の販売店を開き、セメント工場の払い下げを受けて成功する。その後は、海運、鉱山、石油、造船、鉄鋼、電力などの分野で多角的に事業を展開。エネルギー王とも呼ばれ一代で浅野財閥を築いた。失敗しても必ず起き上がり挑戦する、というまさに起業の鬼だった。

もちろん彼らのほかにも、横浜を舞台にさまざまな〝起業ドラマ〟が展開されたことは想像に難くない。しかし、この本で紹介した人々は、特筆すべき破天荒な起業家にして、企業家なのである。

そして、本書でも紹介してきたように、彼らはビジネスを通じてタテ糸とヨコ糸でつながり、お互いに刺激し合って横浜の経済と文化の活力をつくってきた。

彼らには、世の動きを鋭く察知し、新しい変化をキャッチする観察力がある。その動きを事業化する先進力がある。そして、それを成功させるまで続ける実行力がある。さらに、失敗しても再起するための復活力がある。これらすべてが、私のいう「破天荒力」なのである。

いいかえれば、こうした突出した起業力をもった企業家が横浜開港を機に次々と生まれたことこそが「横浜力」なのだと思う。この起業力が、横浜の発展のキーワードであろう。

商売を超え、社会の発展に貢献する力が横浜を拓いた

世に企業家、経営者といわれる人は多いが、自分の利益を超えて社会のために貢献することはなかなか難しいものだ。企業家としてのミッション（使命）を、利益の追求とするのか、それとも社会への貢献とするのか。これは二者択一ではないが、判断に迷うところだろう。

その点でも、本書で取り上げた〝横浜を拓いた男たち〟から学ぶべきところは多い。

まず、企業家ではないが、ペリーとハリスの軍人そして外交官としての責任感、使命感は見上げたものだ。ペリーは、日本が鎖国を解きアメリカと友好を図ることが、アジア太平洋全体の発展につながるという信念のもとに強引に開国を迫った。そしてハリスは、アメリカと日本の発展のために貿易を振興すべきと考え、そのために横浜開港を実現させた。幕府との交渉が困難を極めるなか、国益を背負って条約をまとめ上げた責任感、使命感は尊敬のほかかない。

さらにヘボンは、医師として、宣教師として、教育者として、自らの利益などまったく考えず、横浜の人々や日本人のために、そして人類の平和と幸福のために生涯を捧げたといっても過言ではない。『和

英語林集成』の作成や『聖書』の日本語訳の実現のために、何十年という歳月を費やしてこれを成就。さらに、明治学院という教育機関の創設にも尽力している。これらの偉大な業績は、日本の社会や教育にも大きな影響を与えた。ヘボンの社会貢献への志の高さ、信念の強さは敬服に値する。彼が横浜に残した功績はあまりにも大きい。

高島嘉右衛門は政商ともいわれ、一部に好ましくない噂もあったようだが、横浜で事業を実践するなかで、「自分がやらなければ誰がやる。日本人がやらなければ外国人にやられてしまう」という危機感があったように思えてならない。日本が欧米列強に負けない国として自立するには、外国人の知恵は借りても、実務は日本人が実践しなければならない。こうした愛国の精神をもって「俺がやってみせる」という使命感が誰よりも強かったのではないか。

福澤諭吉の場合はより明確である。欧米列強と対峙して強い独立国家をつくるには、貿易を強化して国を富ますことがきわめて重要だ。そのために横浜に銀行をつくり、商社をつくり、学校をつくることに尽力したのである。

原三溪にいたっては、企業家・経営者の枠を超えて、文化人として日本文化を再興するために三溪園を開き、多くの日本画家を育成している。そして、関東大震災の復興に向けて陣頭指揮に立ち、市民と協力しながらそれを成し遂げている。政治家以上にリーダーシップを発揮し、公的な役割を果たしたのである。地域のために尽くす使命感には驚くほかない。

さらに、浅野総一郎はさまざまな商売に挑戦し成功と失敗を繰り返すなかで、エネルギーが社会を富まし経済を発展させることに気付いた。薪炭、石炭、コークス、石油、電力、ガス。それらを利用して、鉄道、汽船、鉄鋼、造船の重工業を発展させる。その土台として埋め立て事業、港湾開発を実現し工業地帯を整備していく。これはまさに企業家としての利益を超えた、国家発展のためのプロジェクトを推進したといえよう。つまり、欧米諸国に負けない強い日本、豊かな日本をつくるという国益を追求したのである。

このように〝横浜を拓いた男たち〟は、自分の商売の成功、利益の追求のみに安住することなく、地域や社会の発展のため、国家の独立と繁栄のためという大きな目的をもって、事業を興し実践していった。それが自らのミッション（使命）と考えて挑戦を続けたのである。私はこの、社会に貢献するという公共精神も、横浜のもつ大きな力だと考える。破天荒な男たちは、英語力と起業力と社会貢献力をもって、横浜を拓いていったのだ。

私たちは、この横浜のもつ素晴らしい力を将来にわたって継承していきたいものである。そして、この横浜特有の文化と伝統がさらに充実発展していくことを願っている。

「横浜力」——その源は在野の精神にこそある

最後に、横浜の風土と横浜の人々の気質について考えてみたい。

横浜の歴史は開港以来わずか一六〇年、東京や京都・大阪などほかの大都市とくらべるときわめて短い。したがって、横浜の人々はいい意味の〝新参者〟ばかりで、古い伝統や慣習に縛られることがなく、自由奔放に生きる人々が多い。いたずらに世間体を気にすることなく、いろいろなことに気兼ねなく挑戦できる風土があるように思う。歴史が浅く、ニューカマーが集まり情報が豊富な横浜は、進取の気風に富んでいて新しいビジネスが生まれやすいということだ。

こうした都市環境のもとで活動する人々はおのずと、古い慣習やしきたりをむやみに押し付けようとする人々を嫌うようになる。権力を振りかざして、上から目線で押さえ付けようとするやり方は好まない。

つまり、江戸・東京の政治権力に対抗して、横浜は民の力で活力ある経済を育んでいこうという気質が生まれてくる。たしかに江戸・東京は日本の首都であり、政治・行政の中心地である。しかし、そこには政治家や役人が跋扈(ばっこ)し、為政者たちは国の行政のみならず経済までも必要以上にコントロールしようとする。この中央集権体制に対する反骨精神こそが、横浜の人々の気質なのではないか。

本当の意味での〝在野の精神〟といってもいいだろう。

高島嘉右衛門も、福澤諭吉も、原三溪も、そして浅野総一郎も、さらにアメリカ人のヘボンでさえも、事業を興すたびに、幕府や明治政府、そして県庁の政治家や官僚たちとねばり強い交渉を重ねなければならなかった。事業認可を得るための苦労は、並大抵のものではなかった。

また、彼らはどんなに横浜の人々から公職に就くことを乞われても、政治の道に入ることはなかった。彼らがもし公職に就いていたならば、並の政治家の何倍もの仕事をしていたことは間違いない。しかし、彼らはけしてそういう選択はしなかった。そうするよりも、民間で事業を興すことに情熱を燃やし続けた。それこそが、国家や社会の発展に貢献する王道だと信じて疑わなかったのである。

これぞ、横浜の人々ならではの精神(スピリット)である。官の力に頼らず、民の力で街をつくり、経済を活性化させる。横浜に生きる人々の気質、横浜の風土の源は、この在野の精神にこそあると思う。

こうした点もまた、魅力あふれる「横浜力」のひとつであろう。

今年、平成最後の年（二〇一九年）に、横浜は開港一六〇周年を迎える。数ある日本の大都市のなかで、一六〇年という歴史は短い。しかしながら、幕末の開国以来、日本の近代化という激動の歴史の、まさに中心にあったのが横浜といっていいだろう。開港都市として、首都・東京への玄関口として、横浜は日本の近代化のなかできわめて特異で重要な役割を果たしてきたのである。

開港から明治・大正にかけての草創期に、破天荒な生きざまで横浜を拓いた男たちがいた。英語力、起業力、社会貢献力をフル回転させ、在野の精神をもって、横浜の、そして日本の発展を導いた男たちである。こうした人物を生み出せた文化と伝統こそが「横浜力」なのである。

私は横浜の歴史を学ぶなかで、こうした素晴らしい先輩たちにめぐり逢えたことに感謝したい。彼らの偉業と功績に心より敬意を表し、横浜を拓いた男たちの物語を終えたいと思う。

あとがき

日本の教育のなかで最も足りないもの。それは歴史教育だと思う。過去を学び、今を考え、未来に伝える。この繋がりがなければ社会は発展しない。こうした考えをもとに、私は歴史教育の充実に力を入れてきた。

神奈川県知事の時代に、全国で初めて「高校日本史の必修化」を実現することができた。そして国政復帰後も、国会で何度もこの問題を取り上げ、ようやく学習指導要領が改正された。来る二〇二二年からは近現代史を教える「歴史総合」という科目が創設され、高校での新しいかたちの歴史授業が必修化されることになった。

嬉しい限りである。そこでいい出しっぺの責任として、日本や神奈川の歴史題材を提供しようと考え、これまでにも歴史をテーマとする著作に挑戦してきた。『破天荒力――箱根に命を吹き込んだ「奇妙人」たち』（講談社 二〇〇七年）、『二宮尊徳の破天荒力』（ぎょうせい 二〇一〇年）、『生麦事件の暗号』（講談社 二〇一二年）、『始動！ 江戸城天守閣再建計画』（ワニブックスＰＬＵＳ新書 二〇一六年）、『教養として知っておきたい二宮尊徳』（ＰＨＰ新書 二〇一六年）などの著書を通じ、自分なりに歴史の面白さや歴史を学ぶ大切さについて訴えてきたつもりである。

そんななか、いつしか日本の近代化の中心ともいえる横浜の歴史を描いてみたいとの夢を抱くようになった。今回こうした著作を出版できたことは、私にとって大願成就となり大変有難いことである。

しかしながら、もとより私は浅学非才の身であり、ましてや歴史家でもなく、研究者でもない。本書の内容については専門家の方から見れば、史実に対する誤解や誤認も多々あると思う。本書はあくまでも政治家としての視点から見て、考えた創造的著作であることをご理解いただければ幸いである。そして本書が、横浜と日本の近代史を振り返り、今後の発展を考えるうえの一助になれば望外の喜びである。

最後に、本書をつくり上げるにあたっては、多くの皆様にご指導とご協力をいただいたので紹介したい。

まず、株式会社有隣堂会長兼社長の松信裕様と担当の渡辺泰様、佐々木淳様、岡澤基博様には出版に向け大変お世話になった。次に、友人であるライター・エディターの入澤誠様には本書の総合プロデュースをしていただいた。そして辻秀雄様、惠志泰成様、鴻谷正博様は調査と執筆でご助力くださった。さらに松沢事務所の秘書スタッフにもさまざまなお手伝いをしてもらった。

加えて、横浜開港資料館、神奈川県立歴史博物館、公益財団法人三溪園保勝会、明治学院歴史資料館、太平洋セメント株式会社、国立国会図書館には多くの資料をご提供いただいた。

こうした皆様のご指導とご協力なくして本書は上梓できなかったことは、いうまでもない。

お世話になった皆々様に、心より感謝と御礼を申し上げます。誠にありがとうございました。

平成最後の一月、吉日に

松沢成文

主要参考文献

『国史大辞典』 吉川弘文館
『横浜市史』 横浜市史編纂室編 横浜市
『横浜市史稿』 横浜市役所編 名著出版
『おもろ遠眼鏡 庶民の見た幕末・明治』横浜開港資料館編 神奈川新聞社
『都市横浜の半世紀 震災復興から高度成長まで』 高村直助 有隣堂
『日本都市史・建築史事典』 都市史学会編 丸善出版
『幕末維新人物事典』 泉秀樹 講談社
『幕末・明治の横浜 西洋文化事始め』 斎藤多喜夫 明石書店
『100年前の横浜・神奈川』 横浜開港資料館編 有隣堂
『明治維新史 自力工業化の奇跡』 石井寛治 講談社
『横浜 歴史と文化 開港150周年記念』 横浜市ふるさと歴史財団編／高村直助監修 有隣堂
『横浜開港五十年史』 横浜商業会議所編 名著出版
『横浜開港時代の人々』 紀田順一郎 神奈川新聞社
『横浜開港資料館総合案内』 横浜開港資料普及協会
『横浜近代史総合年表』 松信太助編／石井光太郎・東海林静男監修 有隣堂
『ヨコハマ公園物語』 田中祥夫 中央公論新社
『横浜港の七不思議 象の鼻・大桟橋・新港埠頭』 田中祥夫 有隣堂
『横浜港物語 みなとびとの記』 横浜開港150周年記念図書刊行委員会
『横浜商人とその時代』 横浜開港資料館編 有隣堂
『横濱地図草紙 異郷と故郷を歩く』 歴史探訪社
『横浜のあゆみ』 横浜開港資料普及協会
『横浜もののはじめ考』 横浜開港資料普及協会
『開国史話』 加藤祐三 神奈川新聞社
『大君の通貨 幕末「円ドル」戦争』 佐藤雅美 文藝春秋
『ダウンゼンド・ハリス 教育と外交にかけた生涯』 中西道子 有隣堂
『日本開国 アメリカがペリー艦隊を派遣した本当の理由』 渡辺惣樹 草思社
『日本1852 ペリー遠征計画の基礎資料』 チャールズ・マックファーレン／渡辺惣樹訳 草思社
『幕末動乱 夜明けは三浦半島から、開国・開港・維新の旅』 浅田勁 神奈川新聞社
『ハリス伝 日本の扉を開いた男』 カール・クロウ／田坂長次郎訳 平凡社
『ペリー提督 日本遠征とその生涯』 宮永孝 有隣堂
『ペリー提督 海洋人の肖像』 小島敦夫 講談社
『ペリーとヘボンと横浜開港 情報学から見た幕末』 丸山健夫 臨川書店
『ペリーは、なぜ日本に来たか』 曽村保信 新潮社
『明治維新とは何だったのか 世界史から考える』 半藤一利・出口治明 祥伝社
『列強の侵略を防いだ幕臣たち 続・明治維新という過ち』 原田伊織 講談社
『易聖・高島嘉右衛門 乾坤一代男』 紀藤元之介 東洋書院
『商略奇才高島嘉右衛門』 福原律太郎 日進堂
『高島易断を創った男』 持田鋼一郎 新潮社
『高島翁言行録』 大野太衛 東京堂
『高島嘉右衛門 横浜政商の実業史』 松田裕之 日本経済評論社
『香象高嶋嘉右衛門自叙傳』 石渡道助 実業之横浜社
『呑象高嶋嘉右衛門翁伝』 植村澄三郎 大空社
『「横浜」をつくった男 易聖・高島嘉右衛門の生涯』 高木彬光 光文社
『アメリカ婦人宣教師 来日の背景とその影響』 小檜山ルイ 東京大学出版会
『岸田吟香 資料から見たその一生』 杉浦正 汲古書院
『図説 横浜外国人居留地』 横浜開港資料館編 有隣堂
『図説 横浜キリスト教文化史』 横浜プロテスタント史研究会編 有隣堂
『日本文明の父・ヘボン博士』 関根文之助 香柏書房
『幕末・明治の外国人医師たち』 小玉順三 大空社
『ヘボン』 高谷道男 吉川弘文館

『ヘボンさんの幕末維新　日本プロテスタントの誕生』　志村純　キリスト新聞社
『ヘボンの手紙』　高谷道男編訳　有隣堂
『ヘボン博士の愛した日本』　杉田幸子　いのちのことば社フォレストブックス
『ヘボン物語　明治文化の中のヘボン像』　村上文昭　教文館
『明治のジャーナリズム精神　幕末・明治の新聞事情』　秋山勇造　五月書房
『横浜開港と宣教師たち　伝道とミッション・スクール』　横浜プロテスタント史研究会編　有隣堂
『横浜の女性宣教師たち　開港から戦後復興の足跡』　横浜プロテスタント史研究会編　有隣堂
『横浜のヘボン先生』　杉田幸子　いのちのことば社
『横浜バンド史話』　高谷道男・太田愛人　築地書館
『聞き書き・福澤諭吉の思い出　長女・里が語った、父の一面』　中村仙一郎　近代文芸社
『慶應ものがたり　福澤諭吉をめぐって』　服部禮次郎　慶應義塾大学出版会
『現代語訳　学問のすすめ』　福澤諭吉／齋藤孝訳　筑摩書房
『現代語訳　福翁自伝』　福澤諭吉／齋藤孝訳　筑摩書房
『現代語訳　福澤諭吉幕末・維新論集』　福澤諭吉／山本博文訳　筑摩書房
『現代語訳　文明論之概略』　福澤諭吉／齋藤孝訳　筑摩書房
『考証　福澤諭吉』（上・下）　富田正文　岩波書店
『特別展　福澤諭吉と神奈川　すべては横浜にはじまる』　慶應義塾大学・神奈川県立歴史博物館編
『日本教育小史　近・現代』　山住正己　岩波書店
『福澤諭吉』　小泉信三　岩波書店
『福澤諭吉　生きつづける思想家』　河野健二　講談社
『福澤諭吉　国を支えて国を頼らず』　北康利　講談社
『福澤諭吉事典』　慶應義塾大学出版会
『福澤諭吉書簡集』　岩波書店
『福沢諭吉の精神　日本人自立の思想』　加藤寛　ＰＨＰ研究所
『福沢諭吉門下』　丸山信編　日外アソシエーツ
『丸善社史』　丸善編
『近代日本画を育てた豪商　原三溪』　竹田道太郎　有隣堂
『三溪　原富太郎』　白崎秀雄　新潮社
『三溪園の建築と原三溪』　西和夫　有隣堂
『鈍翁・益田孝』（上・下）　白崎秀雄　新潮社
『日本美術の恩人たち』　矢代幸雄　文藝春秋新社
『野村洋三伝』　白土秀次　神奈川新聞社
『原三溪翁伝』　藤本實也　三溪園保勝会・横浜市芸術文化振興財団編　思文閣
『原三溪物語』　新井恵美子　神奈川新聞社
『原善三郎と富太郎』　勝浦吉雄　文化書房博文社
『原富太郎』　森本宋　時事通信社
『原富太郎自叙伝』　原富太郎
『横浜の関東大震災』　今井清一　有隣堂
『横浜の歴史を彩った男　原三渓別伝』　石毛大地
『浅野總一郎』　浅野泰治郎・浅野良三　浅野文庫
『浅野総一郎の度胸人生　フリーターから東洋一の実業家になった男』　新田純子　毎日ワンズ
『雨夜譚　渋沢栄一自伝』　長幸男校注　岩波書店
『鬼才福沢桃介の生涯』　浅利佳一郎　日本放送出版協会
『九転十起の男　日本の近代をつくった浅野総一郎』　新田純子　毎日ワンズ
『その男、はかりしれず　日本の近代をつくった男　浅野総一郎伝』　新田純子　サンマーク出版
『父　渋沢榮一』（上・下）　渋沢秀雄　実業之日本社
『東京湾埋立物語』　東亜建設工業
『安田善次郎伝』　矢野竜渓　中央公論社

横浜を拓いた男たち
破天荒力

2019年3月18日　初版第1刷発行

著　者　松沢成文
発行者　松信　裕
発行所　株式会社　有隣堂
本　社　〒231-8623　横浜市中区伊勢佐木町1-4-1
出版部　〒244-8585　横浜市戸塚区品濃町881-16
電　話　045-825-5563
　　　　振替　00230-3-203
印刷所　図書印刷株式会社

ISBN978-4-89660-231-9 C0095